CATIA BASICS

(Part Design and Drafting)

이동우 저

머리말

본 교재는 현장에서 사용되고 있는 많은 3차원 CAD 프로그램 중에서, 자동차, 항공 및 제조업 분야에서 주로 사용하고 있는 프랑스 Dassault사의 CATIA 프로그램에 대하여 다루었으며, 특히 입문자용으로 기초적인 Solid Modeling과 Drafting에 대하여 대학교에서 1학기 동안 배울 수 있는 내용에 대하여 기술하였다.

1장에서 4장까지는 기본적인 3차원 Solid Modeling에 관련된 Workbench를 명령어 설명과 함께 자연스럽게 학습할 수 있도록 구성하였으며, 5장에서는 Drafting Workbench(도면 작성)를 따라하기 예제 형식으로 구성하였다. 많은 설명보다는 그림과 예제로 빨리 내용을 이해할 수 있도록 하였다.

  1장. CATIA에 대한 이해를 돕기 위한 개요
  2장. 3차원 Modeling의 기본이 되는 Sketcher Workbench
  3장. Solid Modeling을 위한 Part Design Workbench
  4장. 기본적인 작업환경 설정
  5장. 따라하기 형식의 Drafting Workbench

본 교재의 부족한 부분은 차후 계속 수정·보완하여 더 좋은 책이 나올 수 있도록 노력하겠다.

끝으로 한권의 책이 나오기까지 애써주신 기한재 출판사 여러분께 깊은 감사를 드린다.

저자 씀

Chapter 1. CATIA 개요

1.1 CATIA 시작하기 ··· 7

1.2 CATIA Workbench ····································· 9

1.3 CATIA 화면구성 ·· 9

Chapter 2. Sketcher

2.1 Sketcher Workbench ································ 15

2.2 Sketch 명령어 ·· 15

2.3 Profile Bar ·· 20

2.4 Operation Bar ·· 29

2.5 Visualization Bar ···································· 37

2.6 Constraints ·· 38

Chapter 3. Part Design

3.1 Part Design Workbench ··························· 46

3.2. Reference Elements Bar ························ 46

3.3 Sketch-Based Features Bar ··················· 47

3.4 Dress-Up Features Bar ························· 74

3.5 Transformation Features Bar ················· 94

Chapter 4. Utility

4.1 Measure ·· 101

4.2 Graphics Properties ·· 103

4.3 단위 변경 ··· 103

4.4 사용자 언어 및 아이콘 크기 변경 ······························· 103

4.5 Object 특성 변경 ··· 104

Chapter 5. Drafting

5.1 기본치수기입 ·· 106

5.2 공차기입 ··· 125

5.3 해칭/클리핑 뷰/나사치수/거칠기 ································ 147

5.4 단면도/상세도/반투상도 ··· 162

5.5 등각투상도 ·· 172

Chapter 1

CATIA 개요

1.1 CATIA 시작하기
1.2 CATIA Workbench
1.3 CATIA 화면구성

1.1 CATIA 시작하기

[1] 현재창 닫기 : 화면 오른쪽 상단 [닫기(×)]를 클릭하여 현재 창 닫기

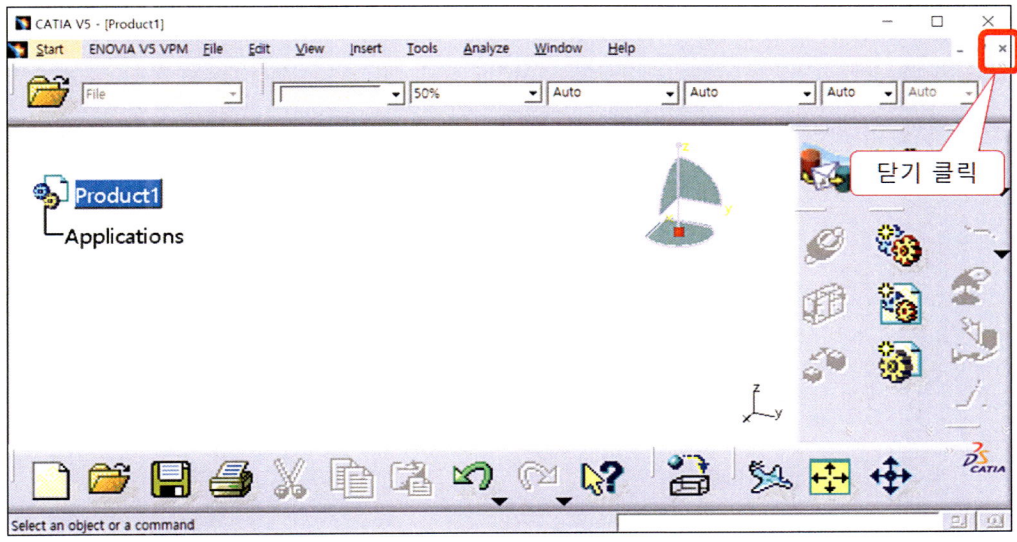

[2] Workbench 실행 : Start ⇨ Mechanical Design ⇨ Part Design 클릭

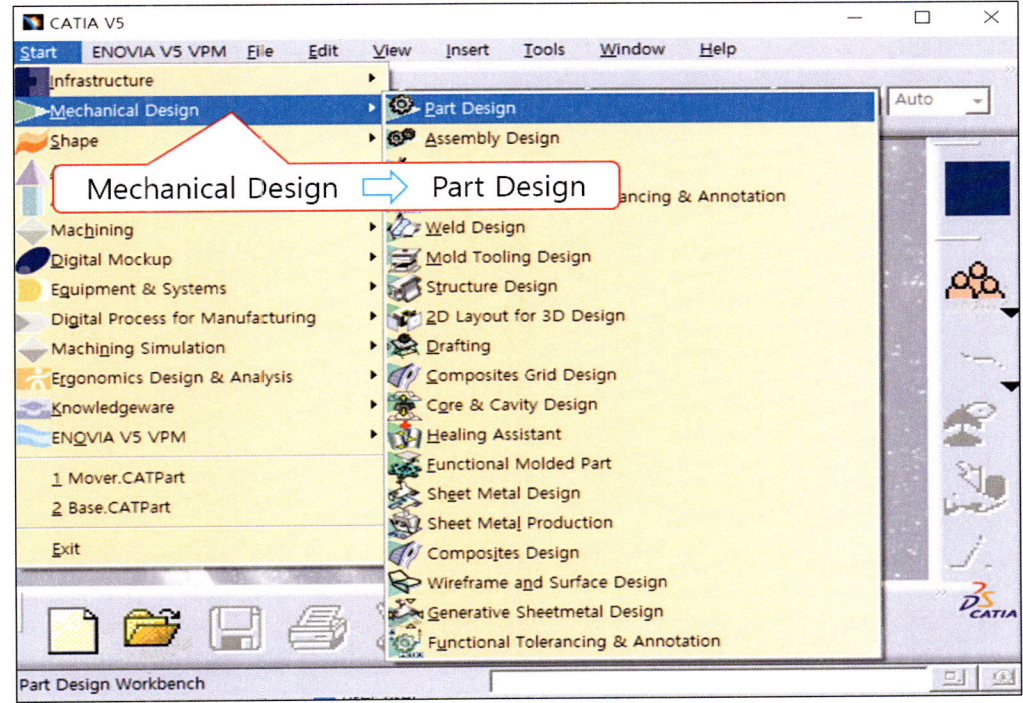

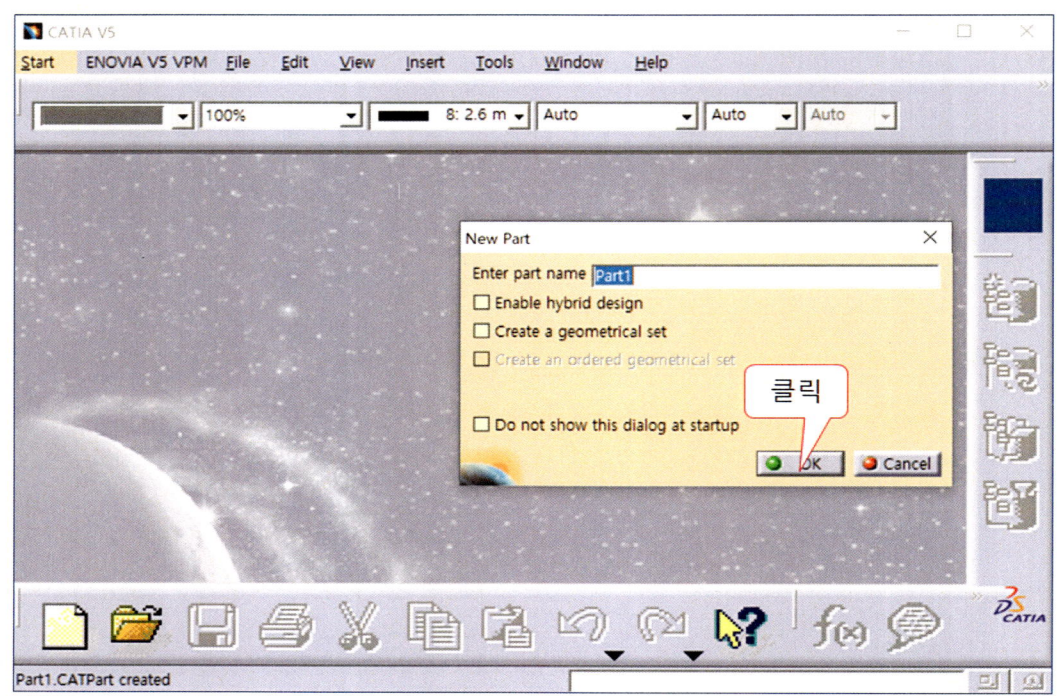

Hybrid design
하나의 바디(Body)에 스케치, 와이어프레임(Wireframe), 서피스(Surface), 솔리드(Solid) 등을 같이 모델링

1.2 CATIA Workbench
설계 목적에 맞는 작업을 하기 위한 명령어 모듈이 있는 공간

1.3 CATIA 화면구성

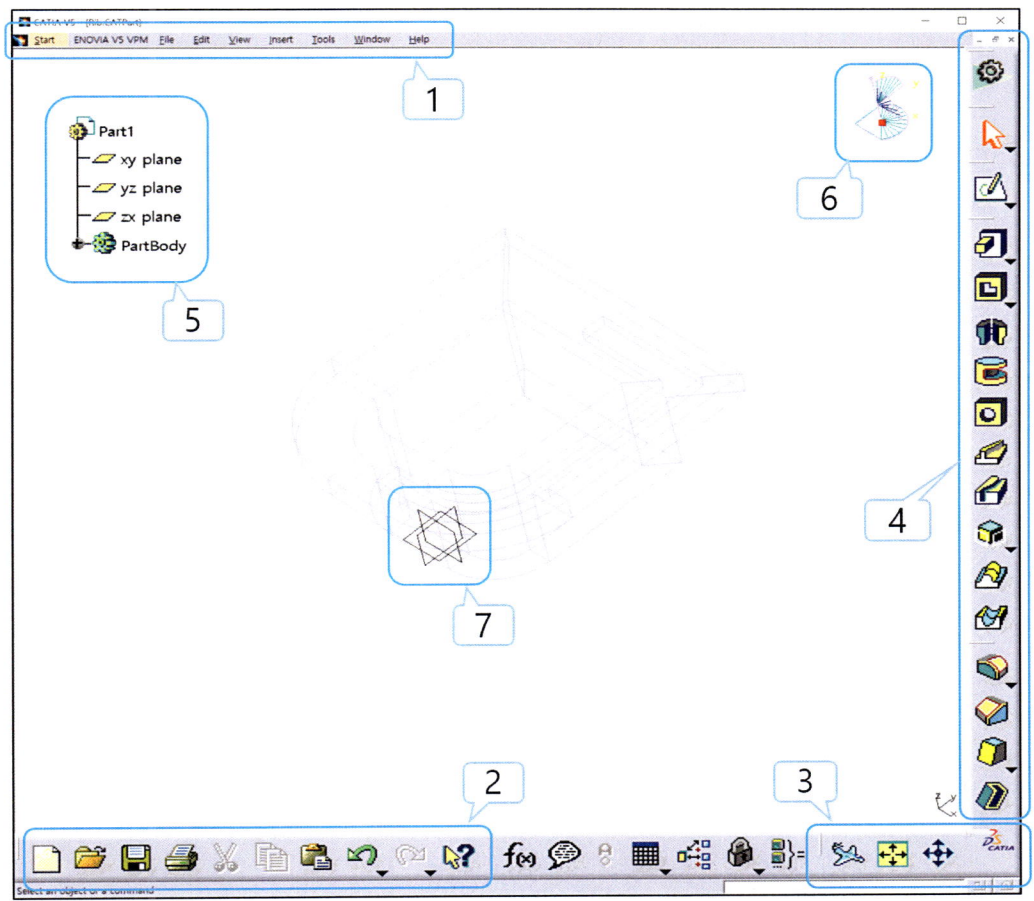

① Menu Bar : Workbench 실행, 명령어 실행, 파일 관리, 환경 설정

② Standard Toolbar : Workbench 실행, 파일 관리(열기, 저장, 프린트 등)

③ View Toolbar : 이동, 회전, 확대, 축소 등의 화면 표시 설정

④ Workbench Toolbar : Icon으로 명령 실행

⑤ Specification Tree : 사용한 명령어를 순서대로 기록 및 표시

⑥ Compass : X, Y, Z축 방향 표시 및 이동, 회전

⑦ Plane : XY, YZ, ZX 평면 표시

[1] 이동, 확대, 축소, 회전

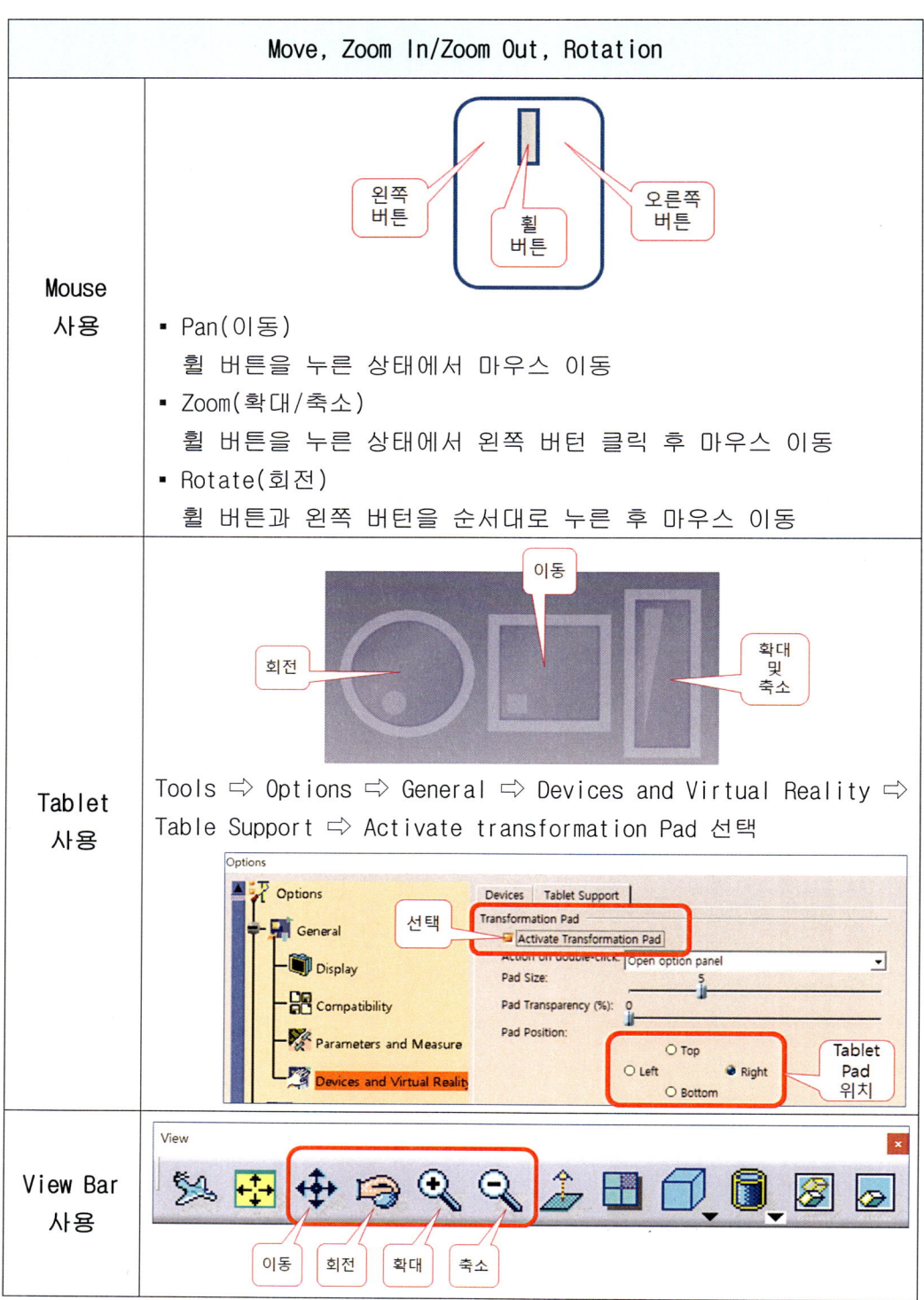

[2] Standard Toolbar

	파일 형식	Workbench 종류
①	CATPart	Part Design : 3차원 솔리드 모델링 작업
②	CATDrawing	Generative Drawing or Interactive Drafting : 도면 작업
③	CATProduct	Assembly Design : 조립 작업

[3] View Toolbar

①	Fit All In : 화면 중앙에 Object 배치
②	Pan : 위치 이동
③	Rotate : 호전
④	Zoom In : 확대
⑤	Zoom Out : 축소
⑥	Normal View : 평면에 대하여 수직(직각)방향 View 표시
⑦	Create Multi-View : Iso, Top, Front, Right View 4가지 창으로 표시
⑧	Quick View : Iso, Front, Back, Left, Right, Top, Bottom View 표시
⑨	View mode Object의 Render Style 표현
⑩	Hide/Show 화면상의 Object를 숨기거나 보여줌
⑪	Swap visib e space : 현재 작업공간에서 No Show 공간으로 이동

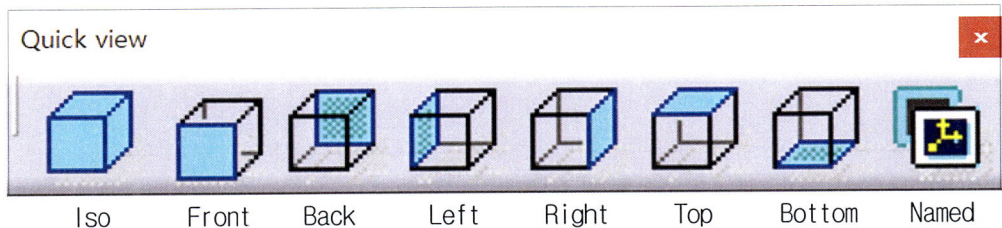

[4] Specification Tree와 Contextual Menu

- 3차원 Modeling 작업 내용(명령어)과 순서를 기록 및 표시
- 작업한 내용을 선택 및 수정
- Specification Tree On & Off : F3

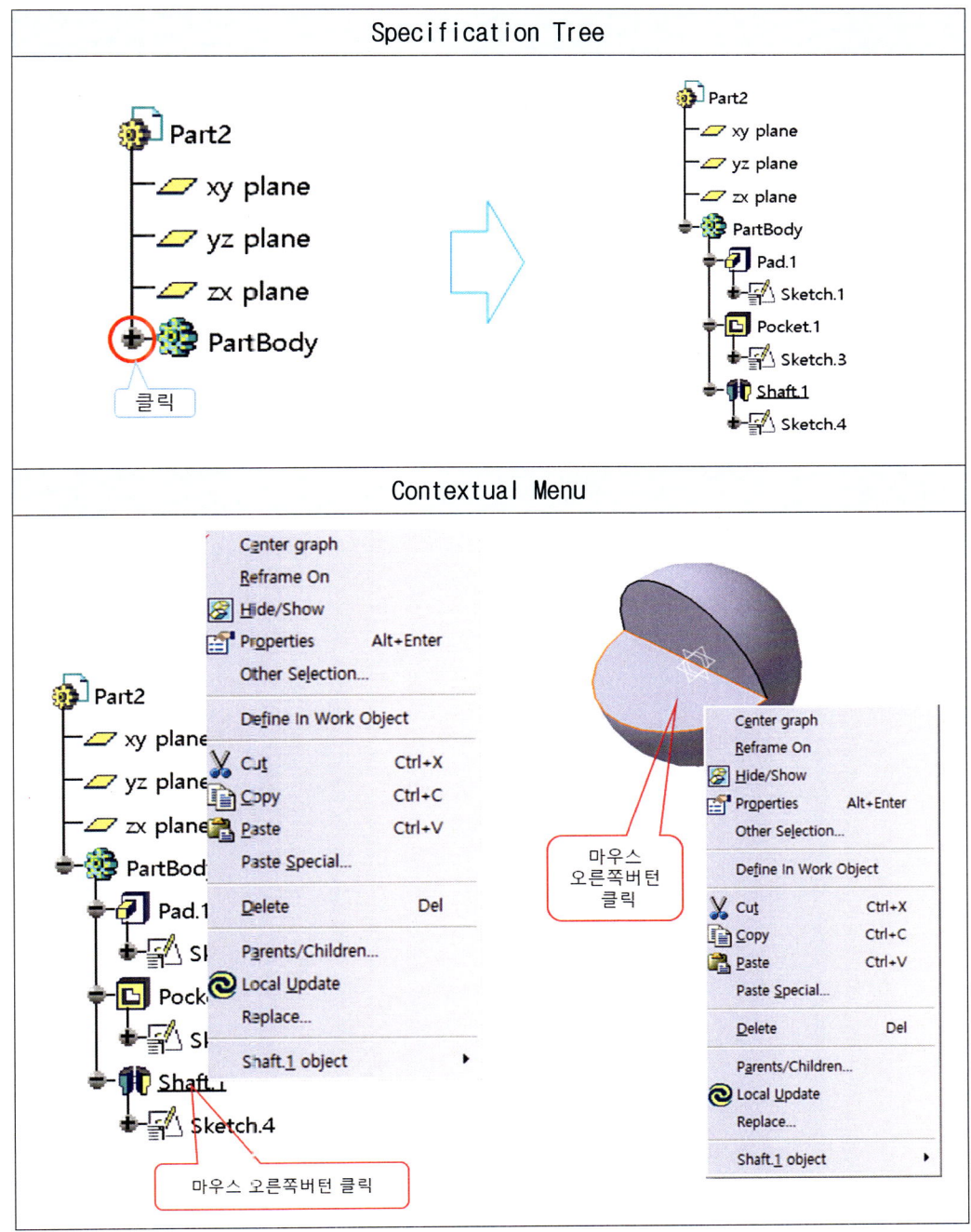

Chapter 2

Sketcher

2.1 Sketcher Workbench

2.2 Sketch 명령어

2.3 Profile Bar

2.4 Operation Bar

2.5 Visualization Bar

2.6 Constraints

2.1 Sketcher Workbench

3차원 형상을 모델링하기 위한 Profile(윤곽, 외형)을 작업하기 위한 Workbench

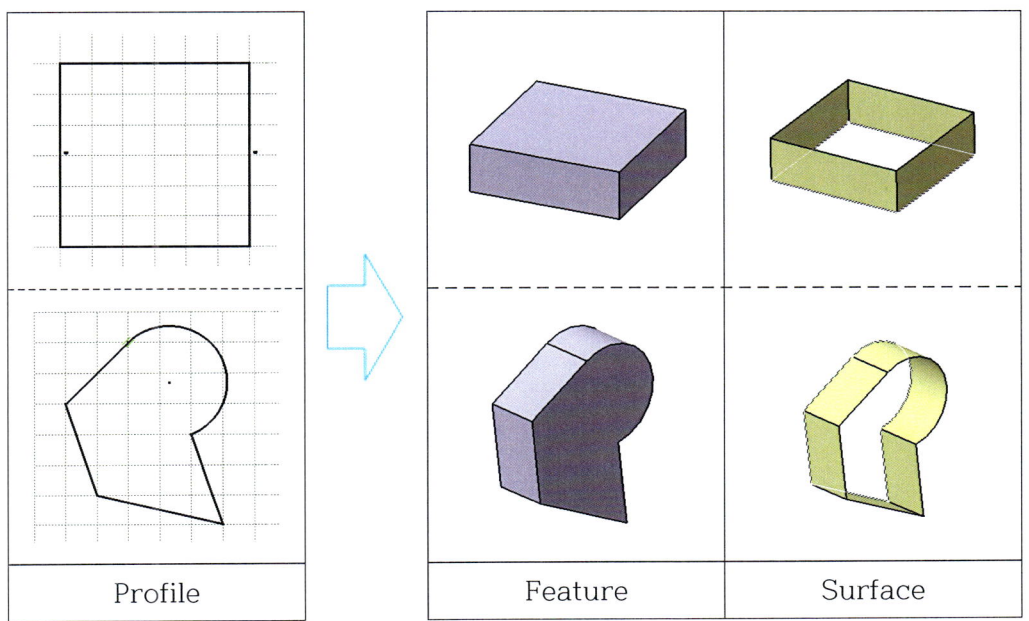

2.2 Sketch 명령어

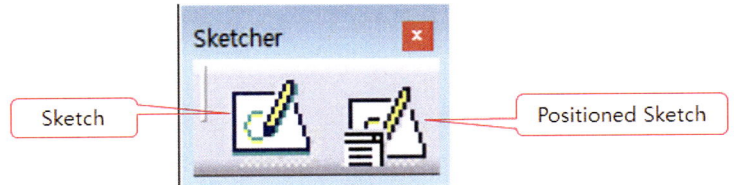

[1] Sketch
  현재 Part의 원점(Origin)과 방향(Orientation)을 기준으로 작업

[2] Positioned sketch
  작업자가 원점(Origin)과 방향(Orientation)을 지정하여 작업

[3] Sketch Plane
  형상(Feature)을 만들기 위한 밑그림(Sketch)을 그리기 위한 평면(Plane)

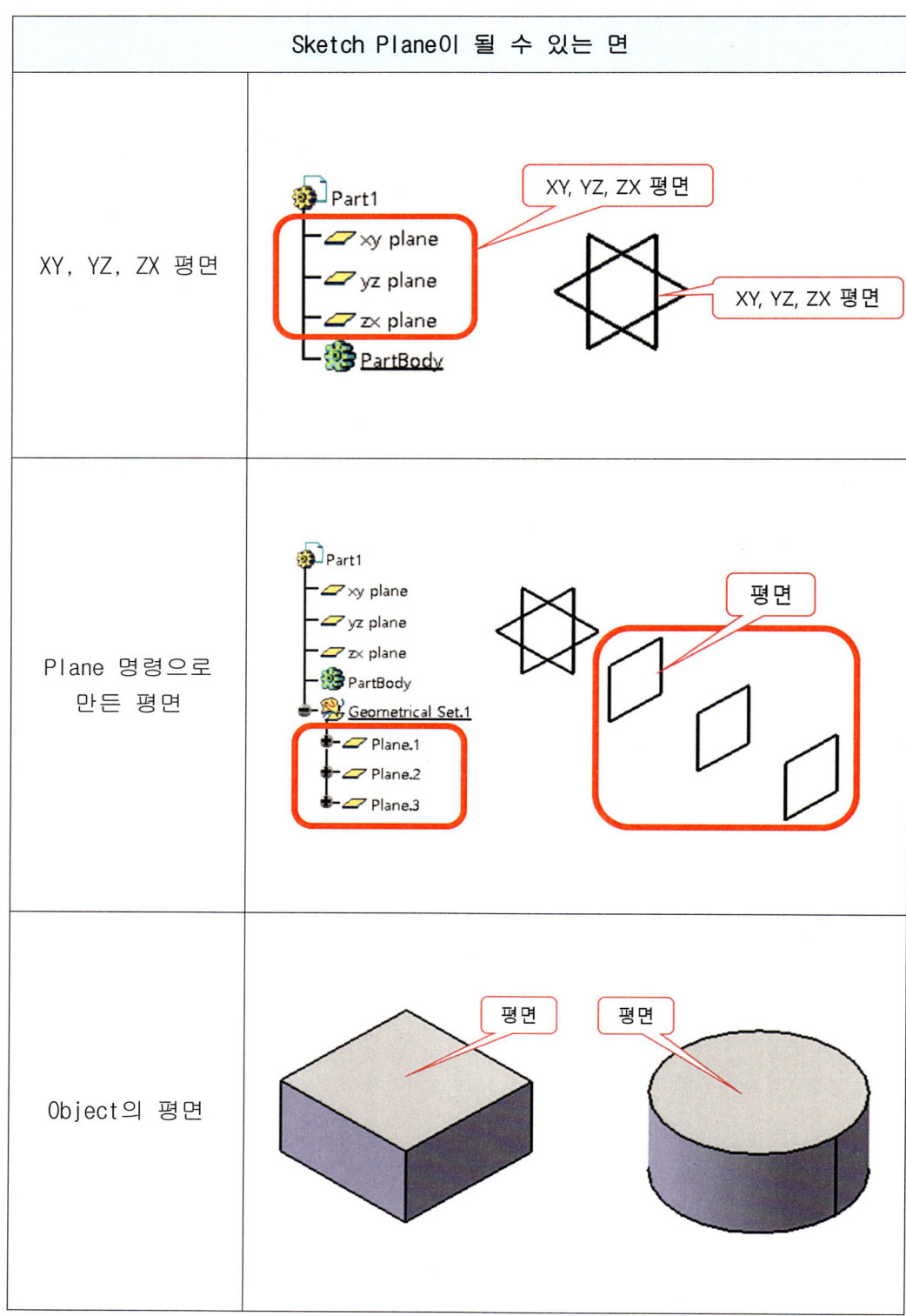

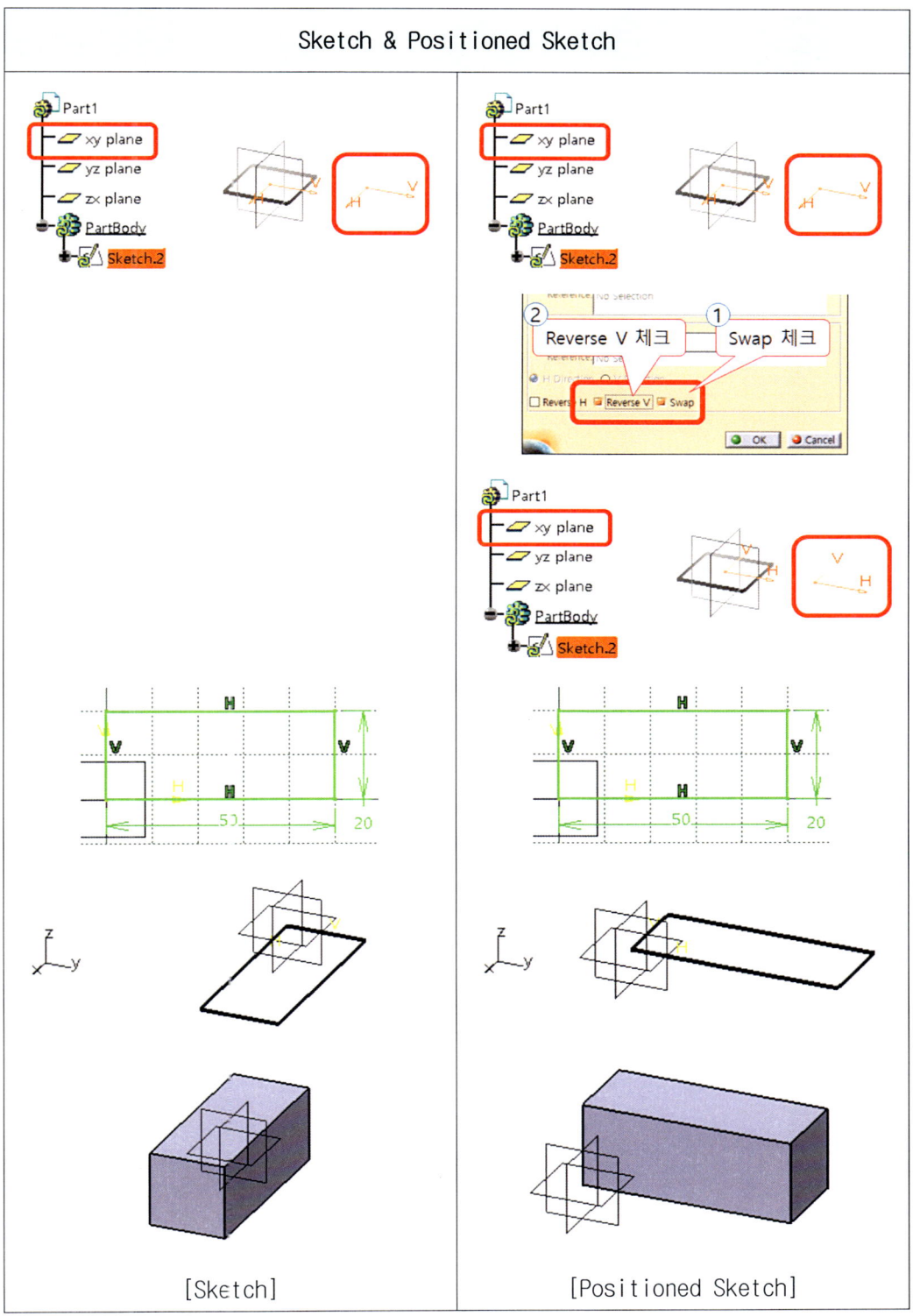

[4] Sketch 들어가기 : ①[Sketch] 명령어 선택 ⇨ ②Plane(평면) 선택
　　　　　　　　　①[Positioned Sketch] 명령어 선택 ⇨ ②Plane(평면) 선택

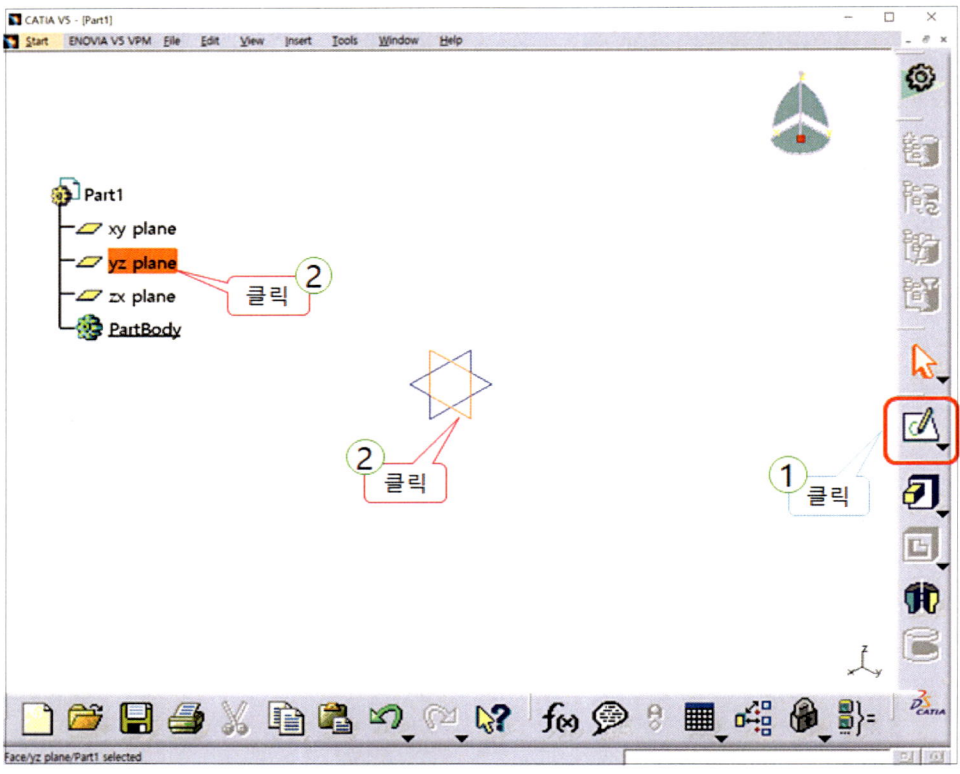

[5] Sketch 나가기 : [Exit Workbench] 명령어 클릭

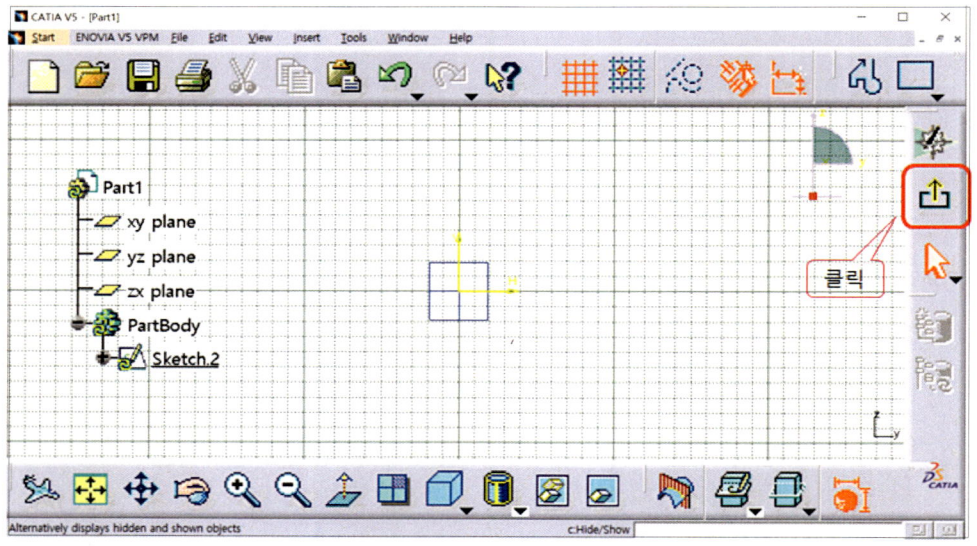

[6] Sketch tools

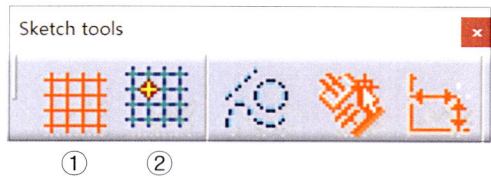
① ②

명령어	내 용
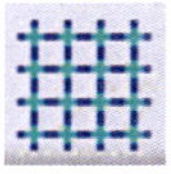 ① Grid	화면상에 격자(Grid) 표시 (Tools ⇨ Options ⇨ Mechanical Design ⇨ Sketcher ⇨ Grid) 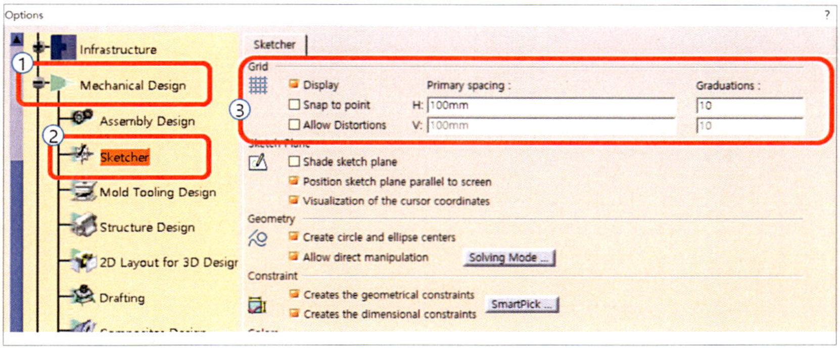 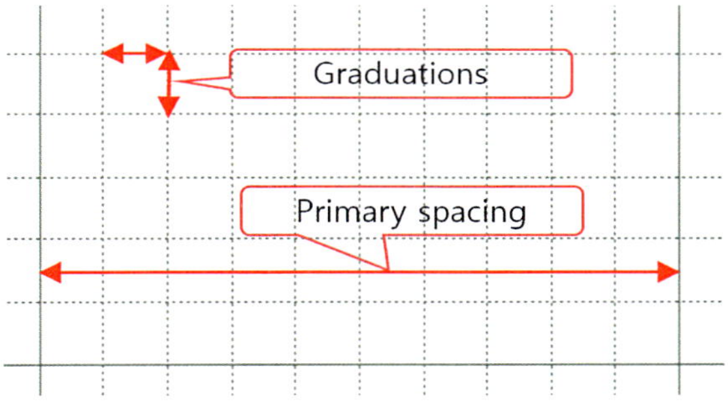 Graduations Primary spacing
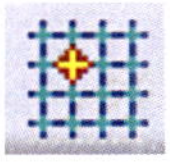 ② Snap	마우스포인트를 격자 단위로 이동 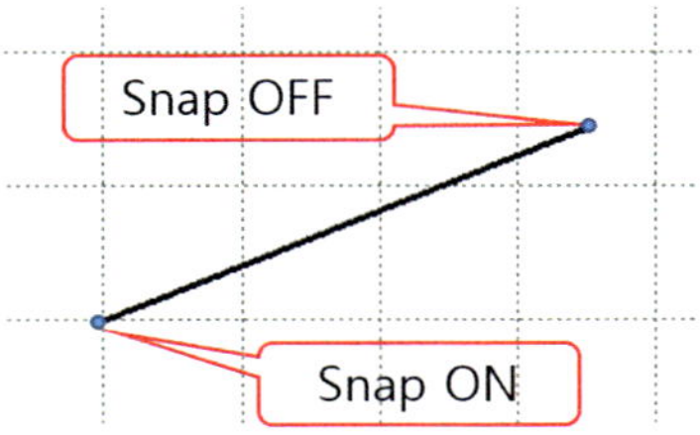 Snap OFF Snap ON

2.3 Profile Bar

▊ Profile 명령어 : 연속적으로 선(Line)과 호(Arc)를 생성

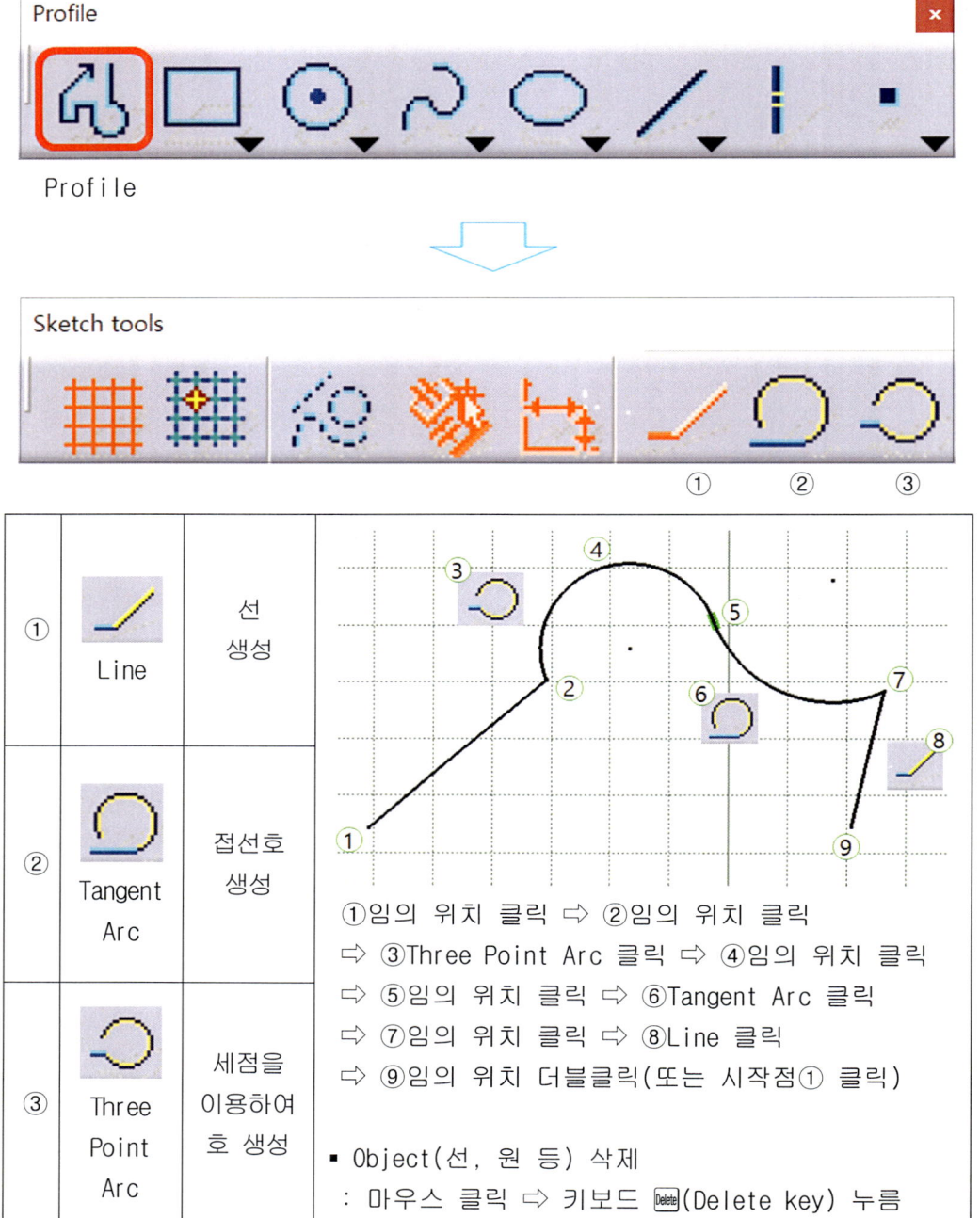

①	Line		선 생성
②	Tangent Arc		접선호 생성
③	Three Point Arc		세점을 이용하여 호 생성

①임의 위치 클릭 ⇨ ②임의 위치 클릭
⇨ ③Three Point Arc 클릭 ⇨ ④임의 위치 클릭
⇨ ⑤임의 위치 클릭 ⇨ ⑥Tangent Arc 클릭
⇨ ⑦임의 위치 클릭 ⇨ ⑧Line 클릭
⇨ ⑨임의 위치 더블클릭(또는 시작점① 클릭)

▪ Object(선, 원 등) 삭제
 : 마우스 클릭 ⇨ 키보드 [Delete](Delete key) 누름

■ Rectangle 명령어 : 사각형(Rectangle) 형상의 Profile을 생성

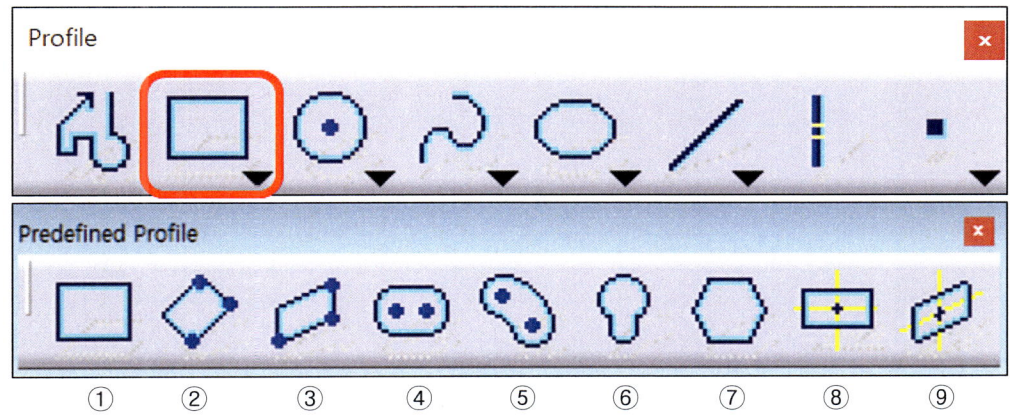

	Icon	명령어	내 용	
①		Rectangle	직사각형 생성	
②		Oriented Rectangle	기울어진 사각형 생성	
③		Parallelogram	평행사변형 생성	

	Icon	명령어	내 용
④		Elongated Hole	
⑤		Cylindrical Elongated Hole	
⑥		Keyhole Profile	키홀 형상 생성

22 CATIA BASICS

	Icon	명령어	내 용
⑦		Hexagon	육각형 생성
⑧		Centered Rectangle	사각형의 중심을 기준으로 대칭인 직사각형 생성
⑨		Centered Parallelogram	기존 선에 평행한 직사각형 생성

Chapter 2. Sketcher 23

■ Circle 명령어 : 원(Circle) 형상의 Profile을 생성

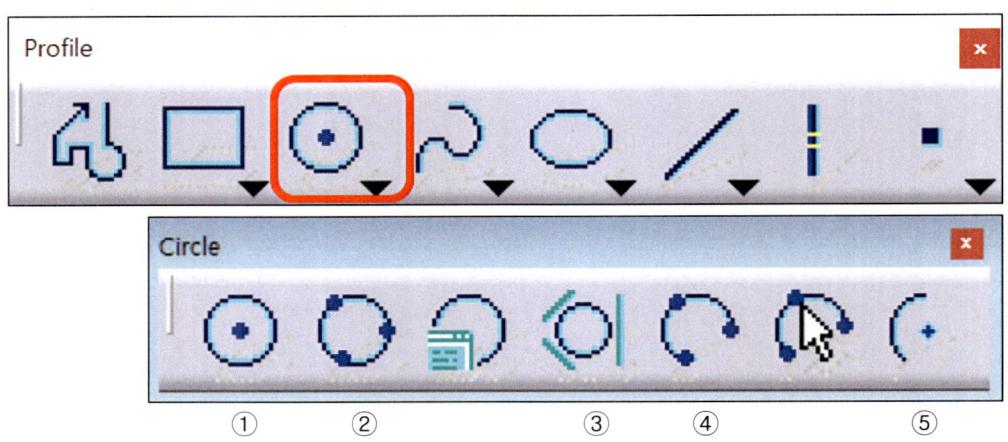

	Icon	명령어	내 용	
①		Circle	원 생성	
②		Three Point Circle	세 점을 지나는 원 생성	
③		Tri-Tangent Circle	세 개의 선에 접하는 원 생성	

	Icon	명령어	내 용
④		Three Point Arc	세 점을 지나는 호(Arc) 생성
⑤		Arc	호(Arc) 생성

■ Spline 명령어 : 곡선(Spline) 생성

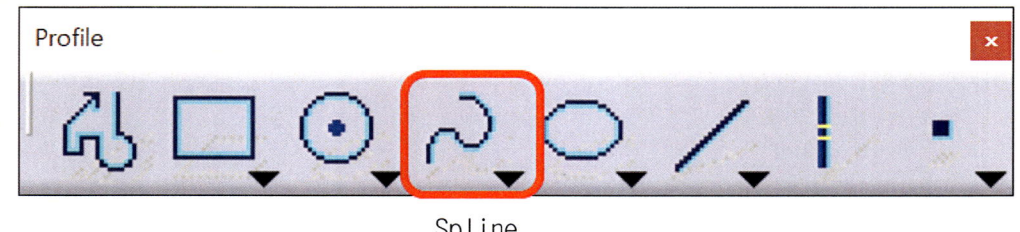

Spline

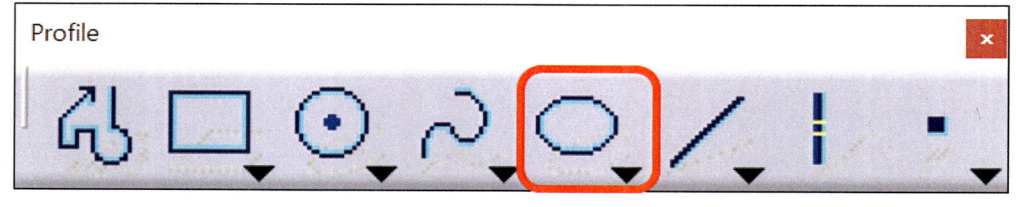

■ Ellipse 명령어 : 타원(Ellipse) 생성

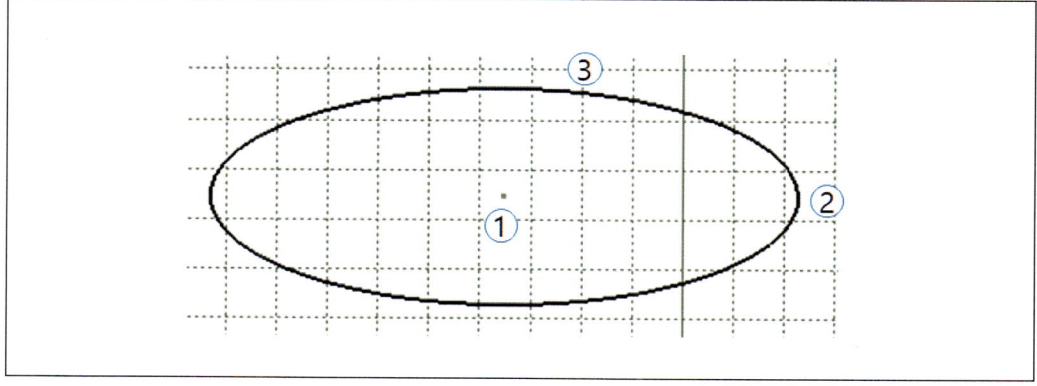

Ellipse

■ Line 명령어 : 선(Line) 생성

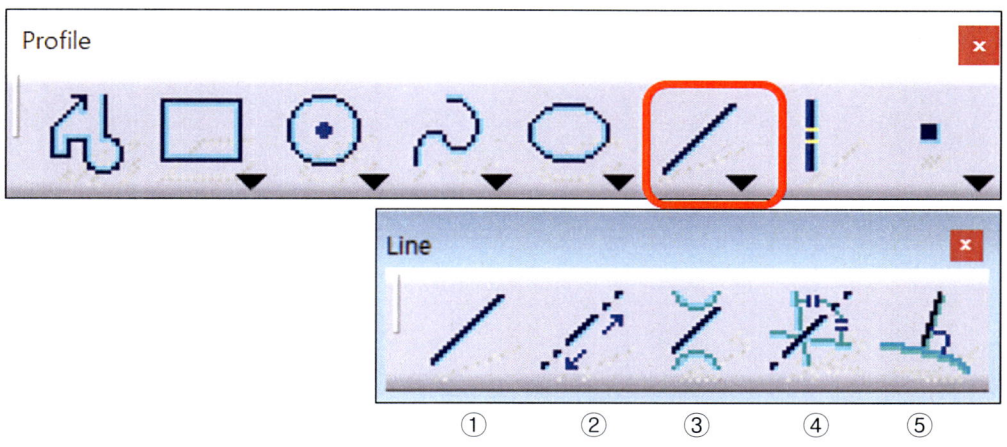

	Icon	명령어	내용	
①		Line	직선 생성	
②		Infinite Line	무한선 생성	수평선 수직선 두 점을 지나는 무한선
③		Bi-Tangent Line	접선 생성	
④		Bisecting Line	이등분 선 생성	
⑤		Line Normal To Curve	곡선에 수직인 선 생성	

Chapter 2. Sketcher 27

■ Axis 명령어 : 축(Axis) 생성

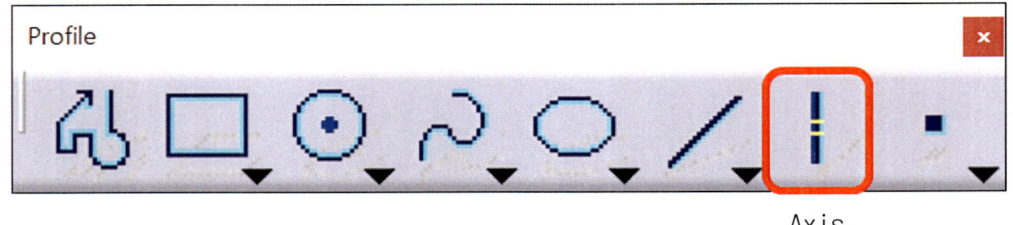

■ Point 명령어 : 점(Point) 생성

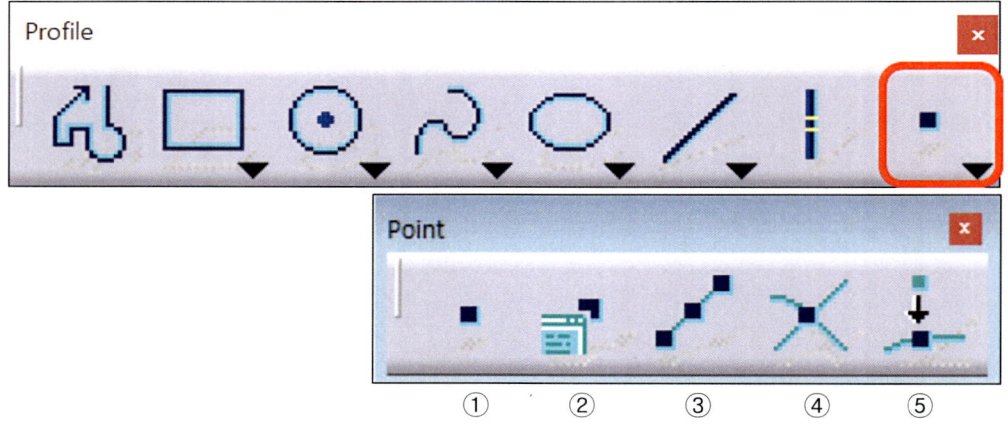

①	Point by Clicking	마우스 클릭으로 점 생성
②	Point by Using Coordinates	좌표값(H축, V축)을 이용하여 점 생성
③	Equidistant Points	동일 간격으로 점 생성
④	Intersection Point	두 선(곡선)의 교차점 생성
⑤	Projection Point	기존의 선(곡선)에 투영점 생성

2.4 Operation Bar

[1] Corner 명령어 : 모깎기(Fillet) 생성

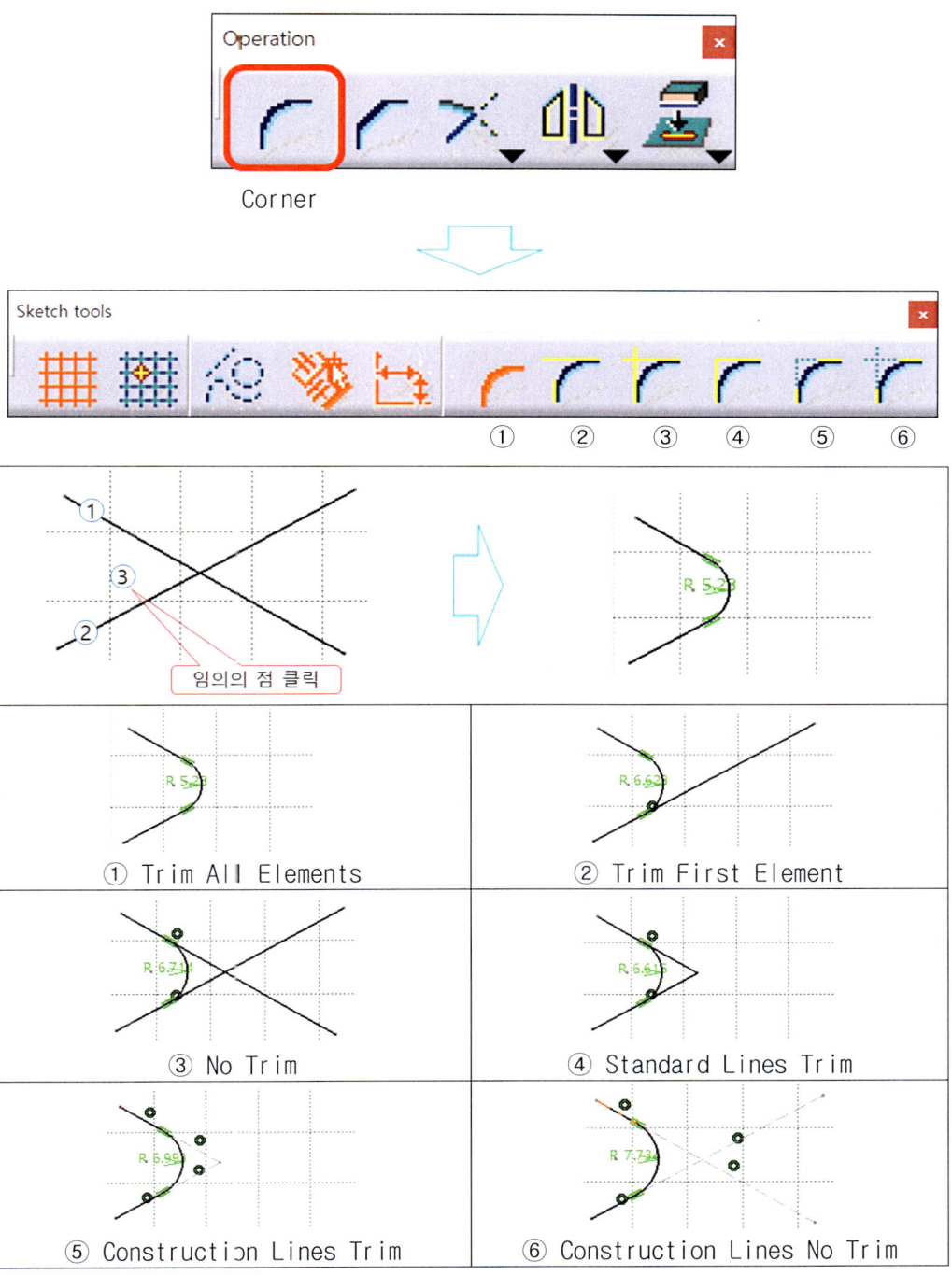

[2] Chamfer 명령어 : 모따기(Chamfer) 생성

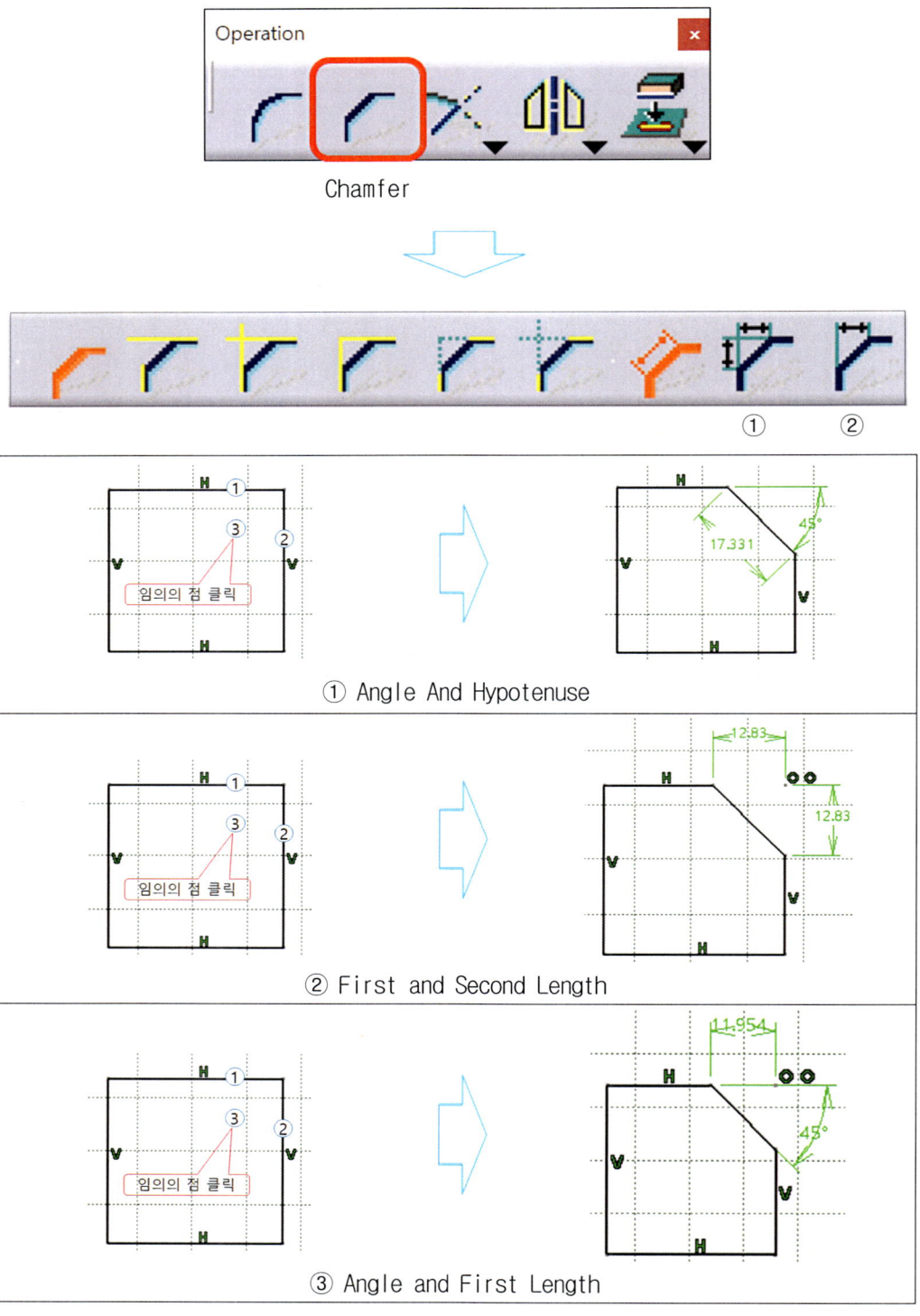

[3] Relimitations Bar

■ Trim 명령어 : 자르기

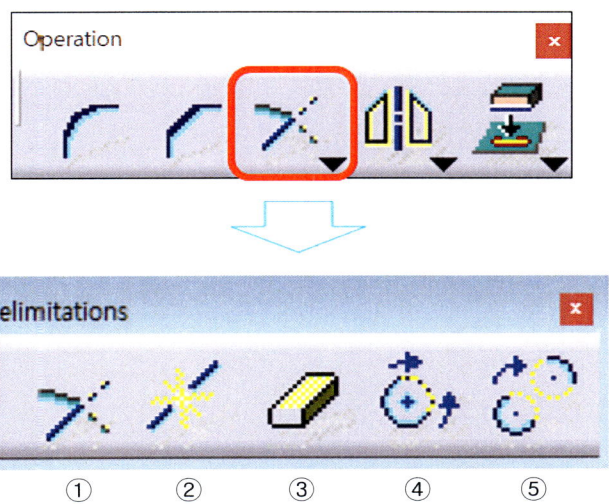

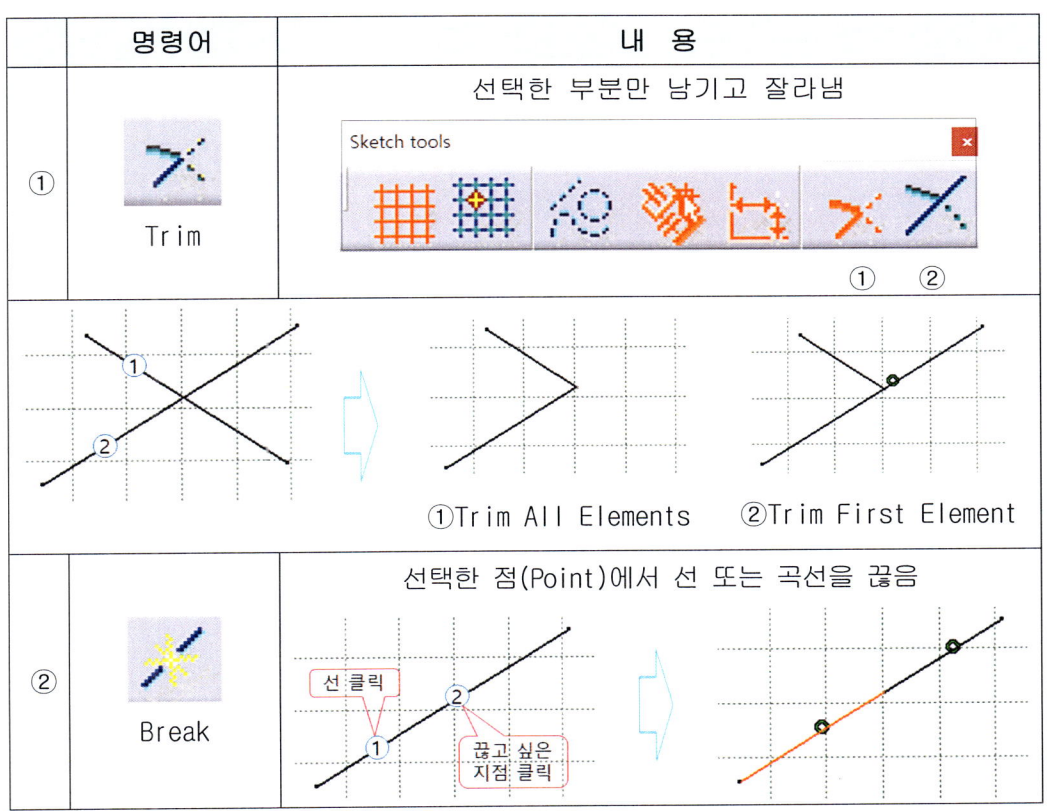

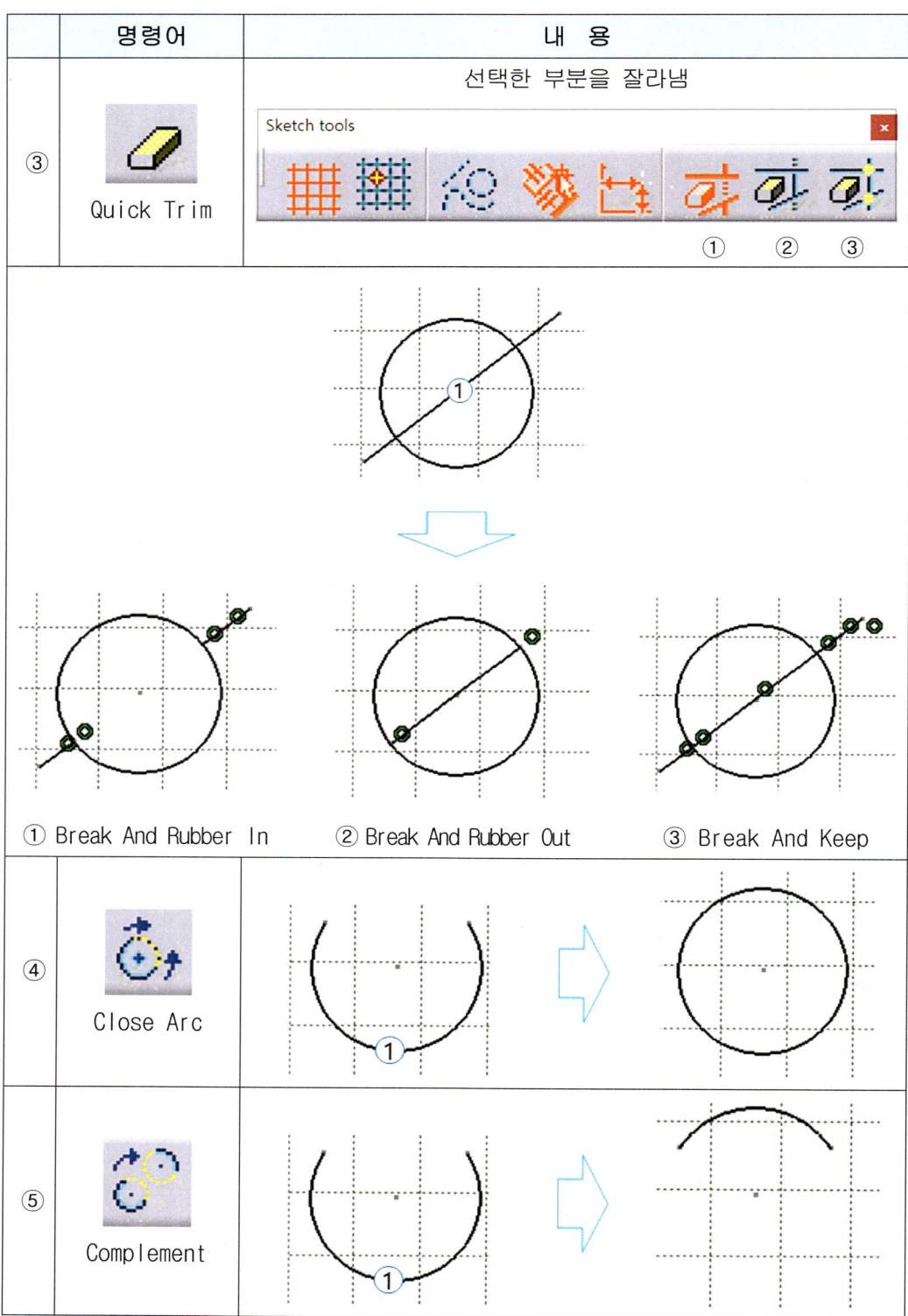

■ Transformation 명령어 : Mirror, Symmetry, Translate, Rotate, Scale, Offset

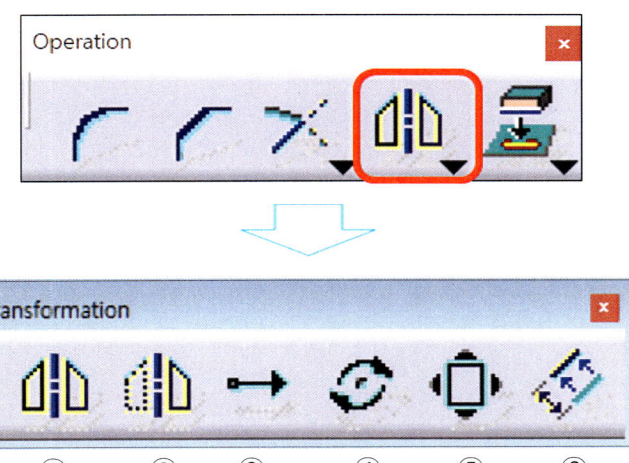

	명령어	내 용
①	 Miror	축을 기준으로 대칭 복사 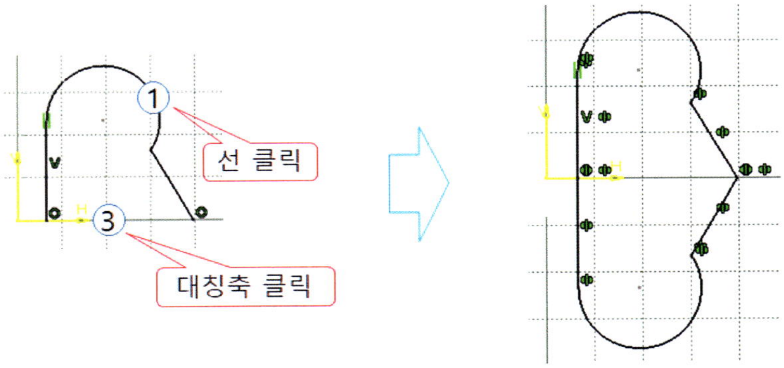 선 클릭 대칭축 클릭
②	 Symmetry	① 다중 선택 　: [Ctrl]키를 누른 상태에서 클릭 ② 명령어 클릭 ③ 대칭축 클릭 　: H축, V축, Line 등 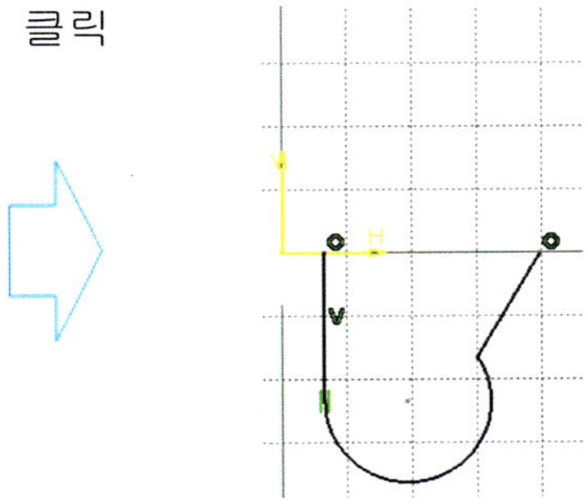

Chapter 2. Sketcher 33

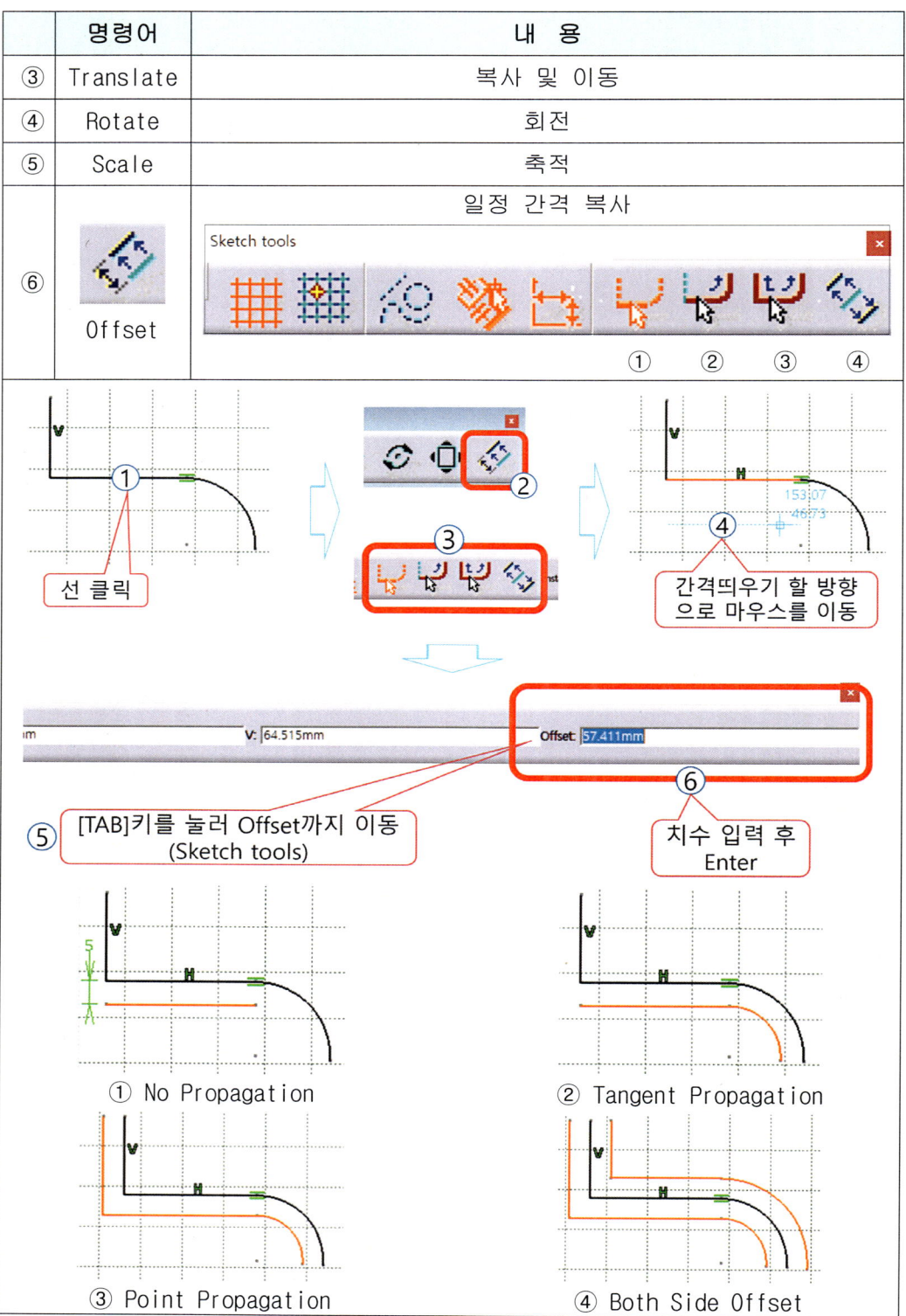

■ **3D Geometry** 명령거 : 기존의 3D 요소를 스케치 평면(Sketch Plane)에 투영

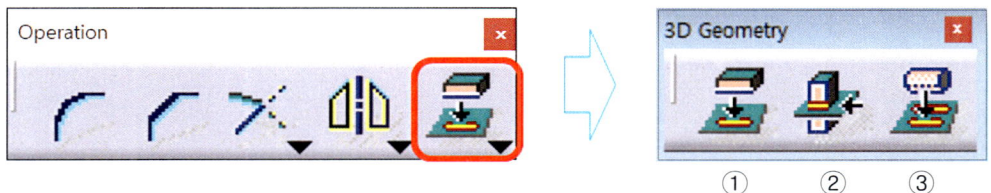

	명령어	내 용
①	Project 3D Elements	기존 3D 요소를 스케치 평면에 투영
②	Intersect 3D Elements	기존 3D 요소와 스케치 평면의 교차 요소 생성
③	Project 3D Silhouette Edges	기존 3D 요소의 윤곽선을 스케치 평면에 투영
Isolate		투영된 요소와 3D 요소와의 연결(Link)을 끊음(분리) ▪ 기존 3D 요소가 변경되면 투영된 요소도 함께 변경 ▪ 투영 요소 : 노란색(연결) ▪ Isolate 요소 : 흰색(분리)

Chapter 2. Sketcher 35

■ Sketch tools

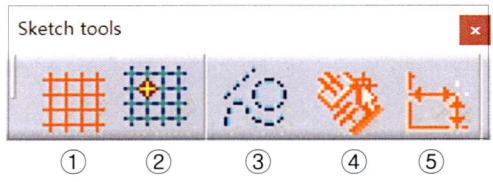

① ② ③ ④ ⑤

	명령어	내용	
①	Grid	화면상에 격자 표시	Graduations / Primary spacing (Tools ⇨ Options ⇨ Mechanical Design ⇨ Sketcher ⇨ Grid)
②	Snap	마우스포인트를 격자 단위로 이동	Snap OFF / Snap ON
③	Construction /Standard Element	구성요소 /표준요소 변경 (표준요소 : Feature 생성)	Construction Element / Standard Element / D 90 / D 20 / 30° / Construction Element
④	Geometrical Constraints	기하학적 제약조건을 자동으로 적용 (대칭, 일치, 접선, 평행, 수직, 수평, 수직)	
⑤	Dimensional Constraints	치수 제약조건 활성화 (거리, 길이, 각도, 반지름/지름)	

2.5 Visualization Bar

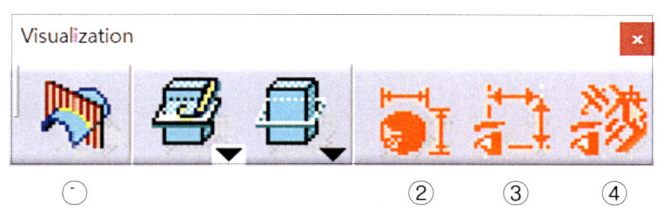

	명령어	내 용
①	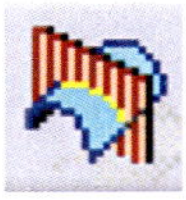 Cut Part by Sketch Plane	스케치 평면(Sketch Plane)을 기준으로 절단된 뷰를 표시 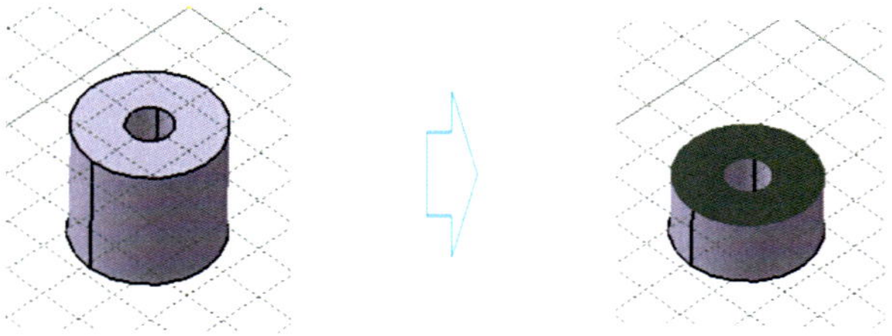
②	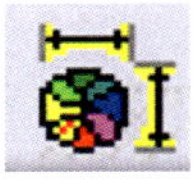 Diagnostics	화면상에 제약조건(Constraints) 진단 표시 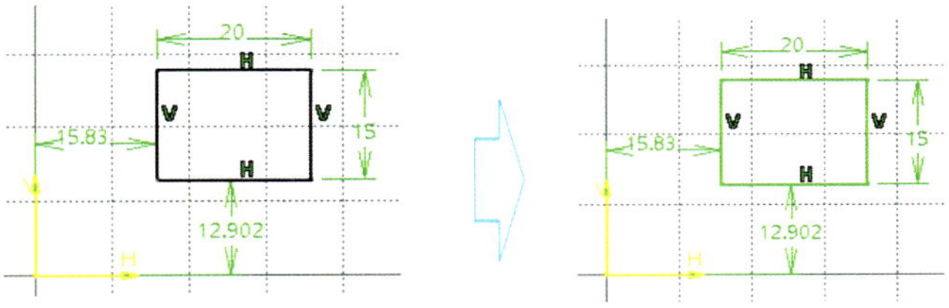 [비활성화 : 흰색] [활성화 : 녹색]
③	 Dimensional Constraints	화면상에 치수 제약조건 표시  [비활성화] [활성화]
④	 Geometrical Constraints	화면상에 기하학적 제약조건 표시 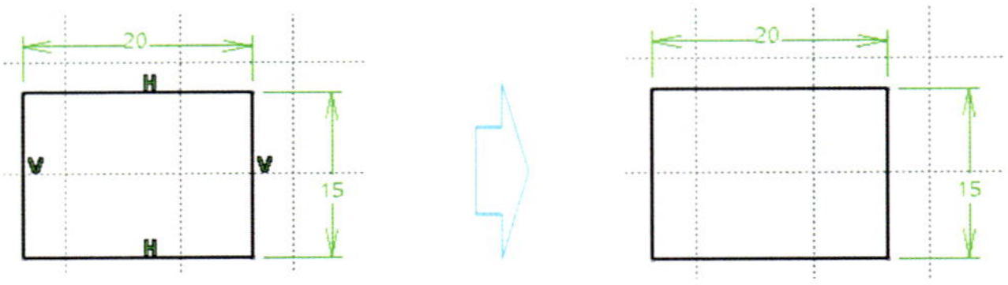 [비활성화] [활성화]

Chapter 2. Sketcher 37

2.6 Constraints(제약조건)

Profile(윤곽, 외형)에 형상 및 치수 기입(제약)

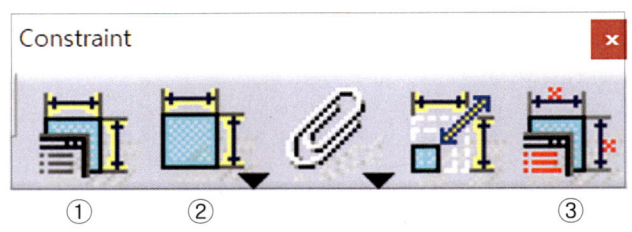

명령어		내 용
①	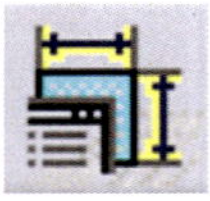 Constraints Defined in Dialog Box	Dialog Box에서 제약조건을 부여 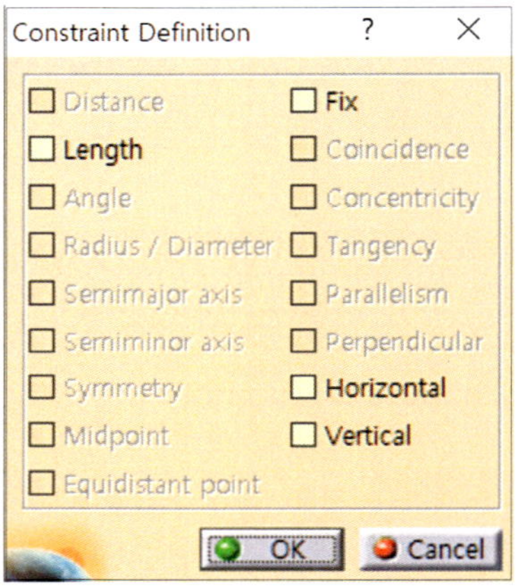 부여할 수 있는 제약조건만 활성화
		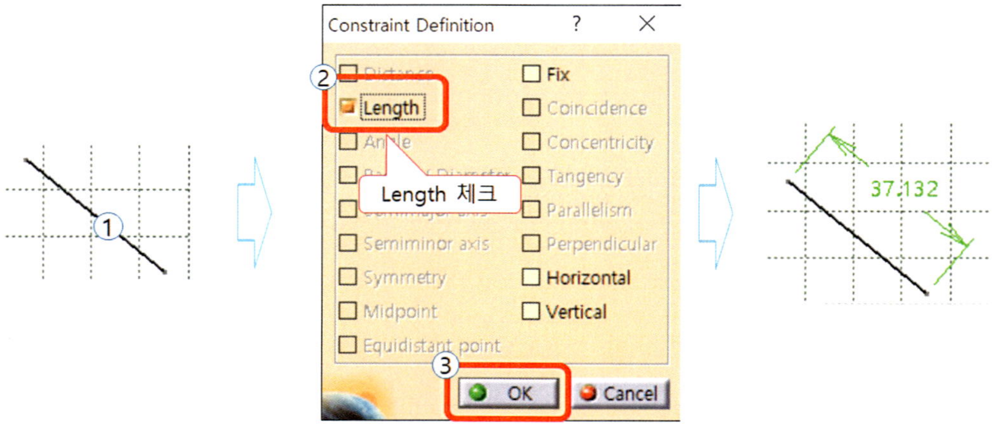 제약조건을 부여할 요소를 먼저 선택

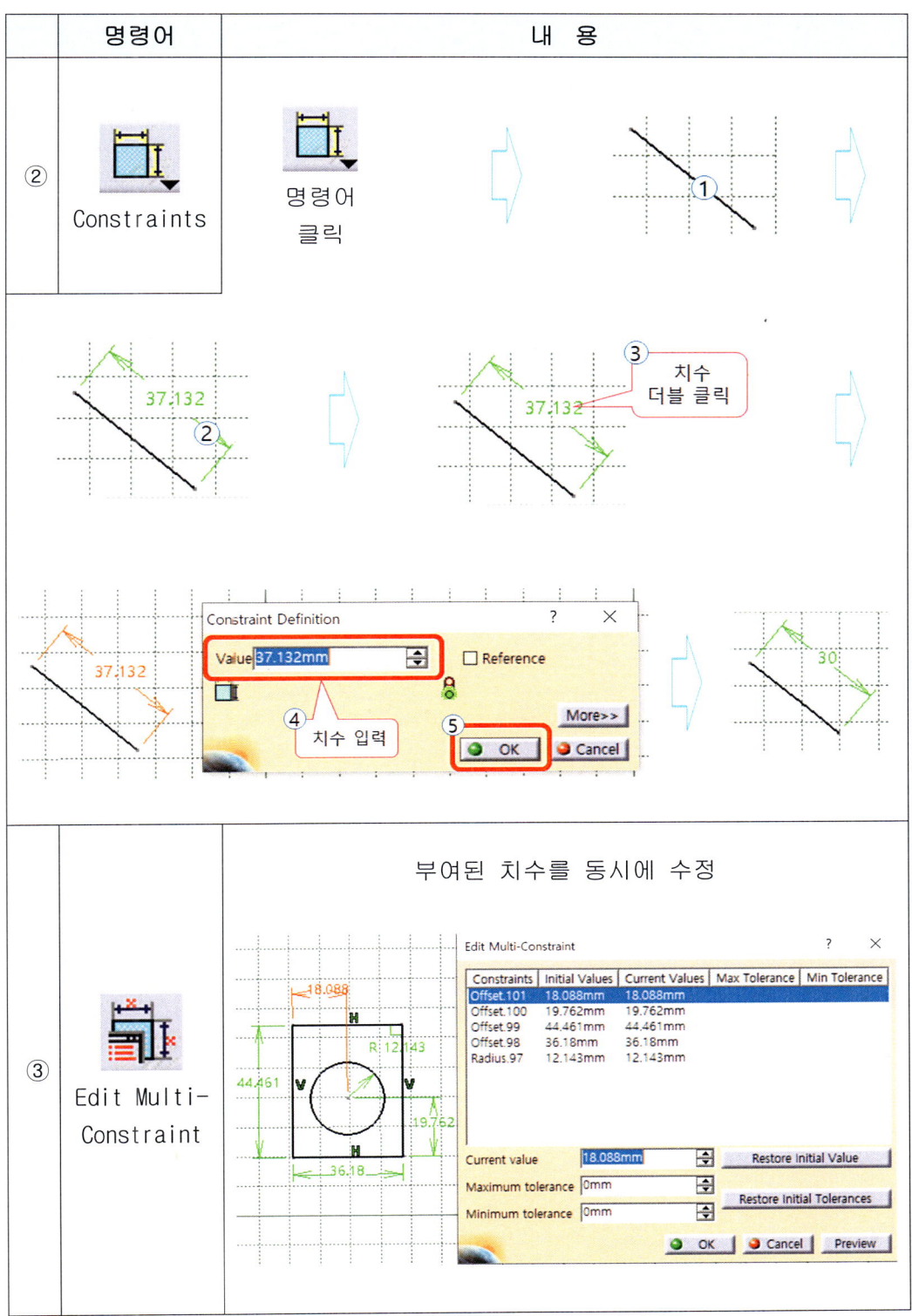

[1] Dimensional Constraints : 치수 제약조건

명령어	내 용	
Distance	2개 요소 사이의 거리를 제약	
Length	요소의 길이를 제약	
Angle	2개 요소 사이의 각도를 제약	
Radius Diameter	원이나 호의 반지름 또는 지름을 제약	
Semimajor axis Semiminor axis	타원의 장축과 단축을 제약	

[2] Geometric Constraints : 기하학적 제약조건

명령어	내 용
Symmetry	2개의 요소를 축을 기준으로 대칭 Ctrl키 누른 상태에서 ①,②,③ 클릭 ⇨ Symmetry 명령어
Coincidence	2개의 요소를 일치
Concentricity	원이나 호의 중심을 일치 / 시작(끝)시 점과 점을 일치
Tangency	2개의 요소를 Tangent하게 연결

Chapter 2. Sketcher

명령어	내 용
Parallelism	2개의 요소를 평행하게 위치
Perpendicularity	2개의 요소를 수직하게 위치
Horizontal	선을 수평하게 위치
Vertical	선을 수직하게 위치

[3] Constraints 활용

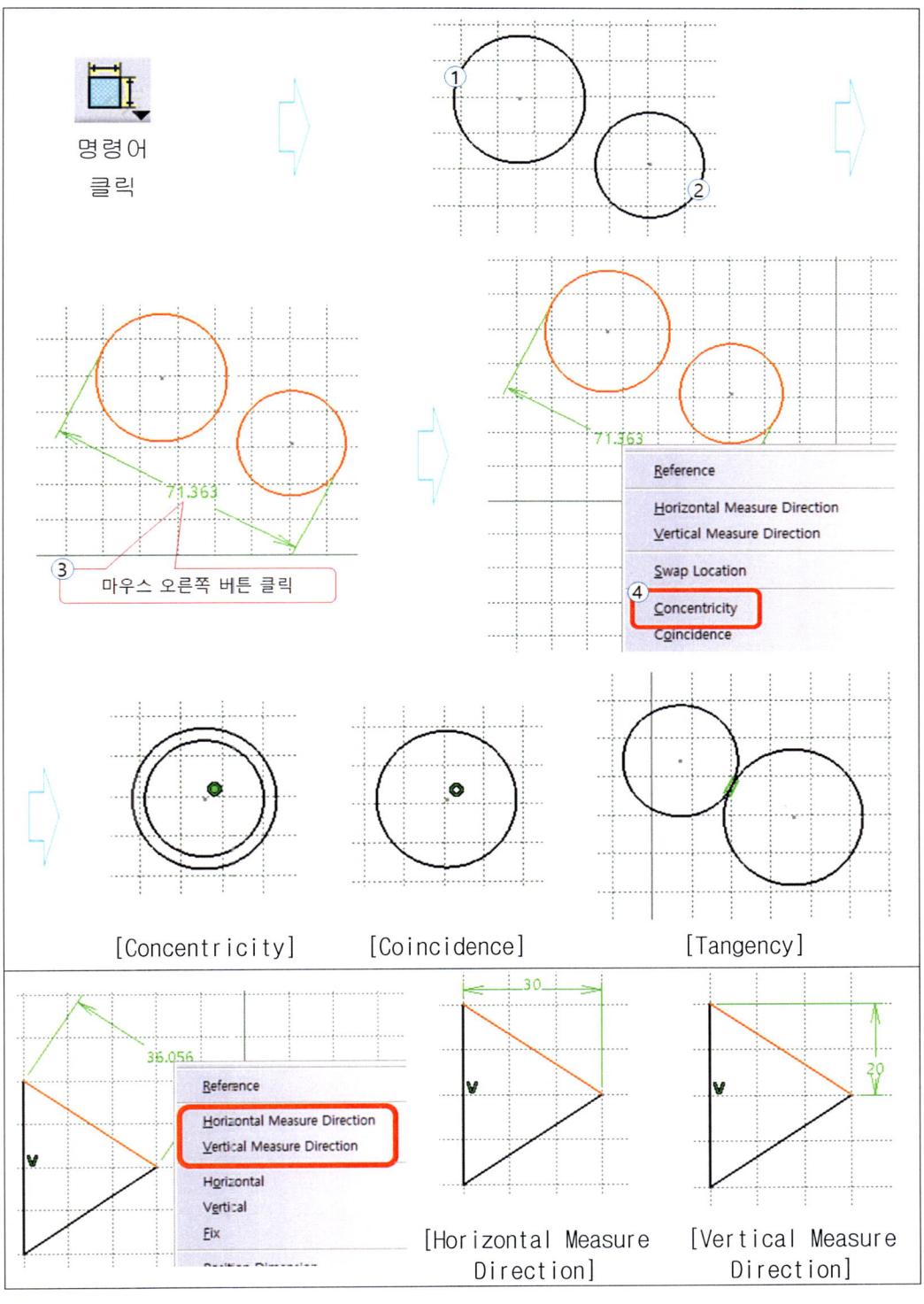

[4] 제약조건 상태 확인

　　제약조건을 부여한 Profile(윤곽, 외형)은 크기와 위치가 완전히 고정된 상태가 되어야 함

제약조건 상태	색	내용	상태 확인
Under-Constrained elements	흰색	불완전 제약 : 제약조건을 불완전하게 부여한 상태	Sketch Solving Status 명령어를 이용하여 제약상태 확인
Over-Constrained elements	보라색	과잉 제약 : 제약조건을 과잉(중복)하게 부여한 상태	
Inconsistent elements	빨간색	불일치 : 서로 상반되는 제약조건을 부여한 상태	
Iso-Constrained elements	초록색	완전 제약 : 제약조건을 완전하게 부여한 상태	

Sketch Solving Status 명령어 : 프로파일의 제약상태 확인 및 수정

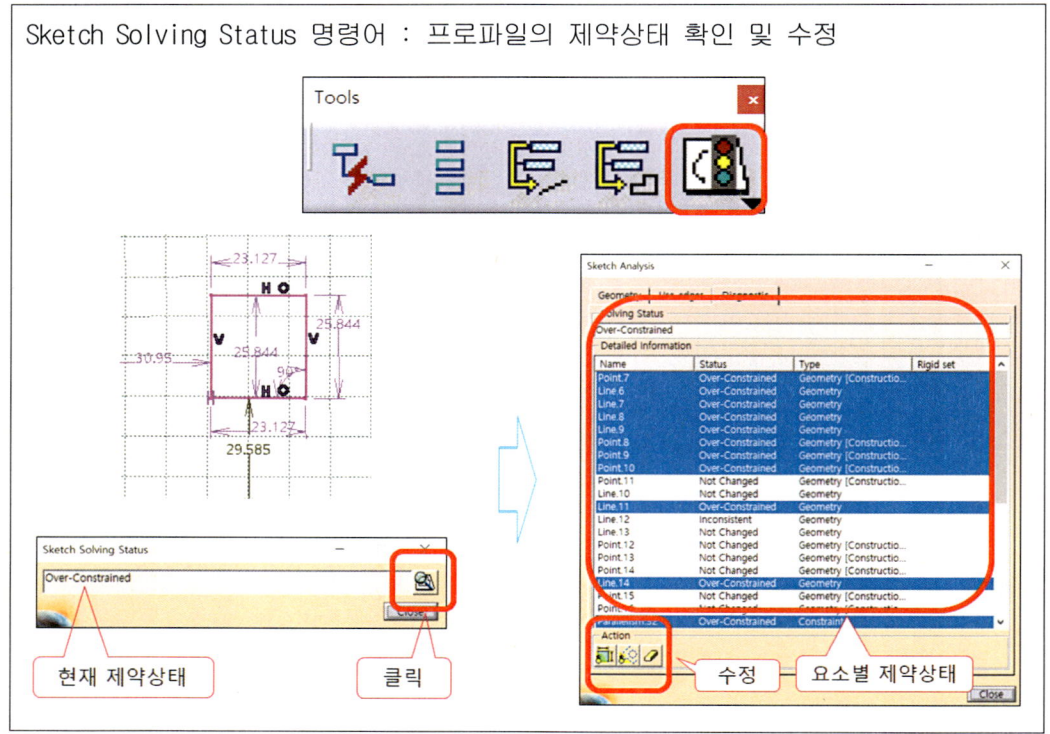

Chapter 3

Part Design

3.1 Part Design Workbench

3.2. Reference Elements Bar

3.3 Sketch-Based Features Bar

3.4 Dress-Up Features Bar

3.5 Transformation Features Bar

3.1 Part Design Workbench

3차원 솔리드(Solid) 형상을 모델링하기 위한 Workbench

3.2. Reference Elements Bar

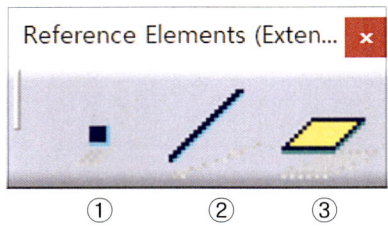

		명령어	내 용
①	 ■	(Point)	3차원 공간에 점(Point) 생성
②	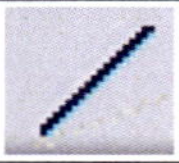 ╱	(Line)	3차원 공간에 선(Line) 생성
③	 ▱	(Plane)	3차원 공간에 평면(Plane) 생성

Offset from Plane
: Reference(참고 평면)를 기준으로 일정 거리만큼 복사하여 평면 생성

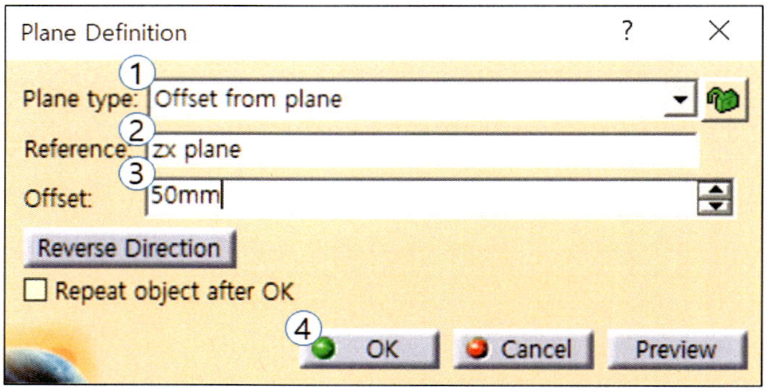

Plane Definition
① Plane type: Offset from plane
② Reference: zx plane
③ Offset: 50mm
☐ Repeat object after OK
④ OK / Cancel / Preview

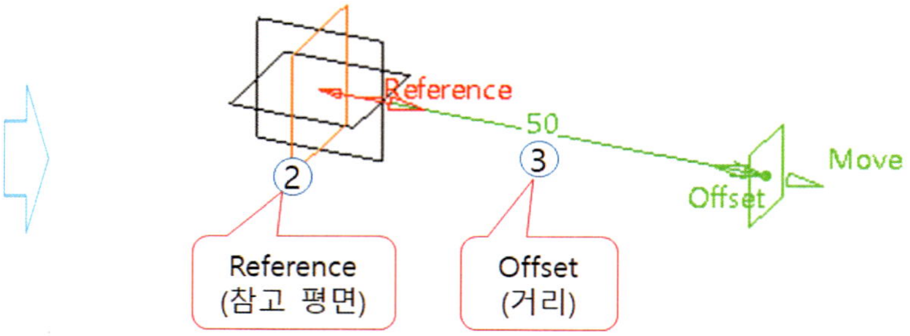

② Reference (참고 평면)
③ Offset (거리)

3.3 Sketch-Based Features Bar : Profile을 이용하여 형상 모델링

1	
Pad	PAD

Closed Profile을 지정한 방향으로 돌출(Default방향 : 면에 수직)

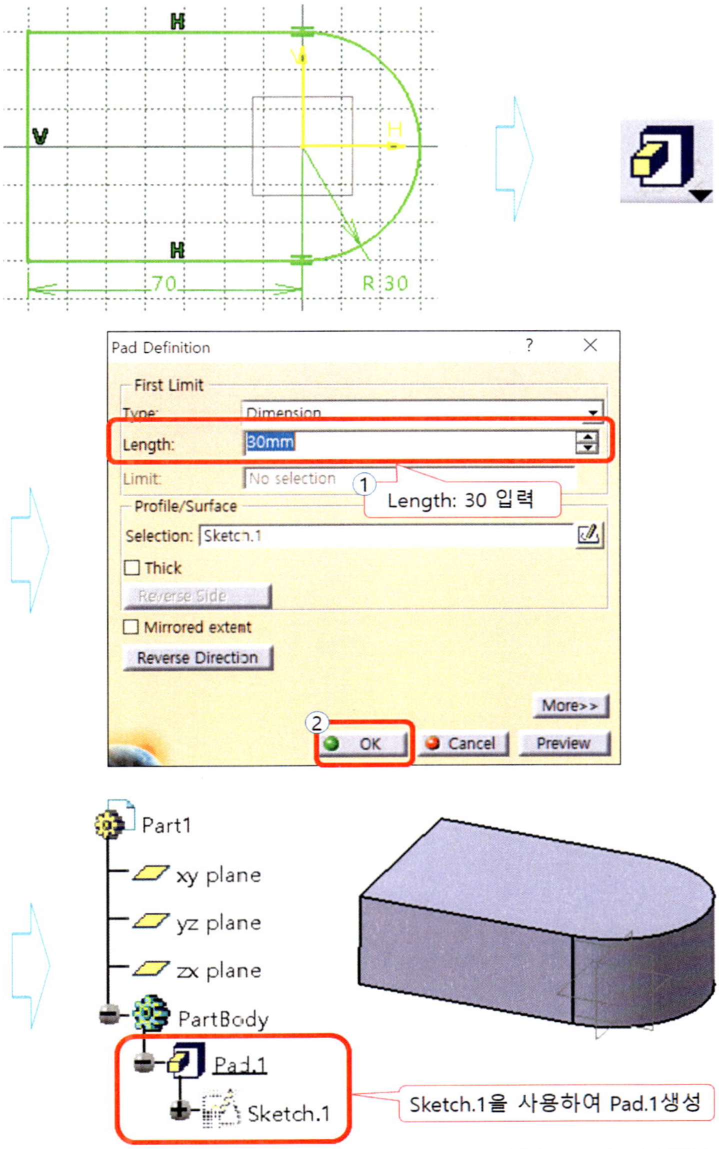

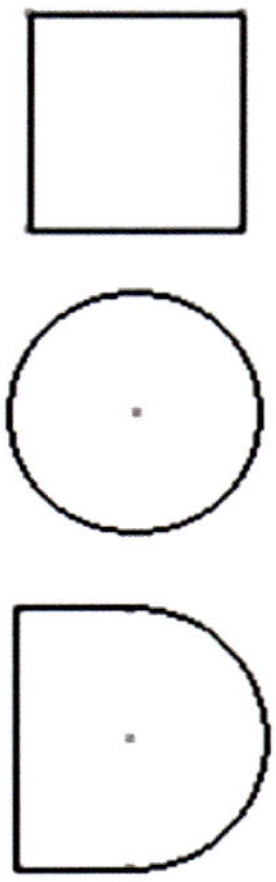

[Closed Profile]

[Open Profile]

Length: 30 입력

Sketch.1을 사용하여 Pad.1생성

Chapter 3. Part Design

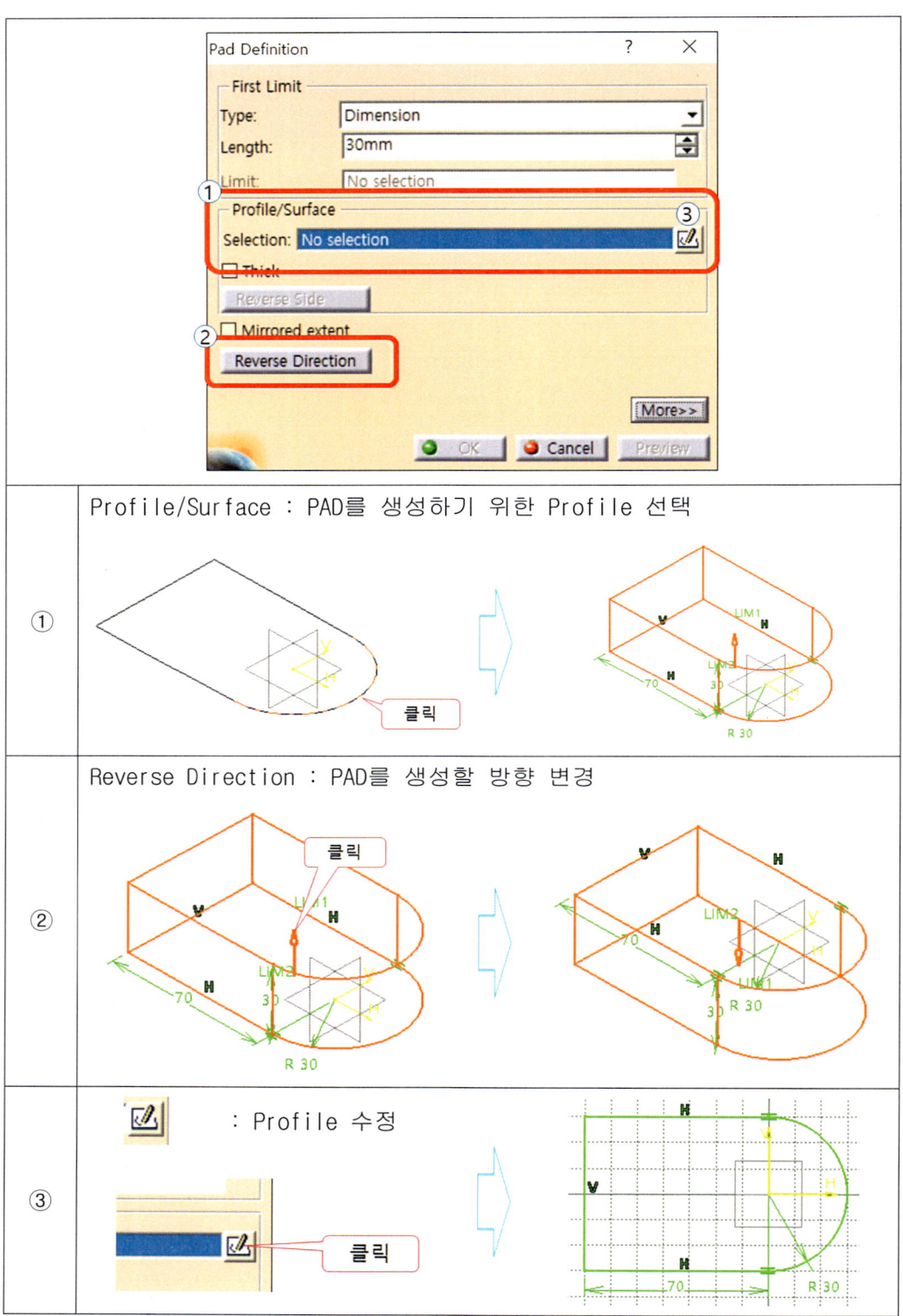

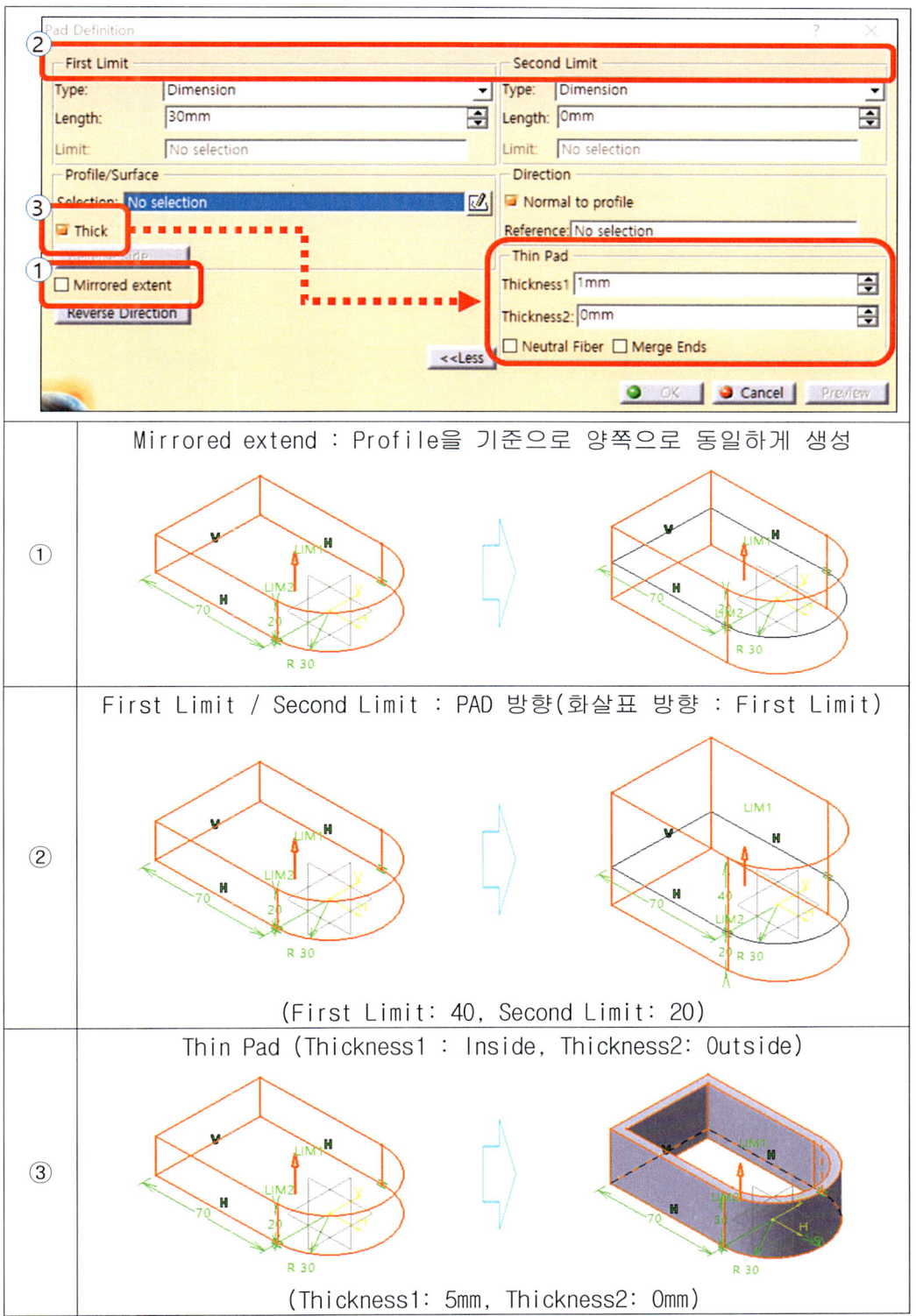

스케치(Sketch) 수정

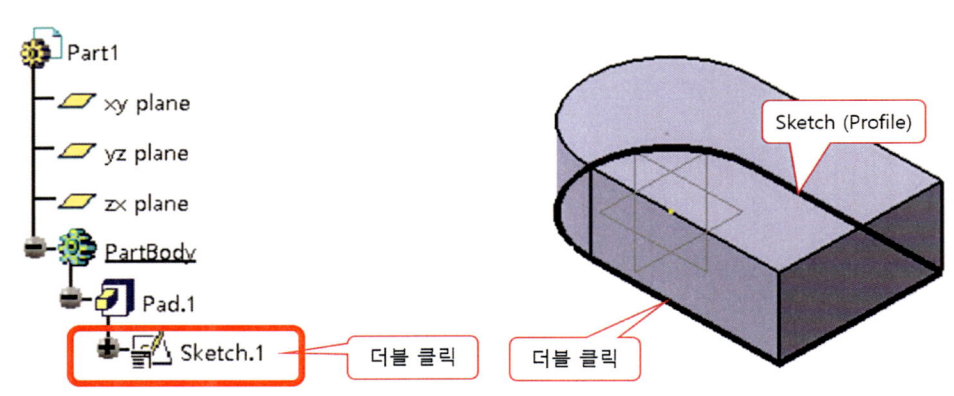

- Tree에서 수정하고자 하는 Sketch(여기서는 Sketch.1)를 더블 클릭
- 3차원 작업공간에서 (Sketch Profile이 보일 경우) Sketch 더블 클릭

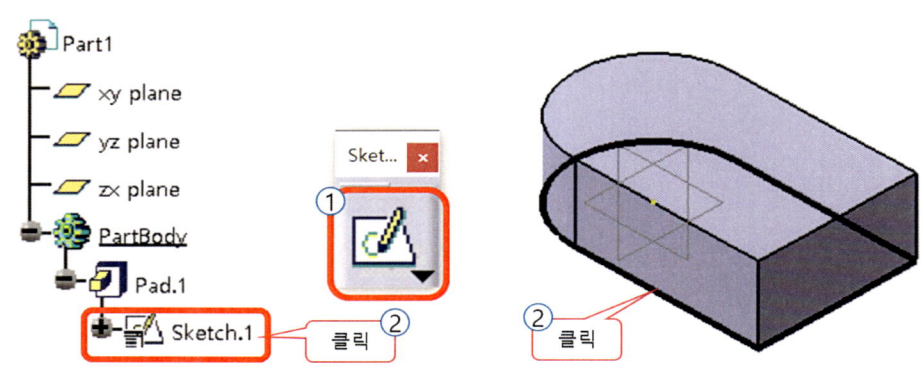

- Sketch 명령어 클릭 ⇨ Tree에서 수정하고자 하는 Sketch 클릭
- Sketch 명령어 클릭 ⇨ 3차원 작업공간에서 Sketch 클릭

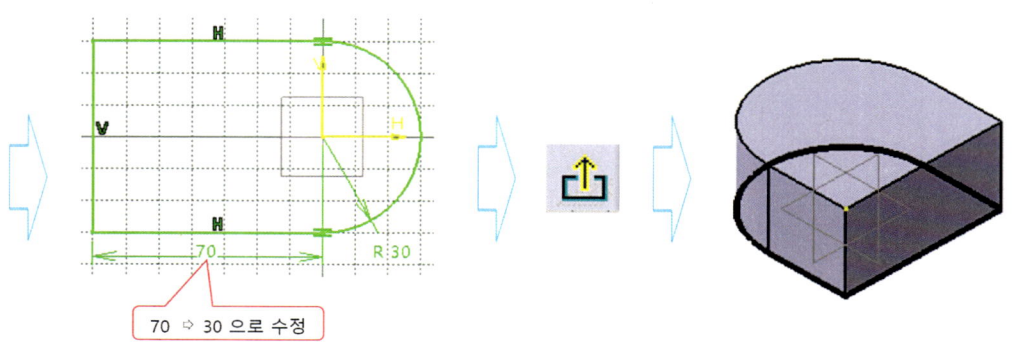

형상(Feature) 수정

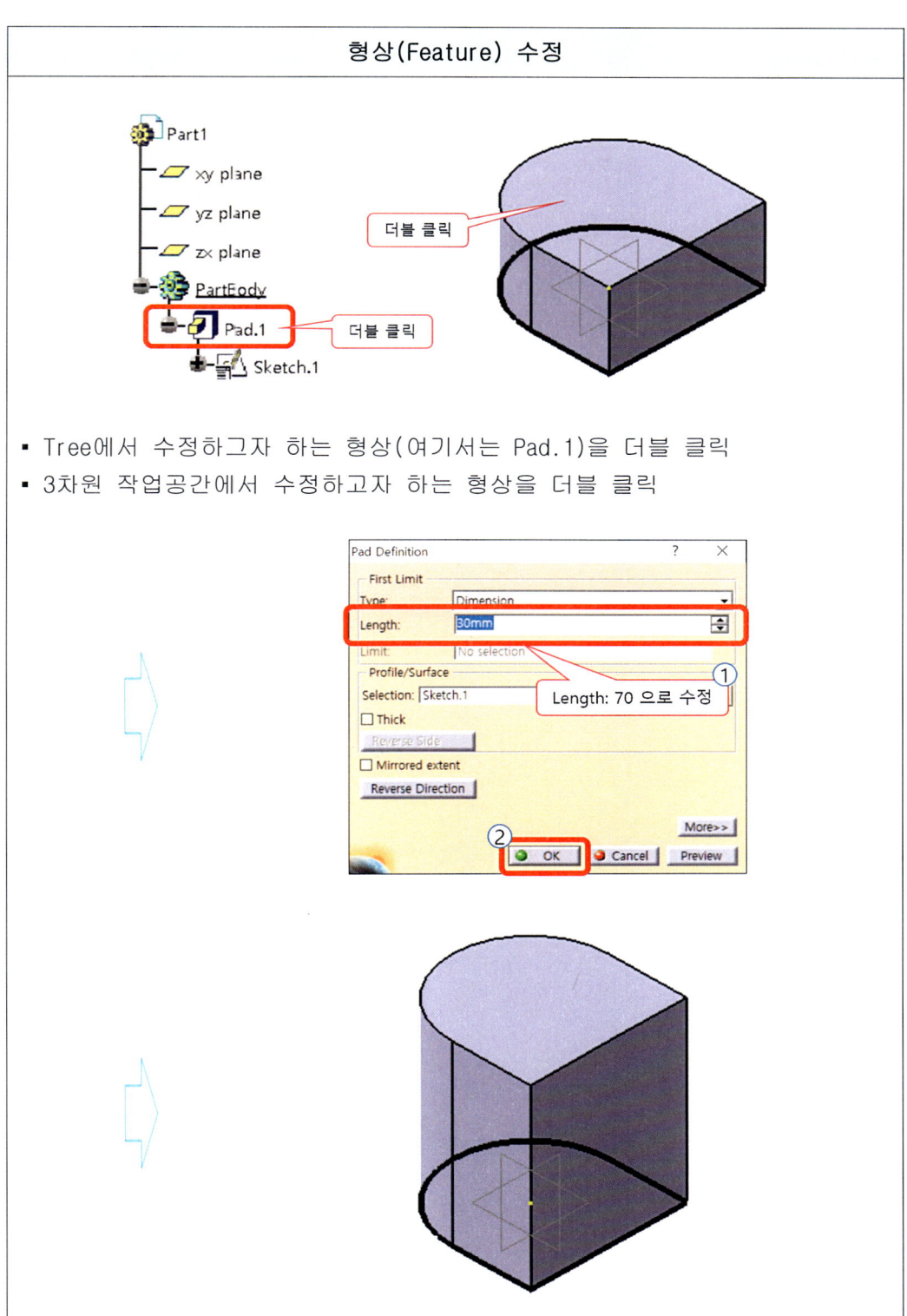

- Tree에서 수정하그자 하는 형상(여기서는 Pad.1)을 더블 클릭
- 3차원 작업공간에서 수정하고자 하는 형상을 더블 클릭

2
Pocket

Pocket

Closed Profile 또는 Open Profile을 지정한 방향으로 제거 (Default방향 : 면에 수직)

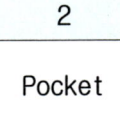

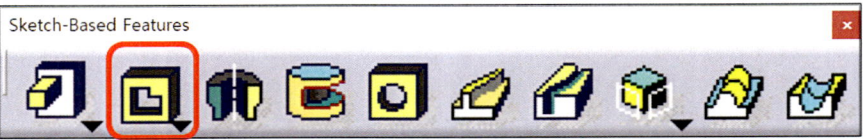

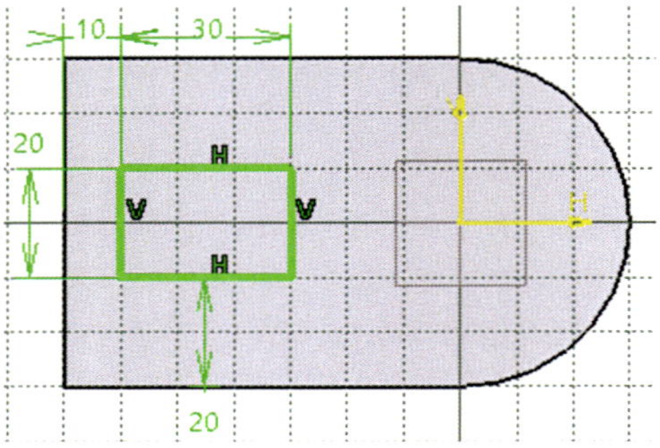

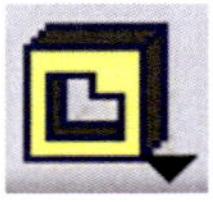

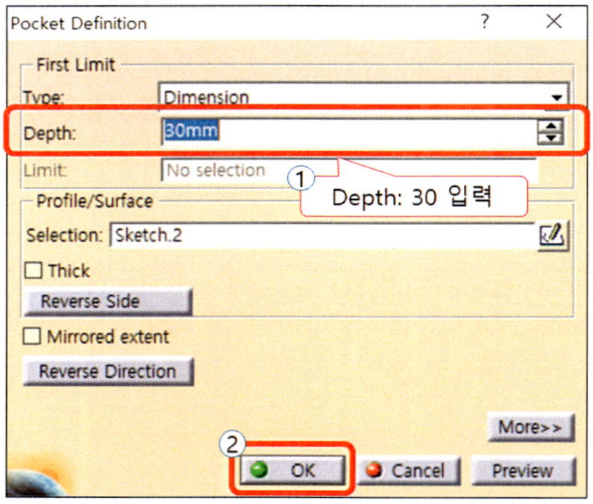

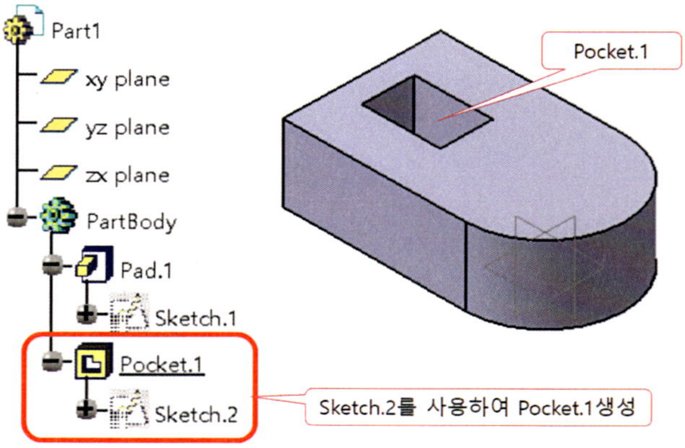

Define In Work Object : 현재 작업하고 있는 위치를 나타냄
(Tree 상에서 밑줄로 표시)

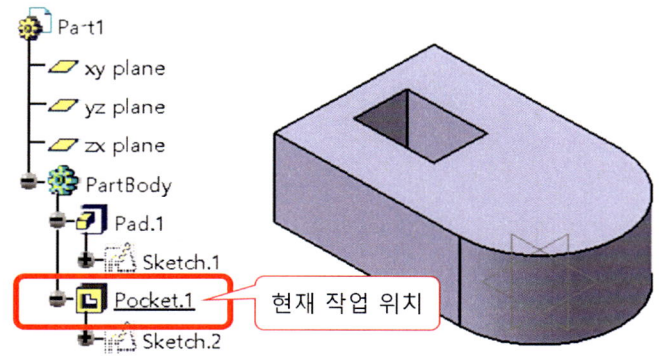

[현재 작업 위치 변경]

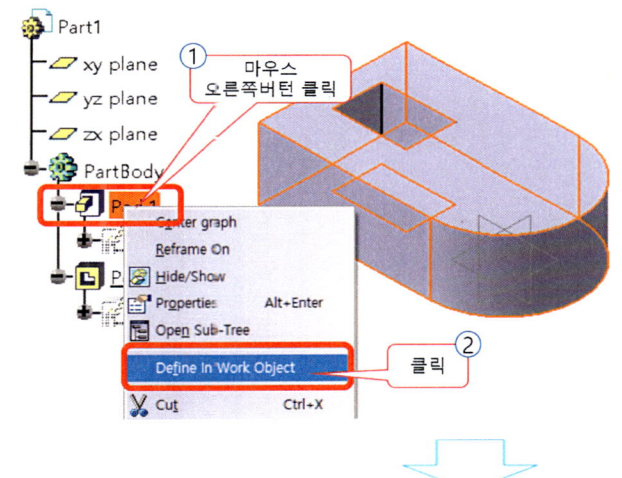

작업 위치를 변경하고자 하는 곳(여기서는 Pad.1)에서 오른쪽 마우스버튼 클릭 ⇩ [Define In Work Object] 클릭

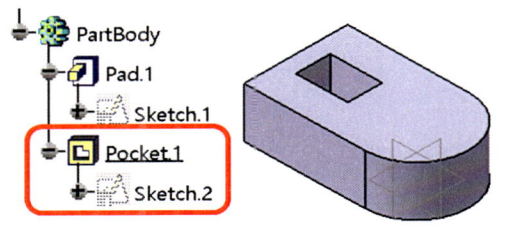

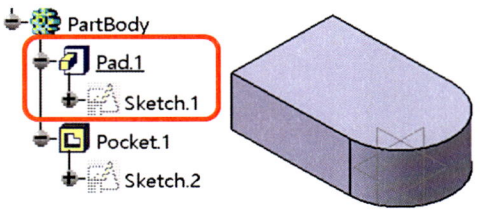

[현재 작업위치 : Pocket.1]　　　　[변경 작업위치 : Pad.1]

Chapter 3. Part Design 53

형상(Feature) 삭제

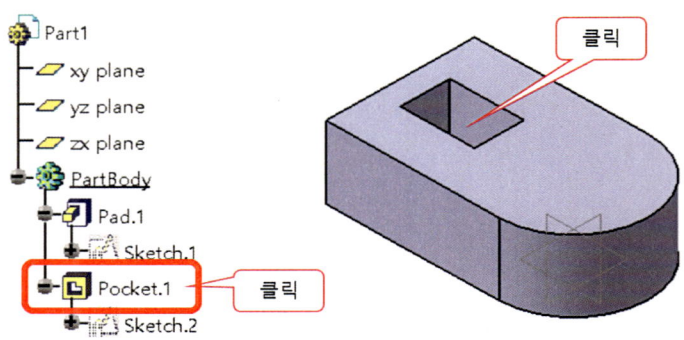

- Tree에서 삭제하고자 하는 형상(여기서는 Pocket.1)을 클릭 ⇨ 키보드의 [Delete] 누름
- 3차원 작업공간에서 삭제하고자 하는 형상을 클릭 ⇨ 키보드의 [Delete] 누름

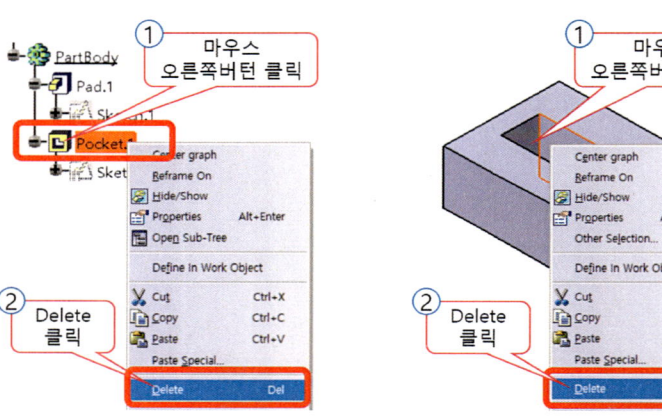

- Tree에서 삭제하고자 하는 형상(여기서는 Pocket.1)을 마우스 오른쪽버튼 클릭 ⇨ Contextual Menu에서 [Delete] 클릭
- 3차원 작업공간에서 삭제하고자 하는 형상을 마우스 오른쪽버튼 클릭 ⇨ Contextual Menu에서 [Delete] 클릭

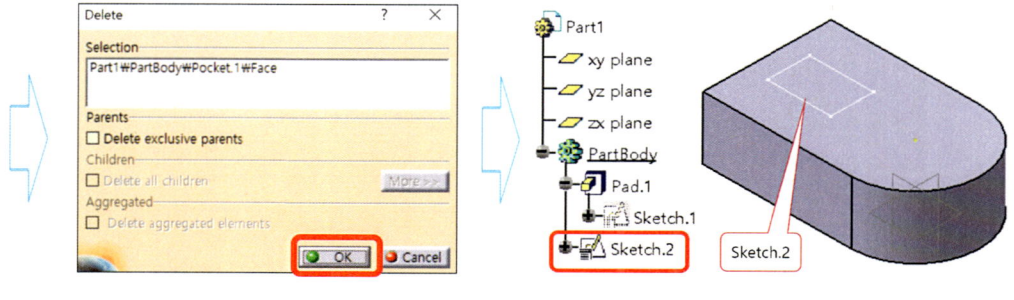

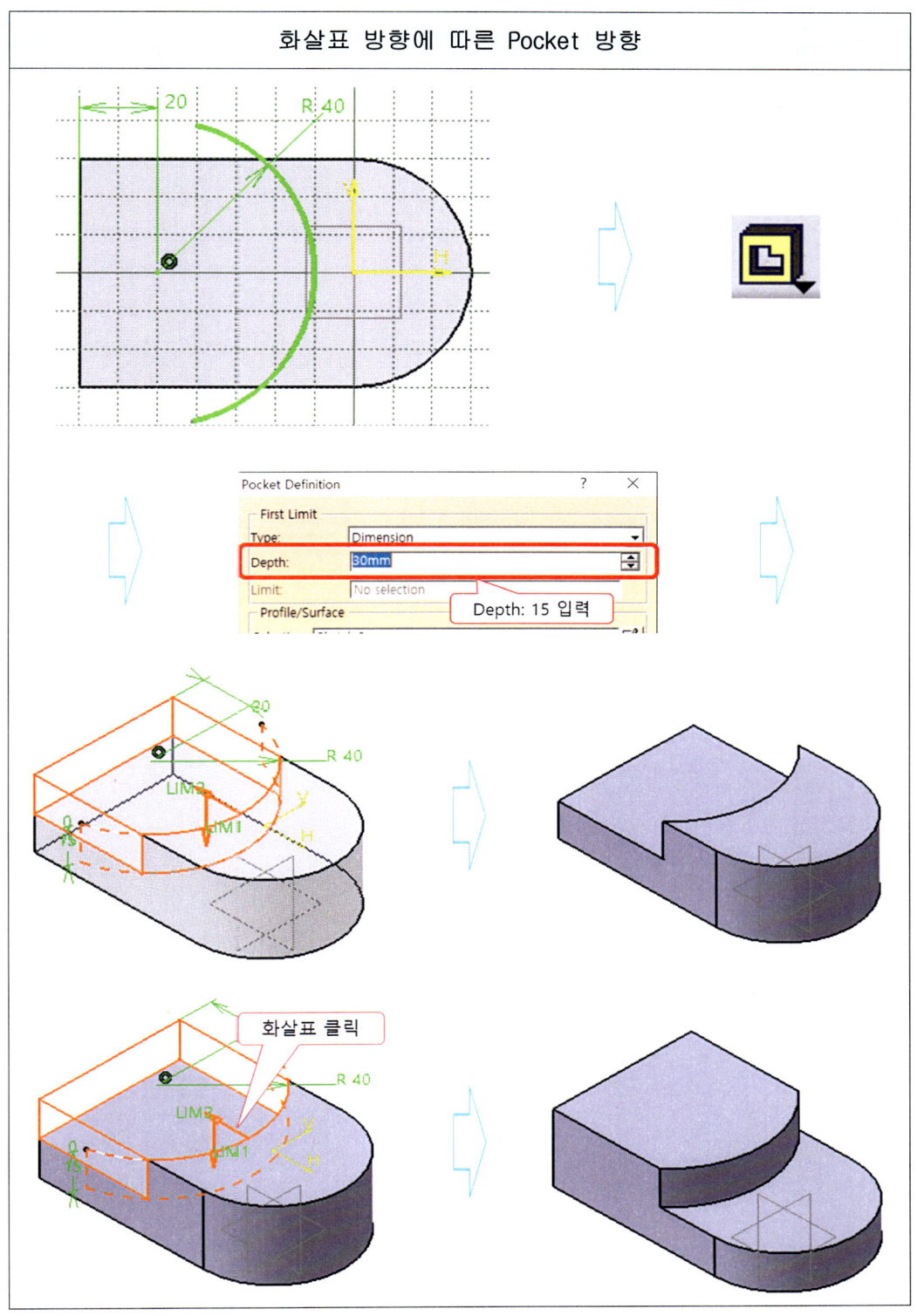

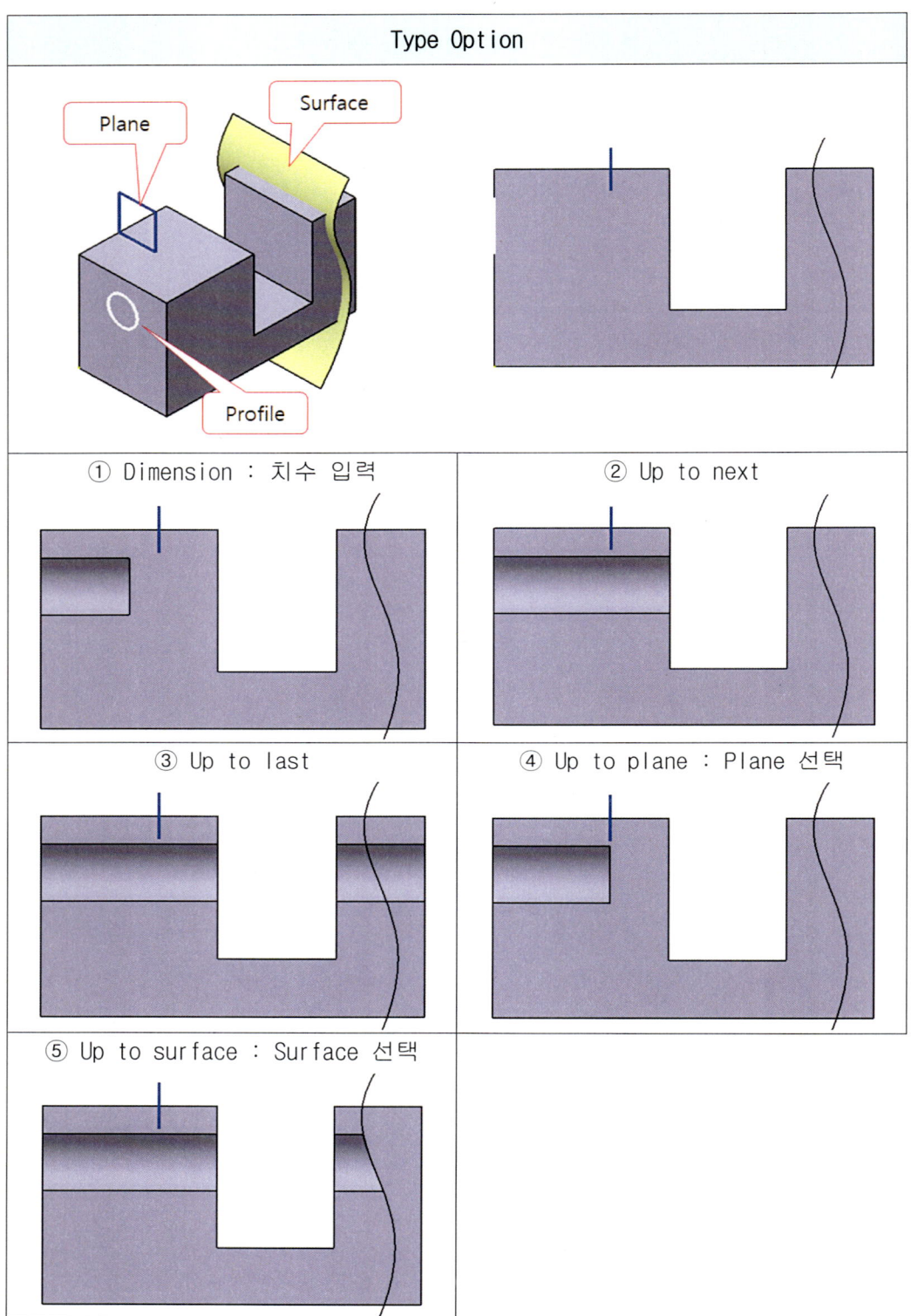

3	
Shaft	

Shaft

Closed Profile (또는 Open Profile)을 축을 기준으로 회전하면서 돌출

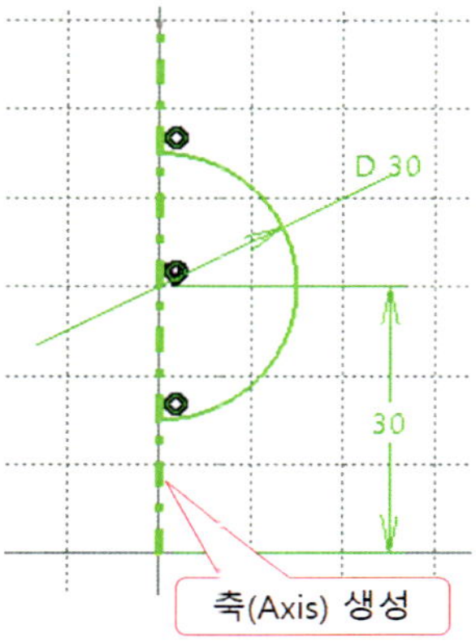

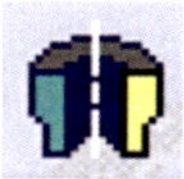

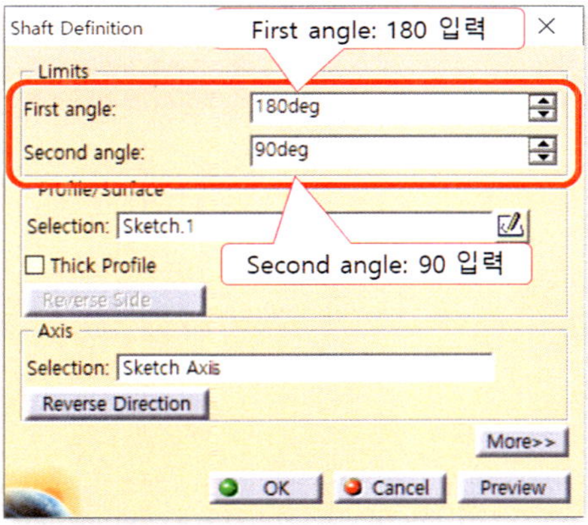

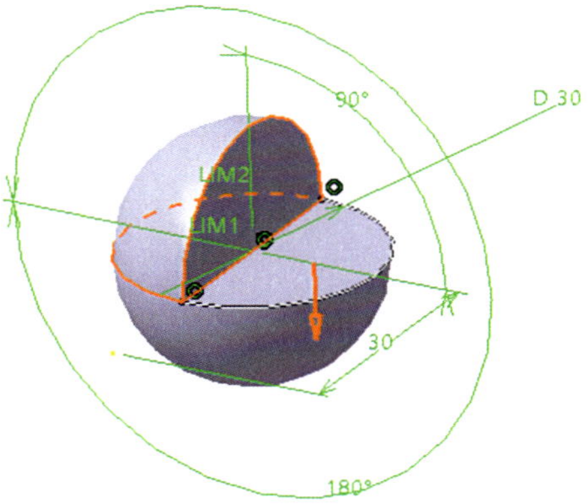

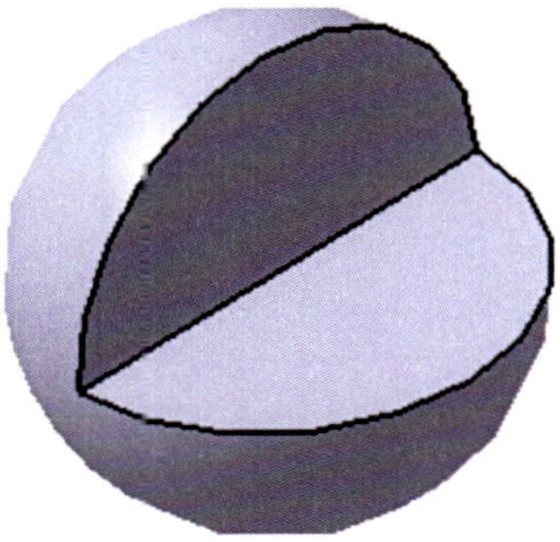

축(Axis) 생성

Shaft Definition
- Limits
  - First angle: 180deg — First angle: 180 입력
  - Second angle: 90deg — Second angle: 90 입력
- Profile/Surface
  - Selection: Sketch.1
  - ☐ Thick Profile
  - Reverse Side
- Axis
  - Selection: Sketch Axis
  - Reverse Direction

- 스케치(Sketch)에서 축(Axis)을 만들지 않을 경우
  : 3차원 공간에서 축을 지정

- 회전 방향
  ① First angle : 화살표 방향
  ② Second angle : 화살표 반대방향

Chapter 3. Part Design

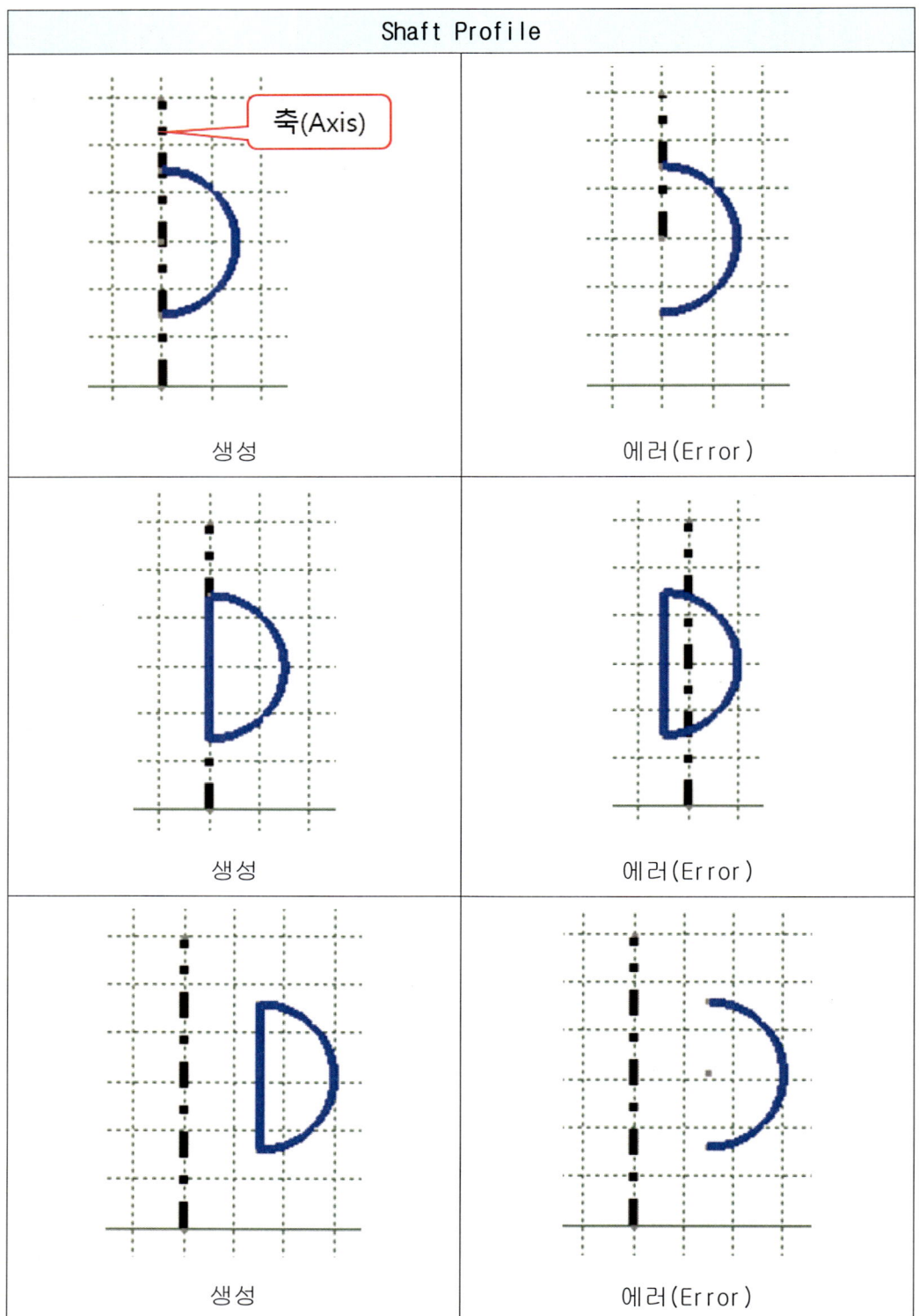

4	
Groove	

Groove

Closed Profile (또는 Open Profile)을 축을 기준으로 회전하면서 제거

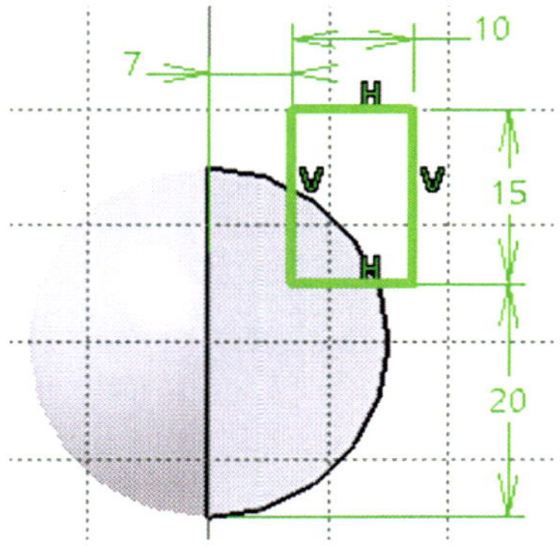

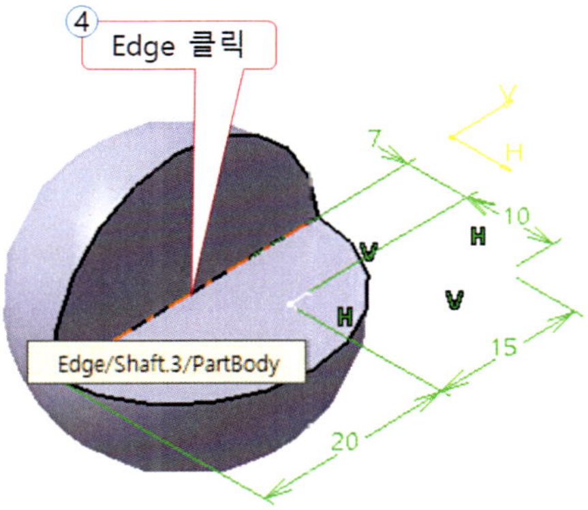

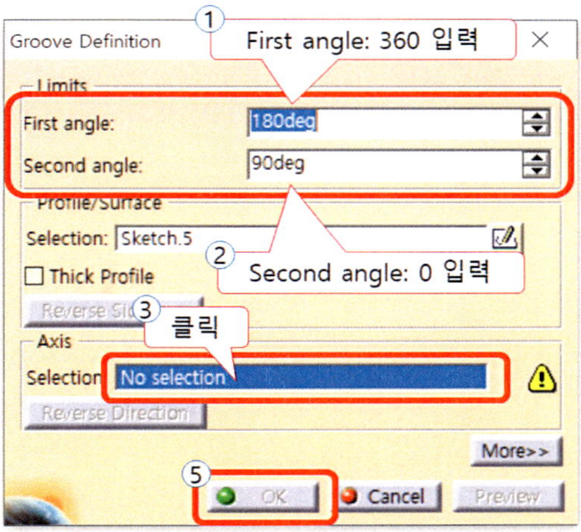

① First angle: 360 입력
② Second angle: 0 입력
③ 클릭
④ Edge 클릭
⑤ OK

- 스케치에서 축을 만들지 않을 경우 : 3차원 공간에서 축을 지정

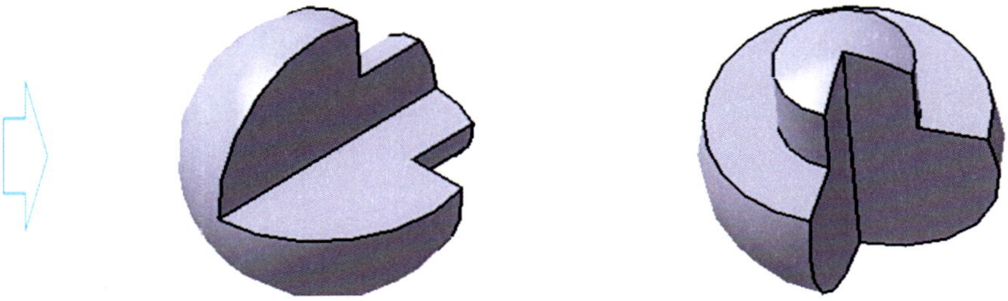

Chapter 3. Part Design

5	Sketch-Based Features
Rib	Rib

Closed Profile을 Center curve를 따라 돌출

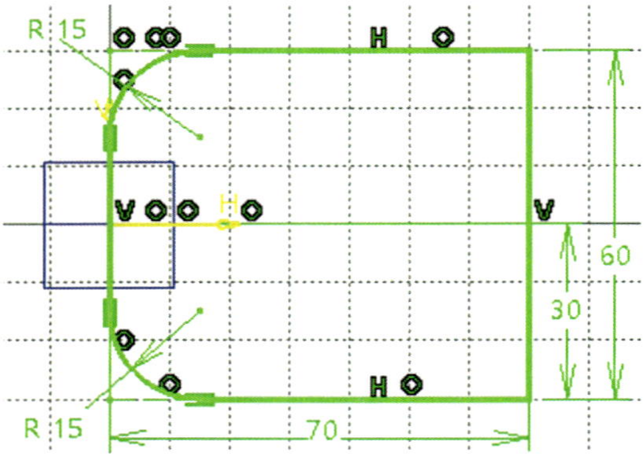

[xy plane : Center curve]

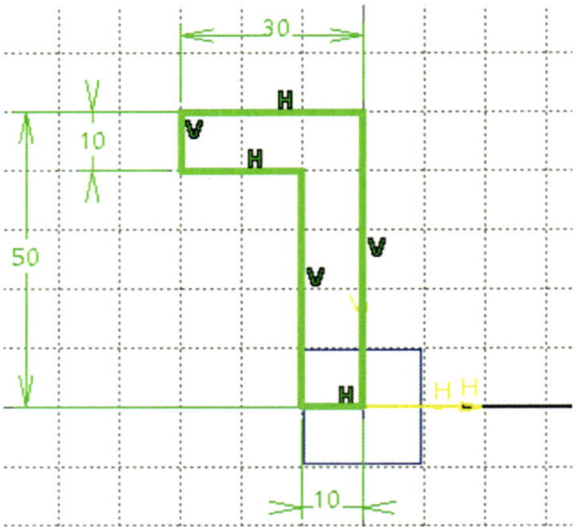

[yz plane : Profile]

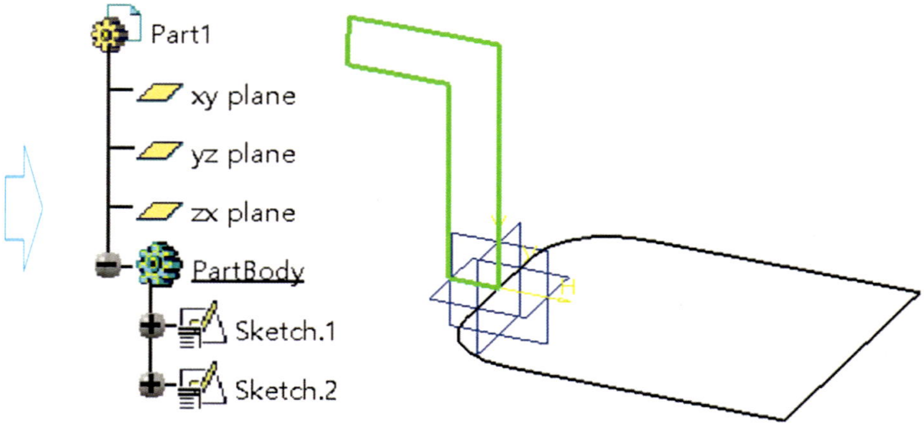

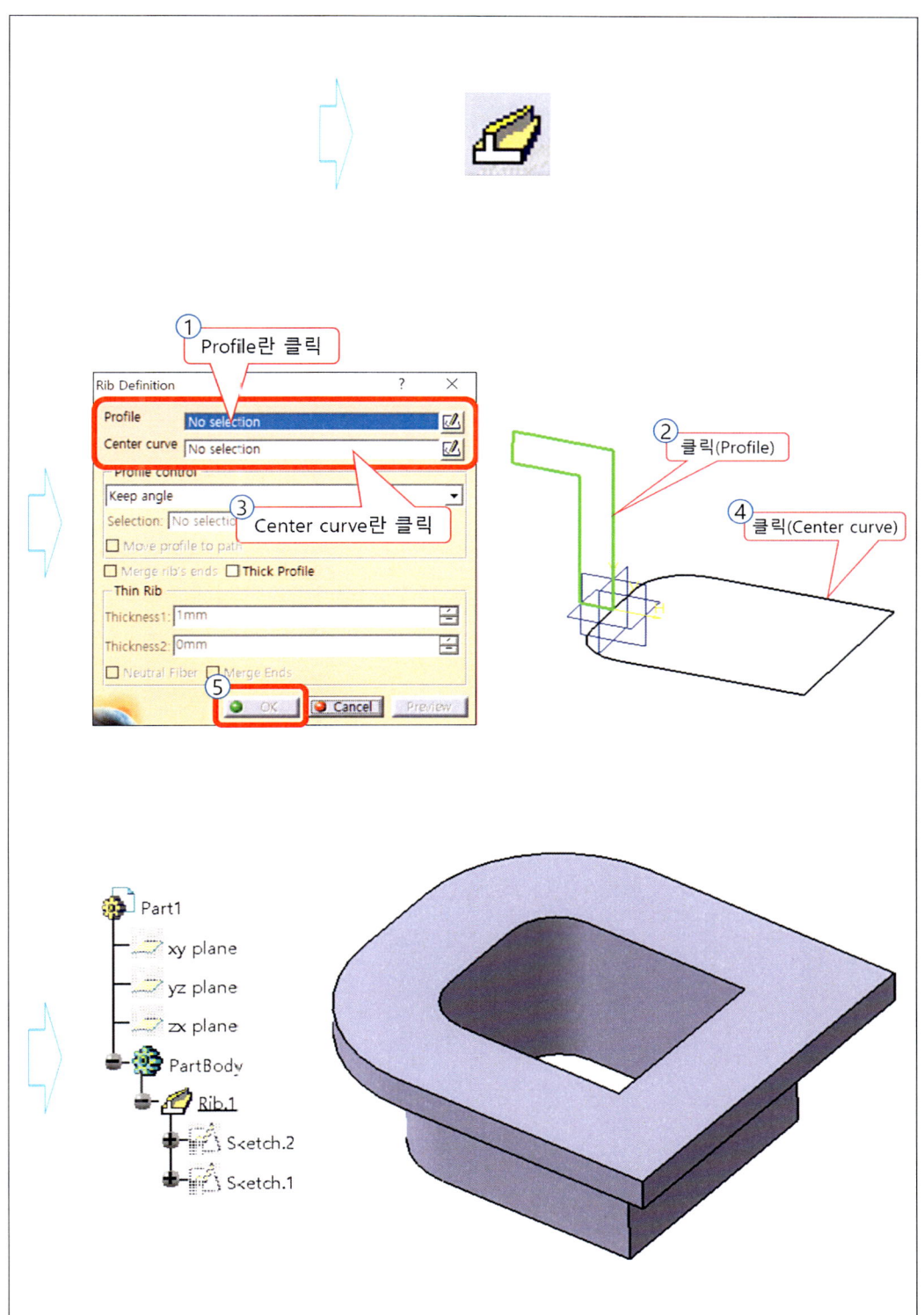

6
Slot

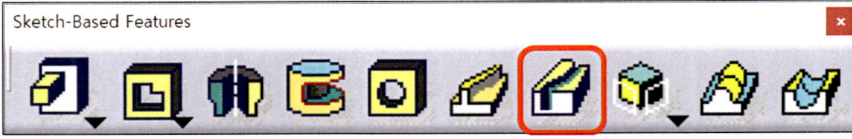

Slot

Closed Profile을 Center curve를 따라 제거

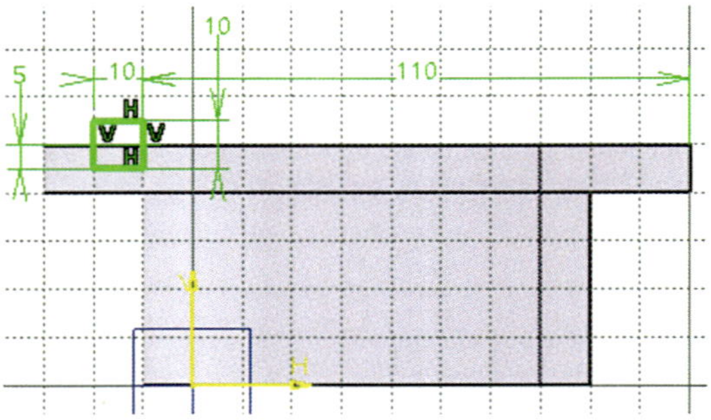

[yz plane : Profile] 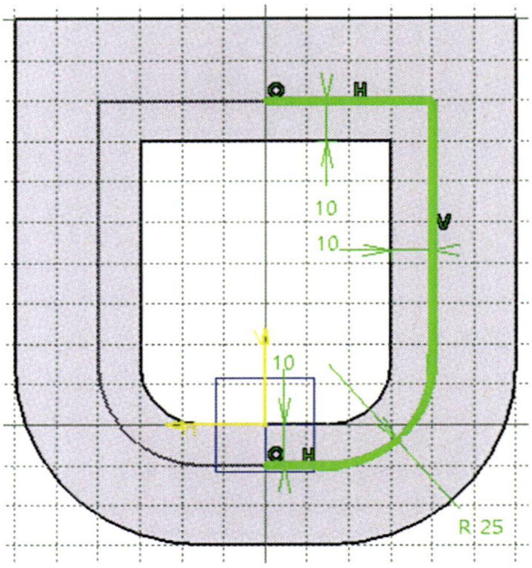   [xy plane : Center curve]

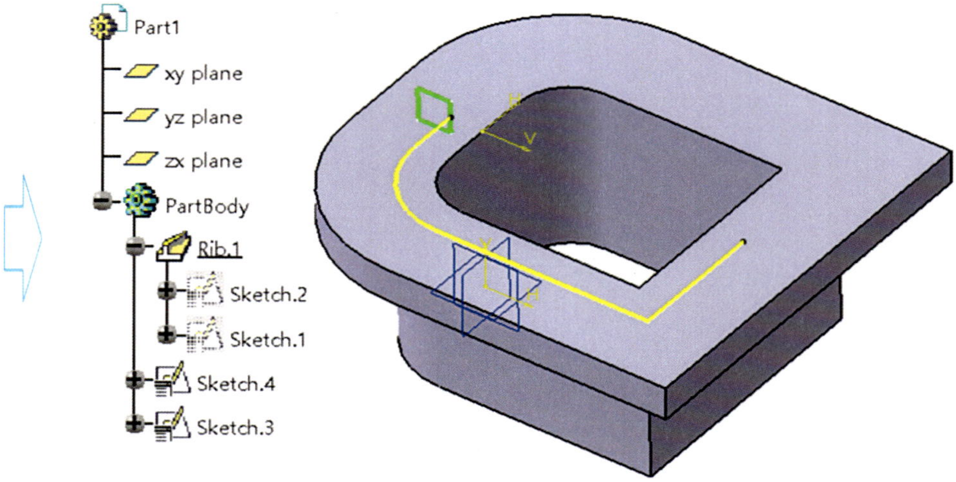

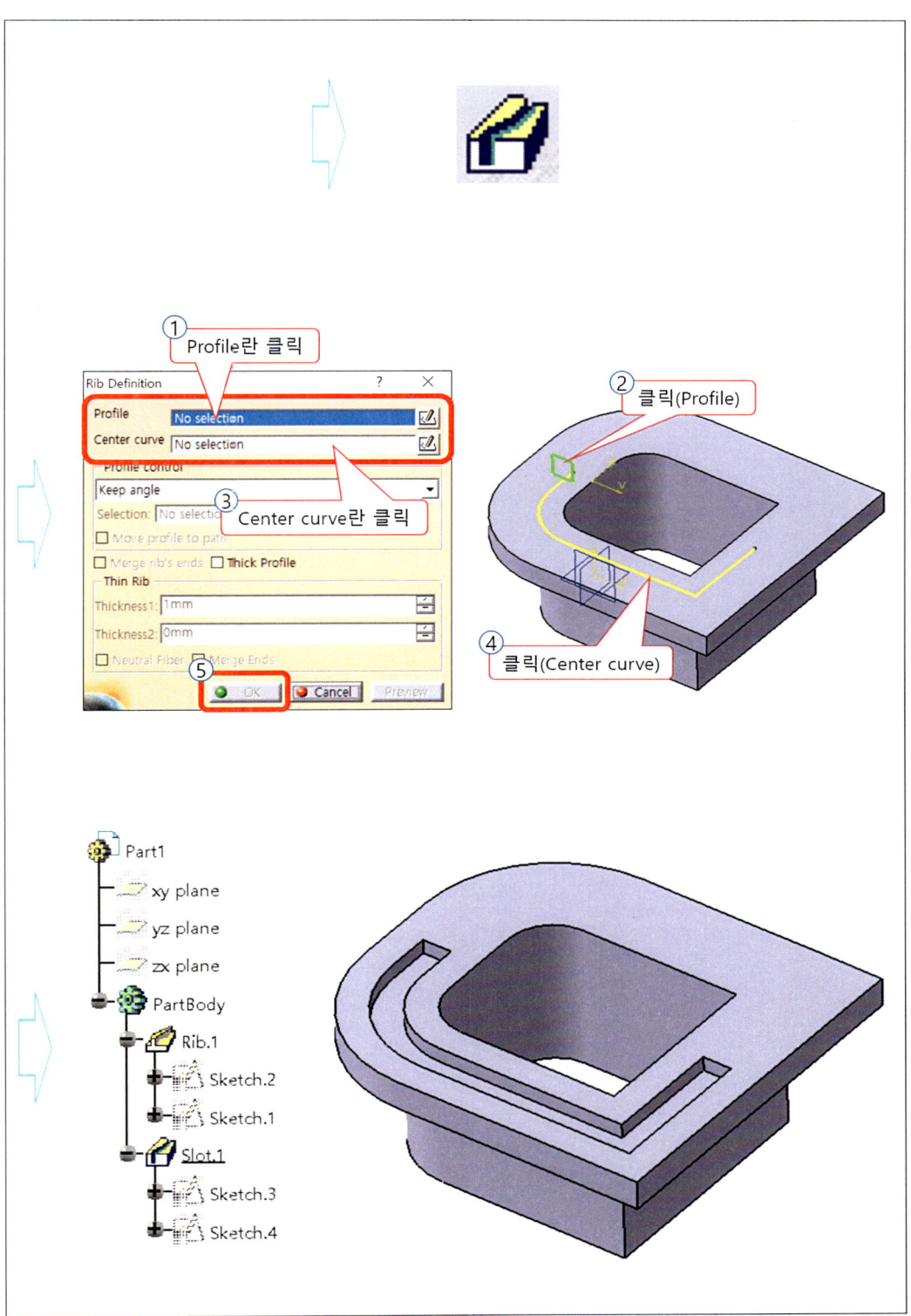

Multi-sections Solids

7 Multi-sections Solids

다중 단면(Section)을 사용하여 돌출

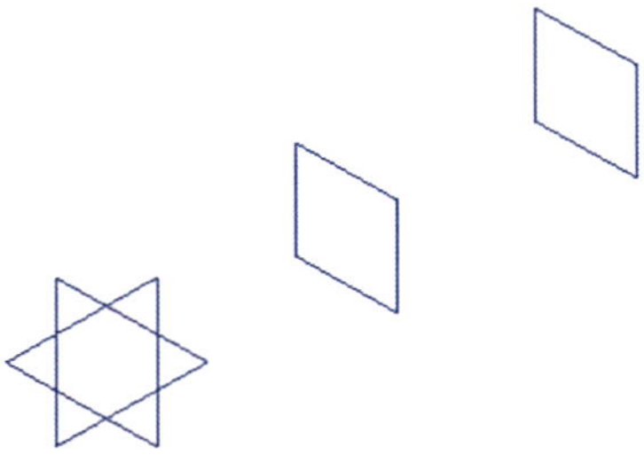

[yz plane에서 100mm 간격으로 plane 2개 생성]

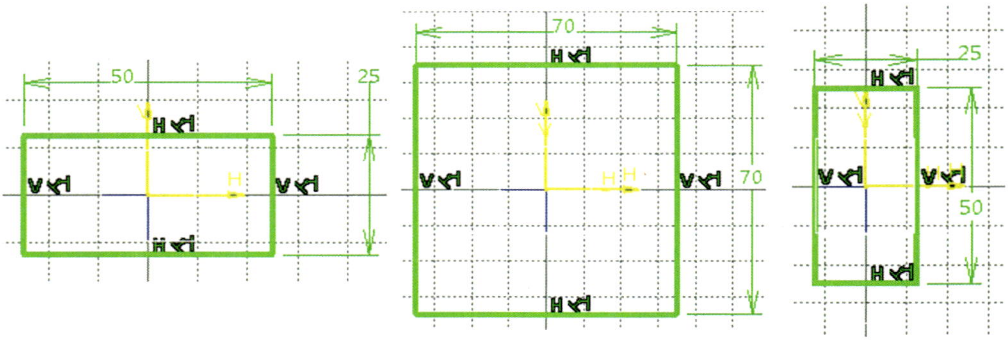

[각 plane의 원점에서 사각형(Centered Rectangle) 생성]

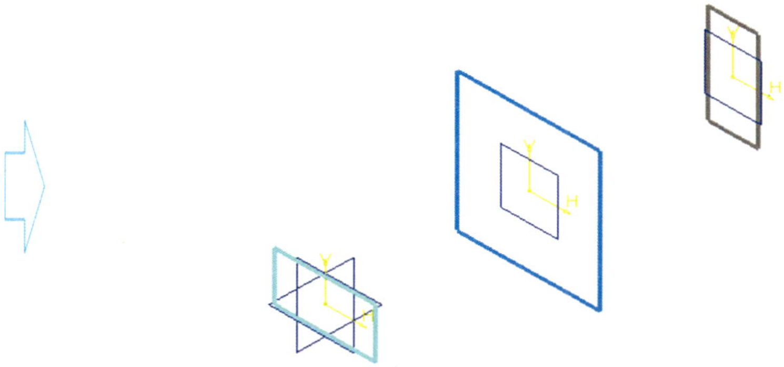

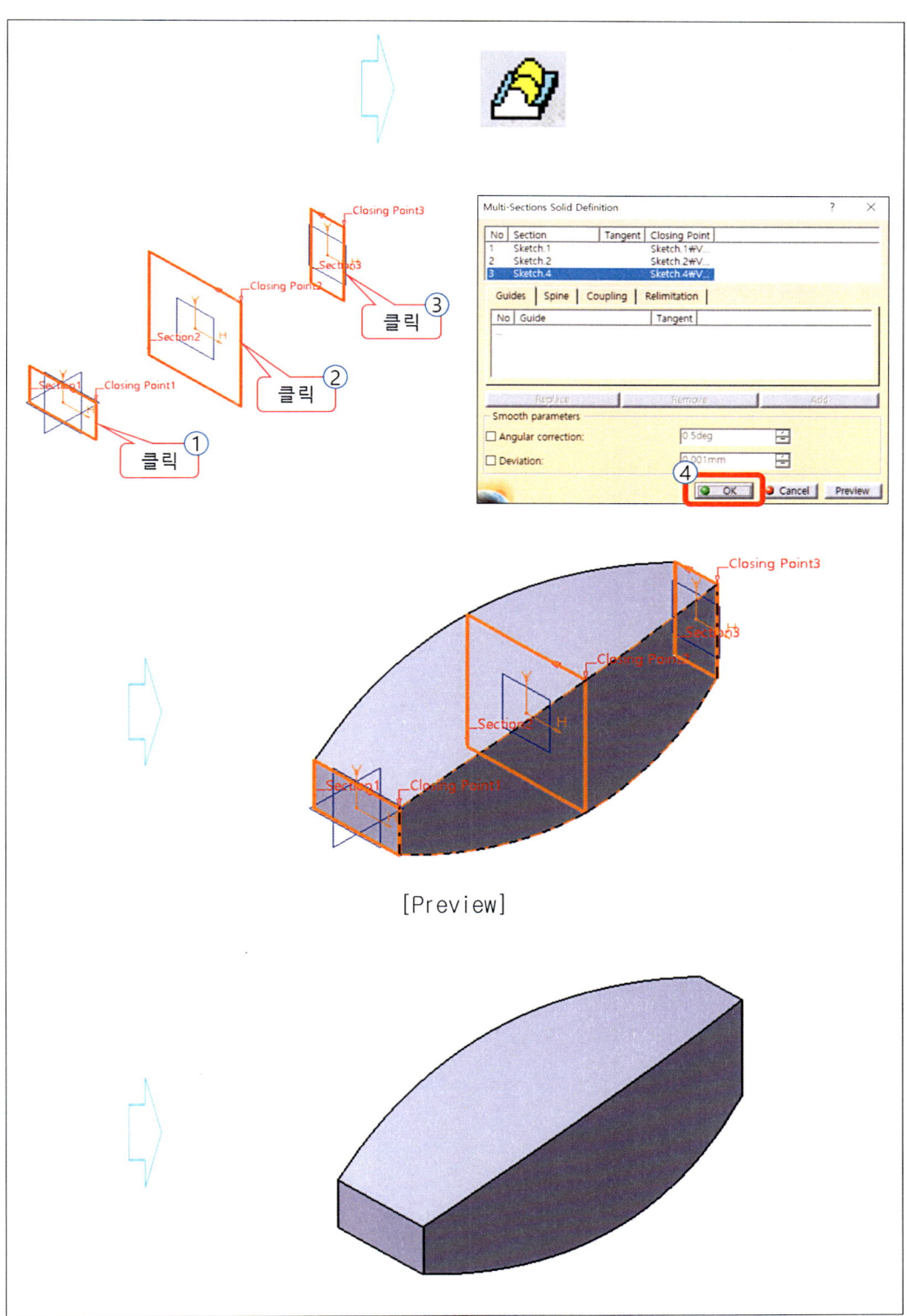

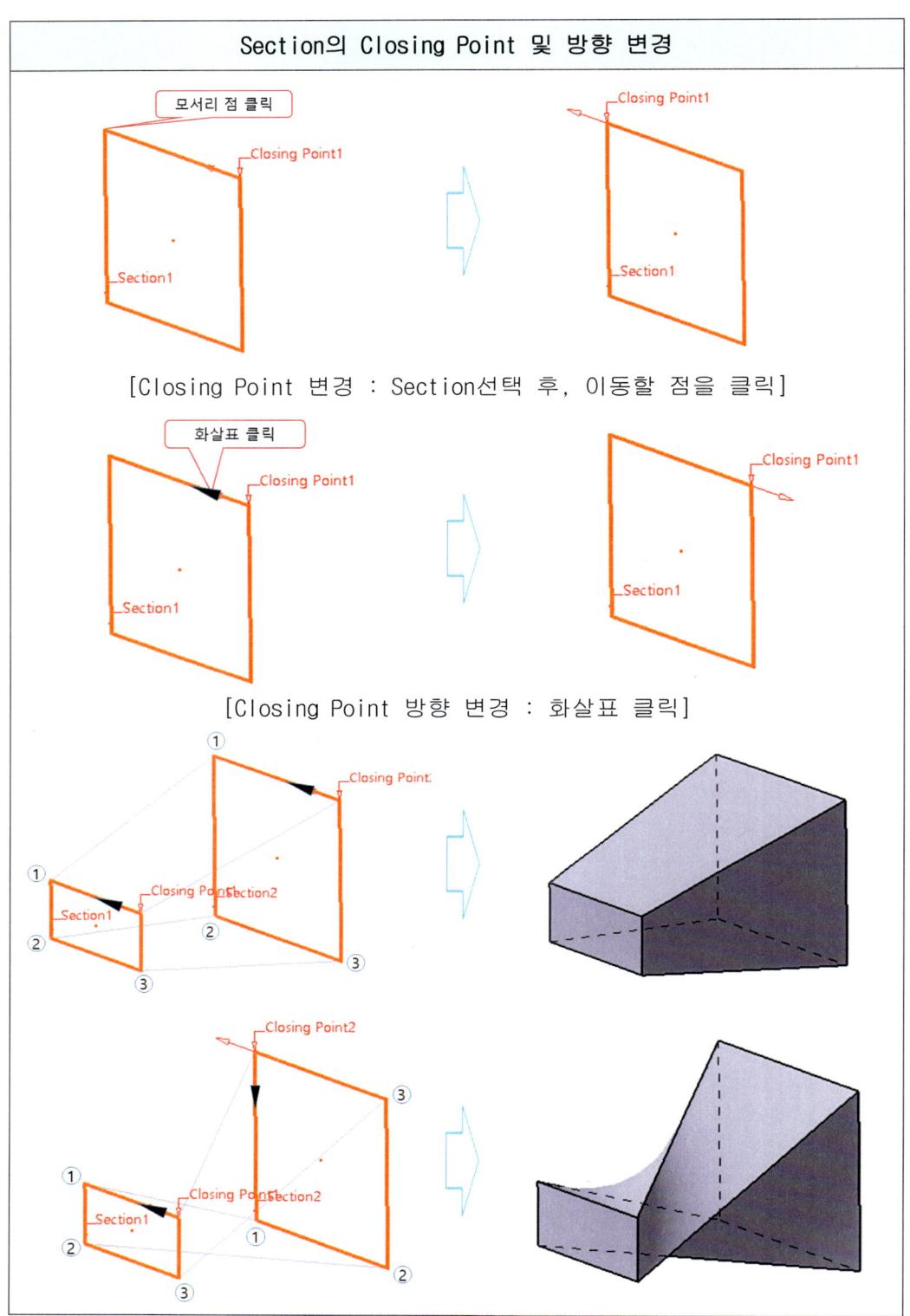

8. Removed Multi-sections Solids

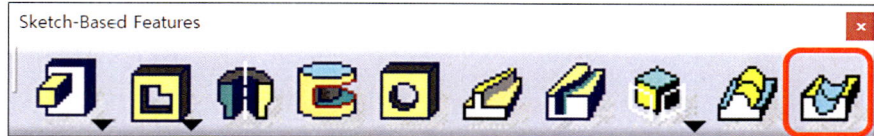

Removed Multi-sections Solids

다중 단면(Section)을 사용하여 제거

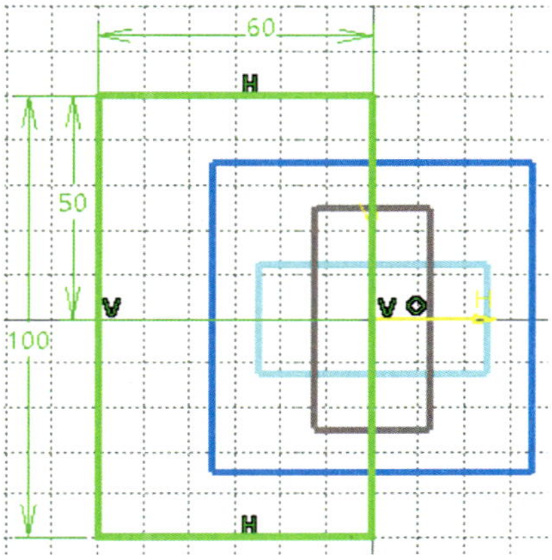

[yz plane에 사각형 생성]

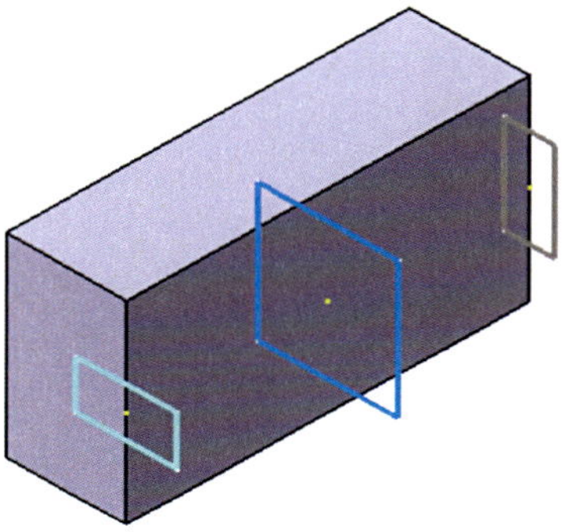

[Pad명령어 : 200mm]

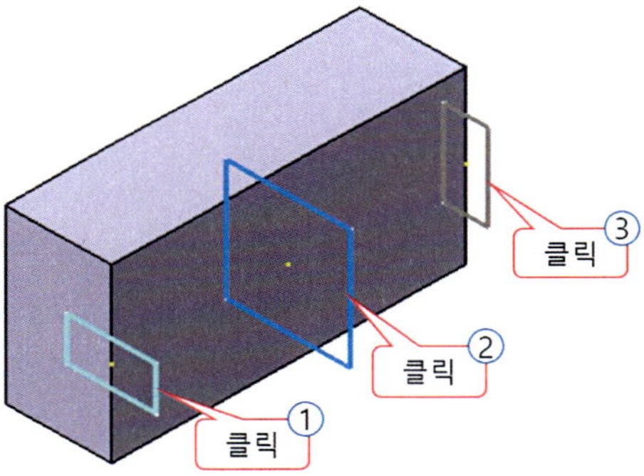

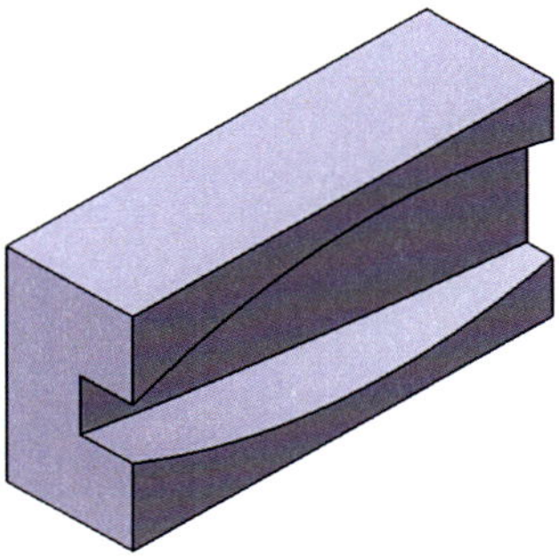

[Section 선택할 때마다, Closing Point와 방향 확인]

9
Hole

Hole

다양한 종류의 구멍(Hole)을 생성

[윗면의 임의 위치 클릭]

[Hole 중심(*) 제약조건 부여]

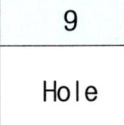

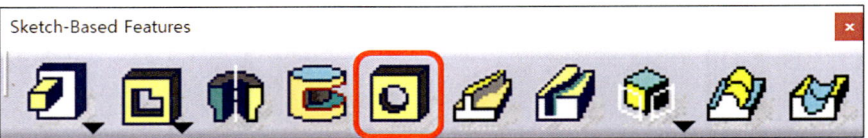

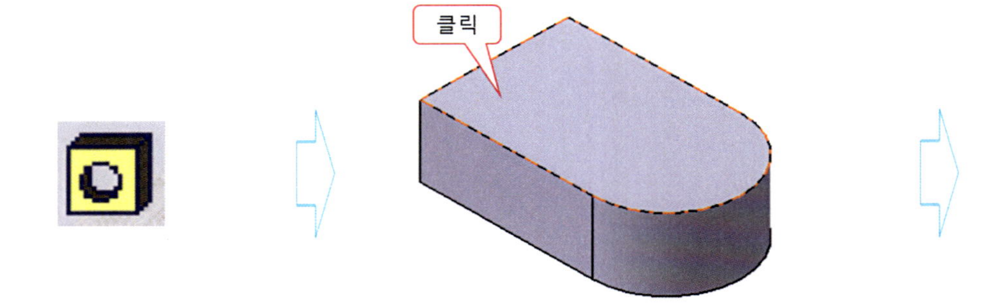

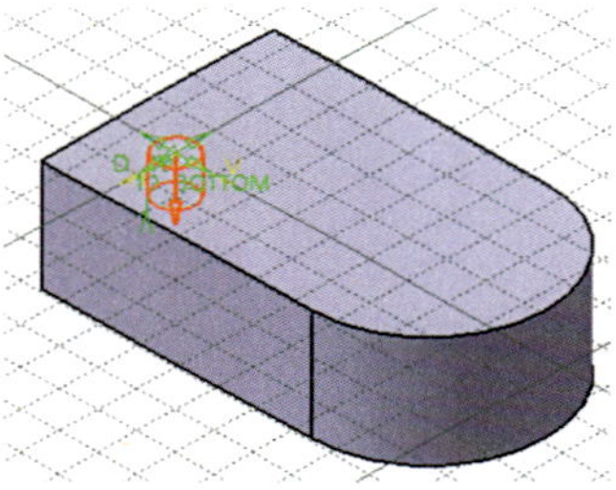

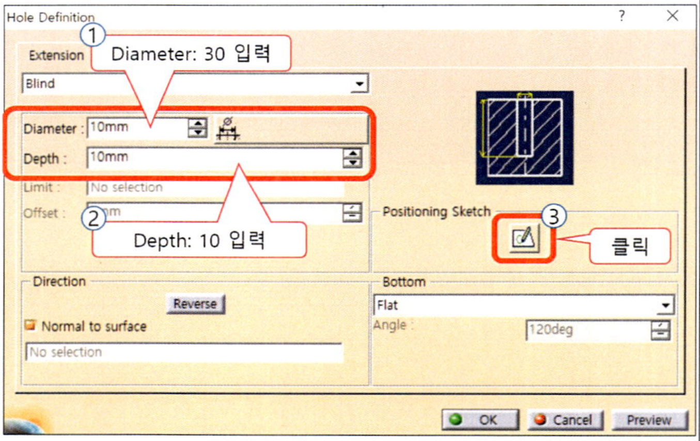

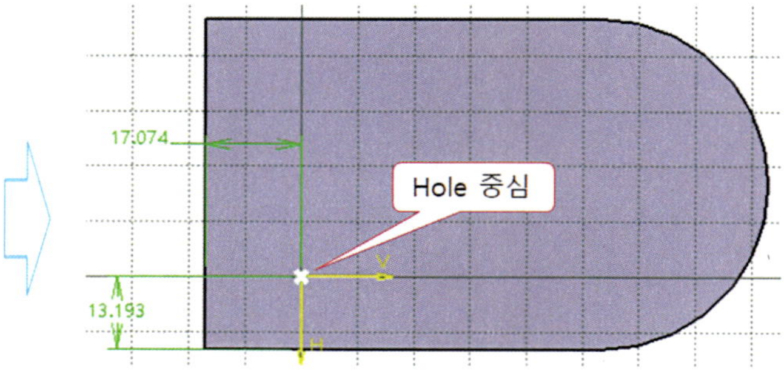

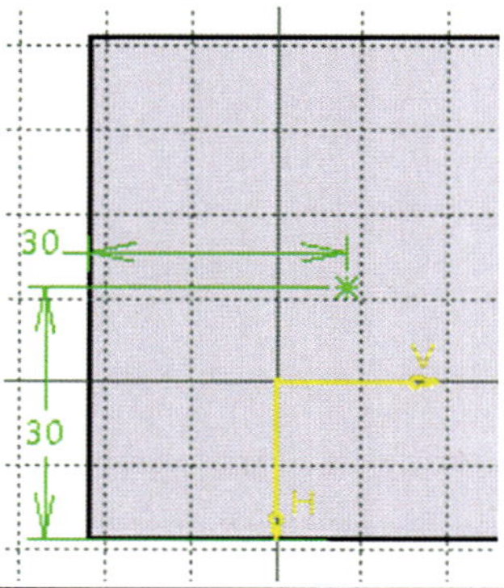

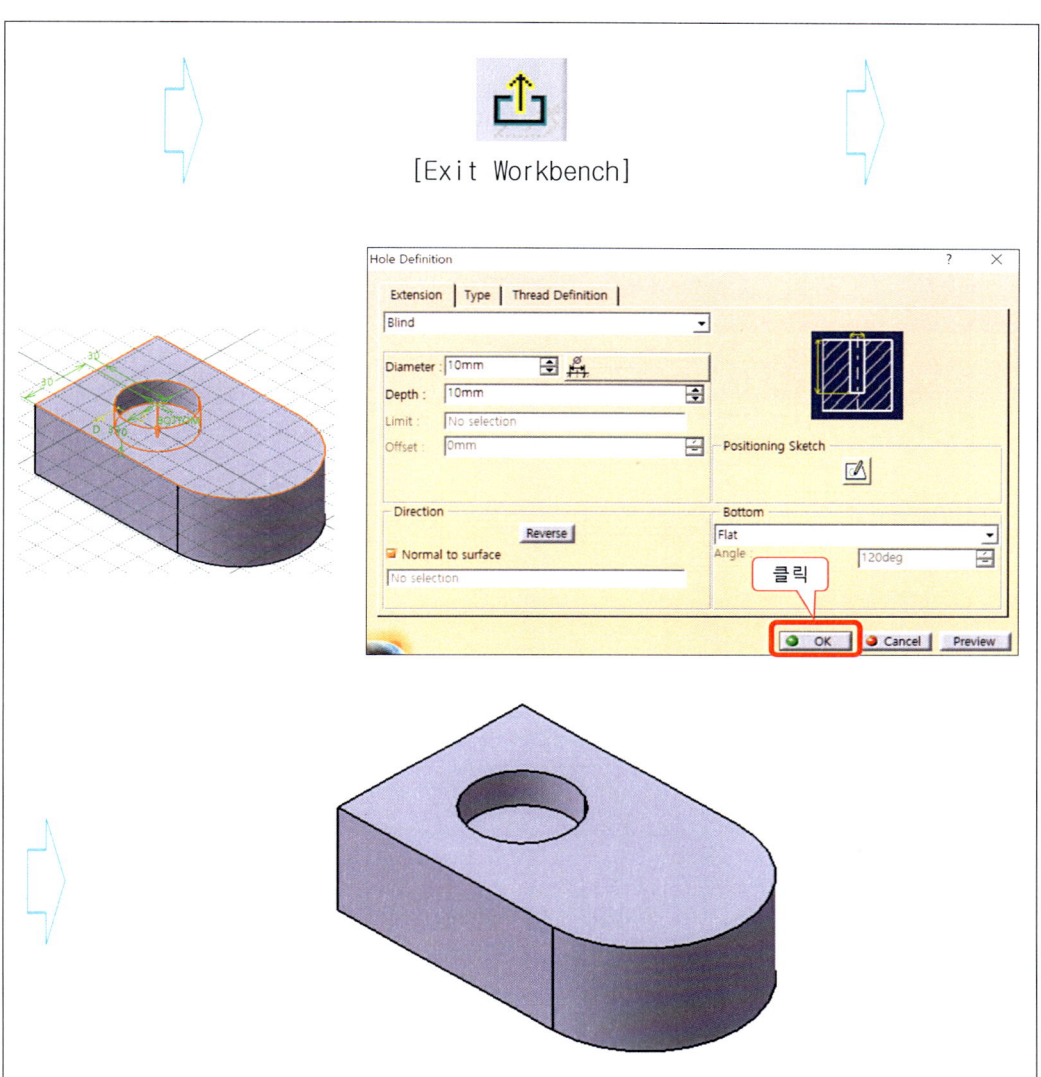

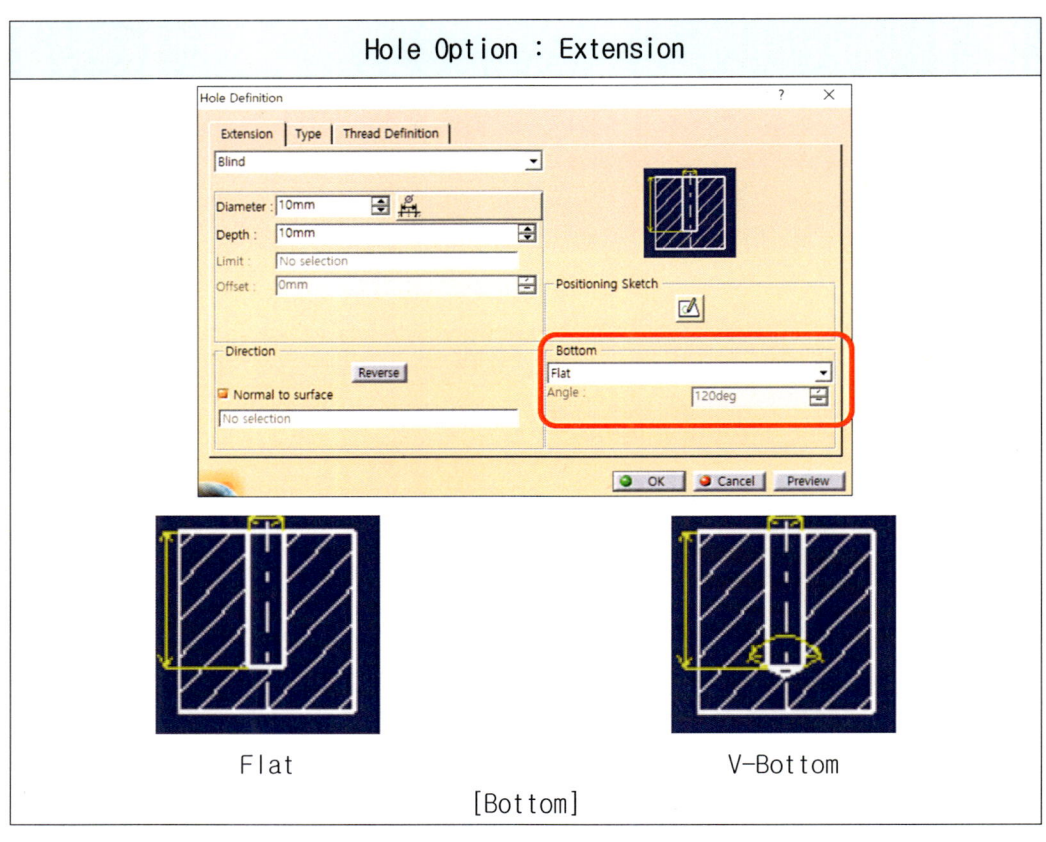

[Bottom]

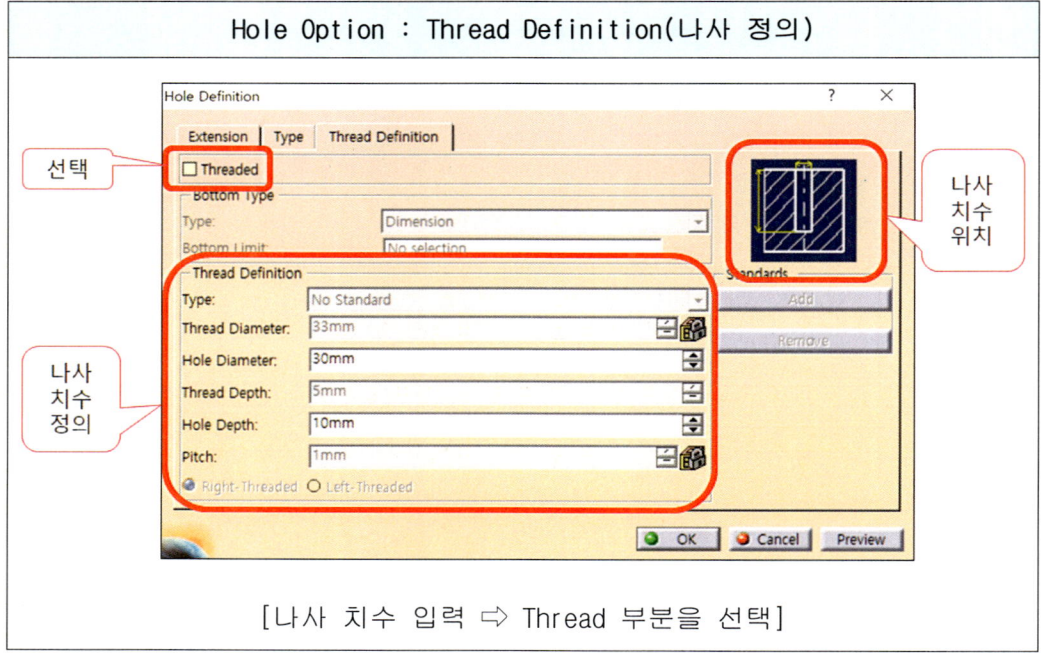

[나사 치수 입력 ⇨ Thread 부분을 선택]

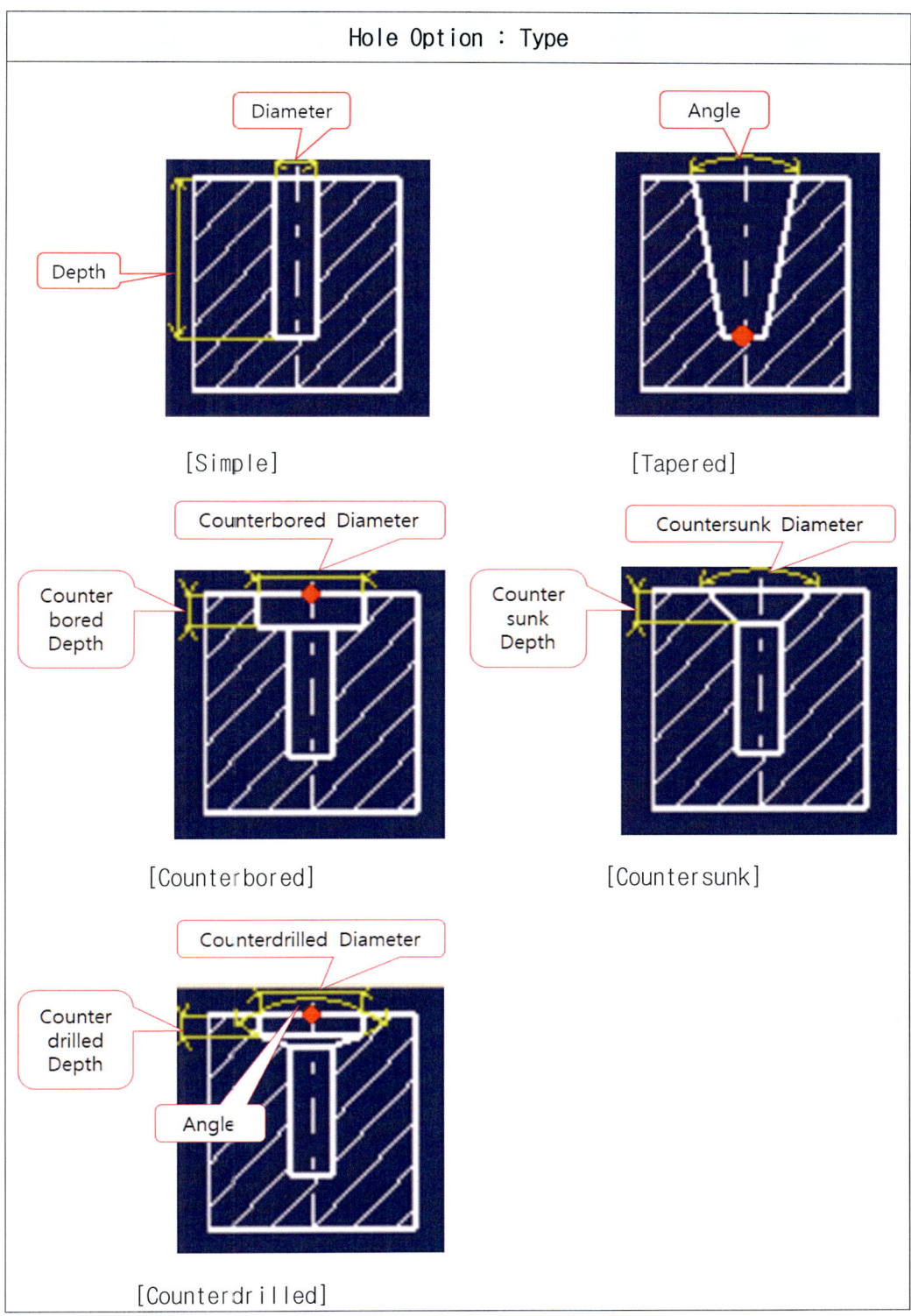

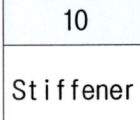 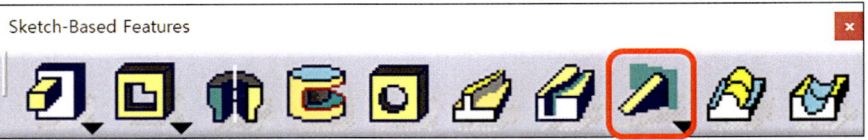

Profile을 사용하여 보강재(Stiffener) 생성

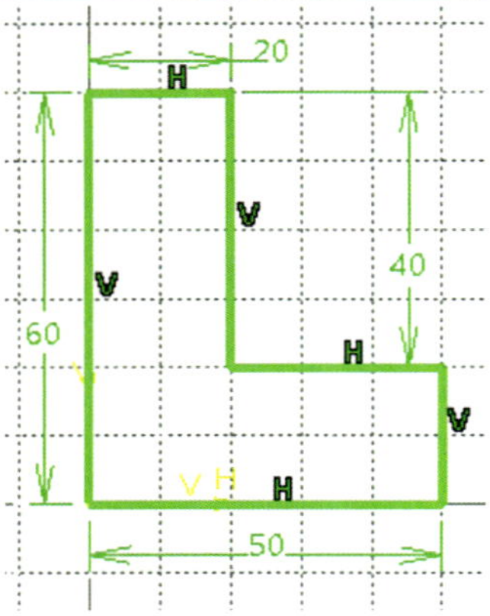

[yz plane]

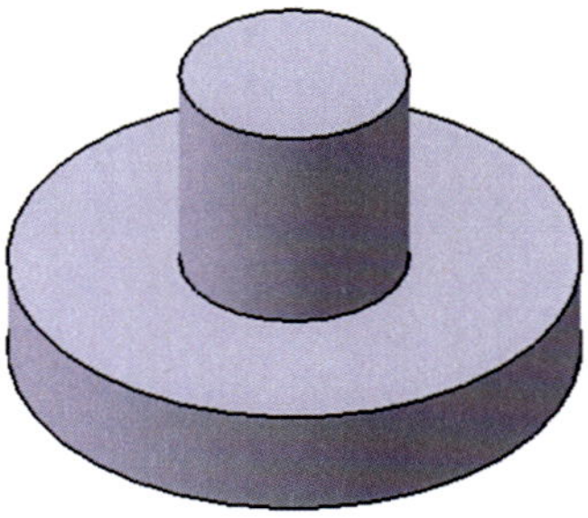

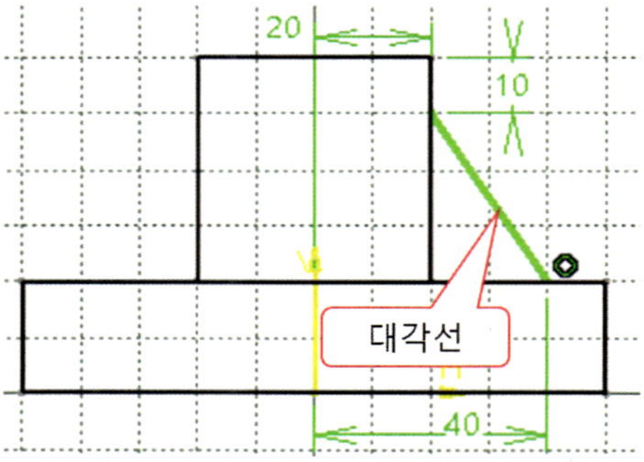

[yz plane]

대각선

[Shaft]

Thickness1: 10 입력

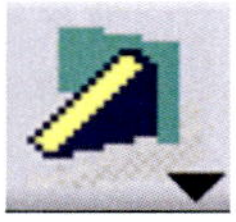

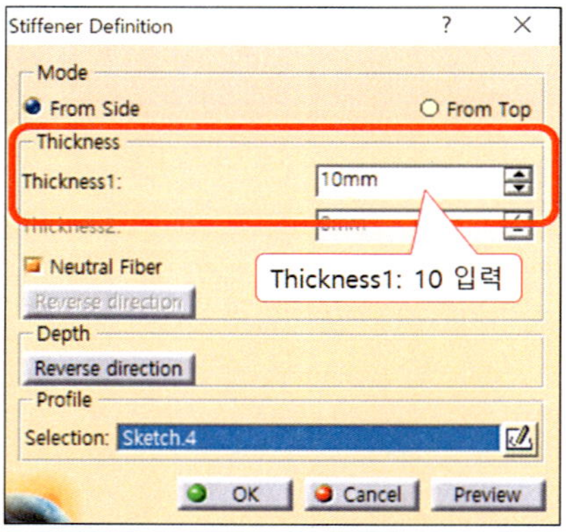

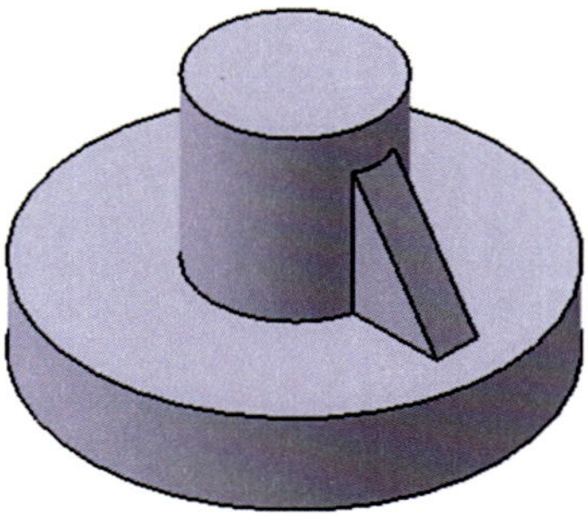

11	
Solid Combine	 Solid Combine

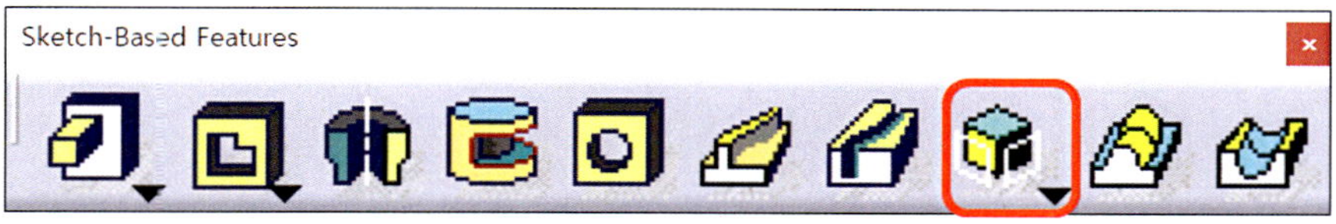

두 개의 Profile을 교차시켜 솔리드 생성

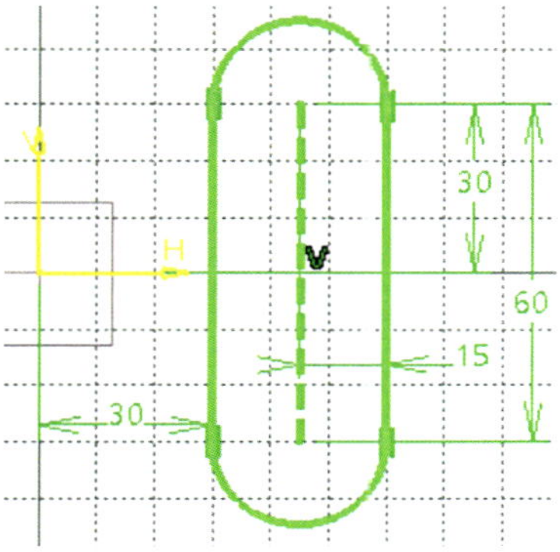

[xy plane] 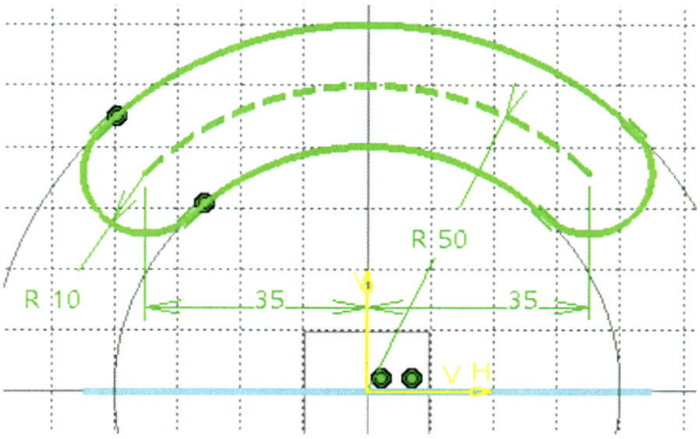   [zx plane]

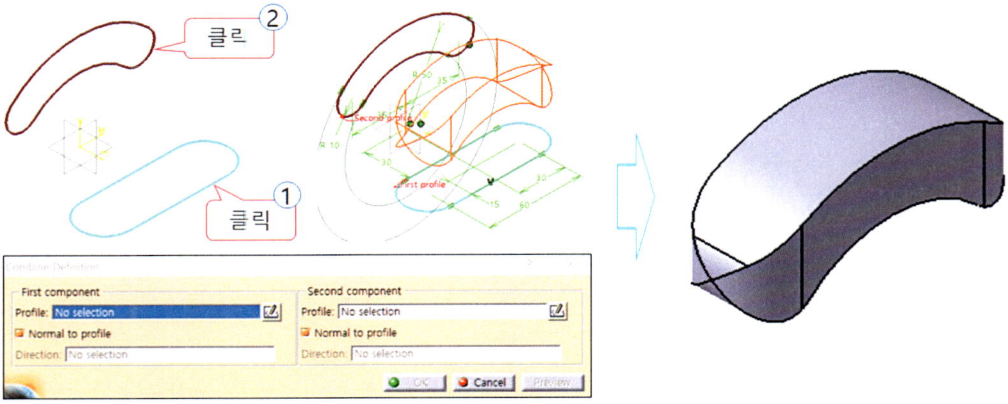

3.4 Dress-Up Features Bar : 기존 모델링된 형상을 수정

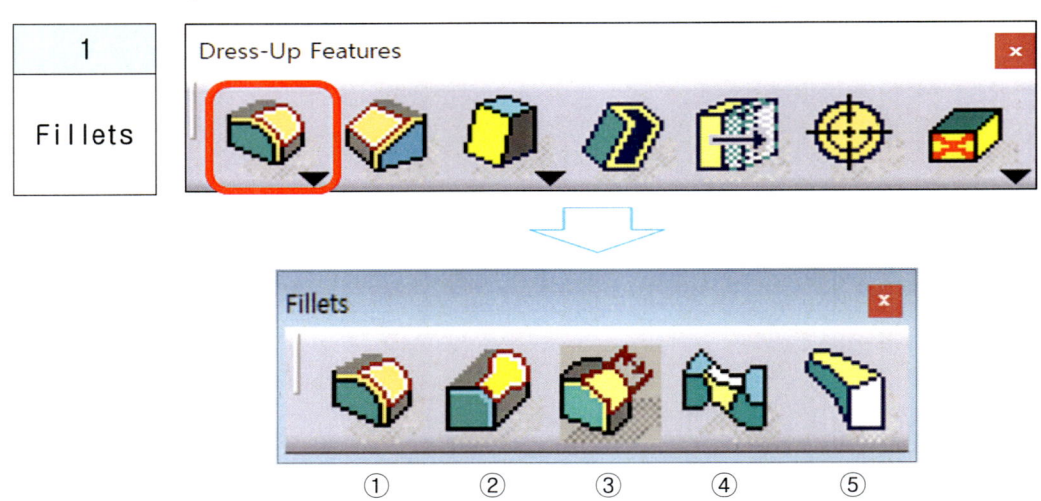

명령어		내 용
①		Edge Fillet 기존 형상(Feature)의 모서리(Edge)에 라운드(Round) 생성

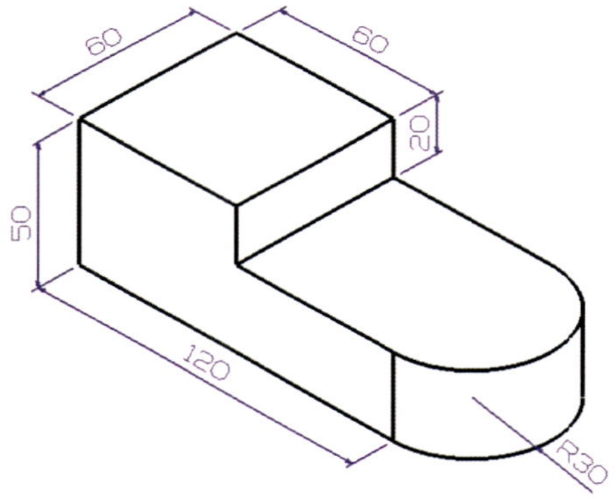

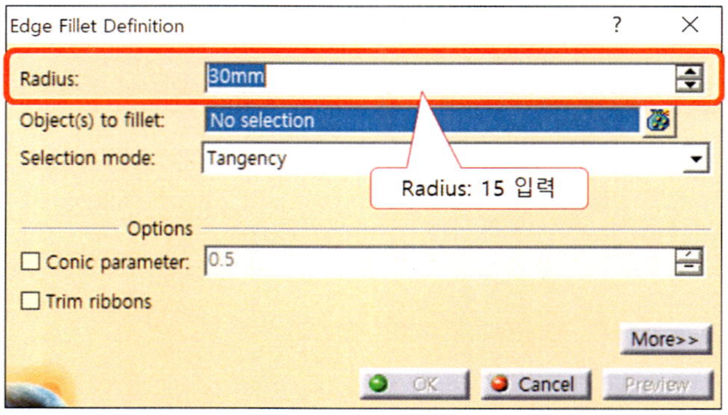

Radius: 15 입력

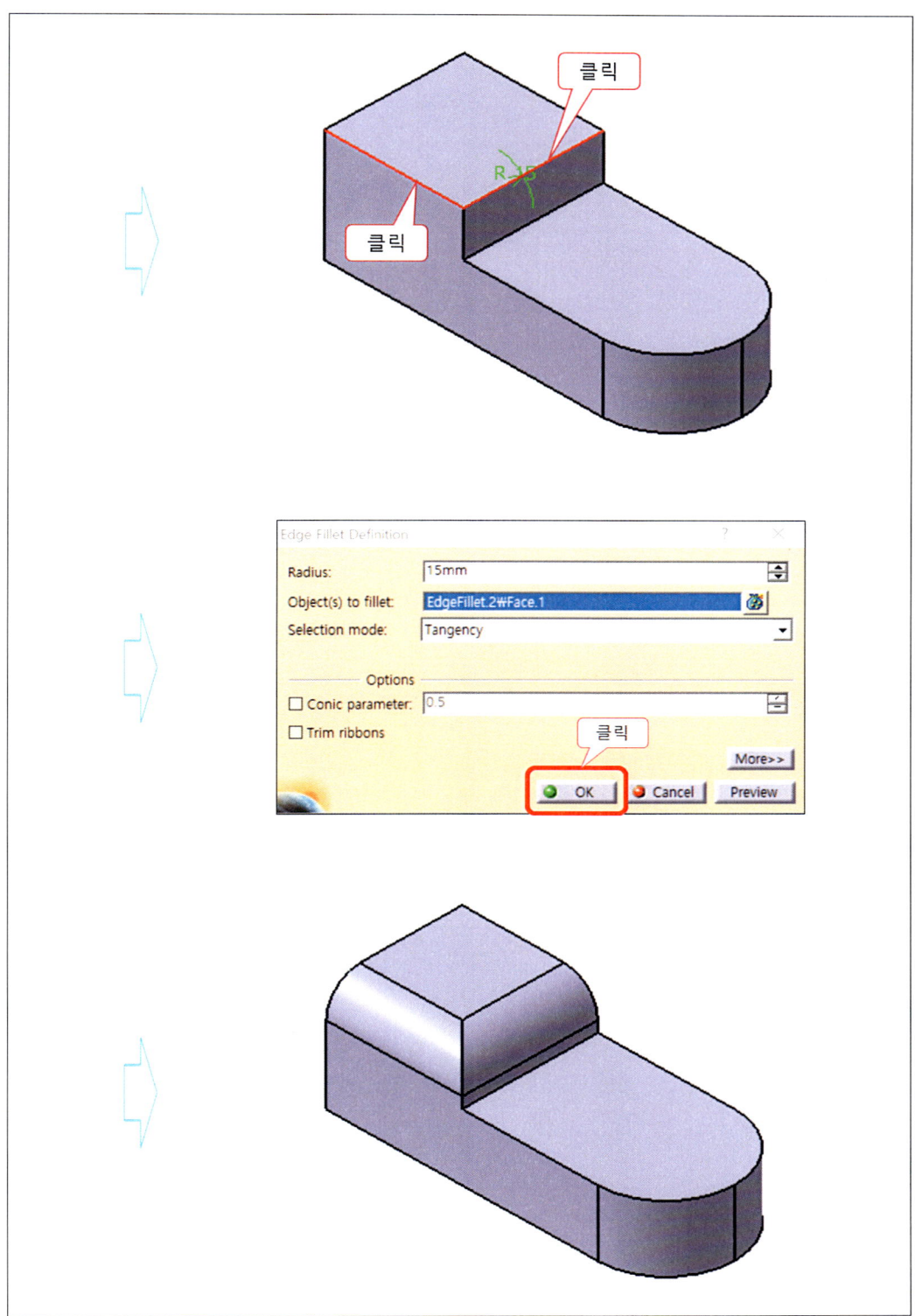

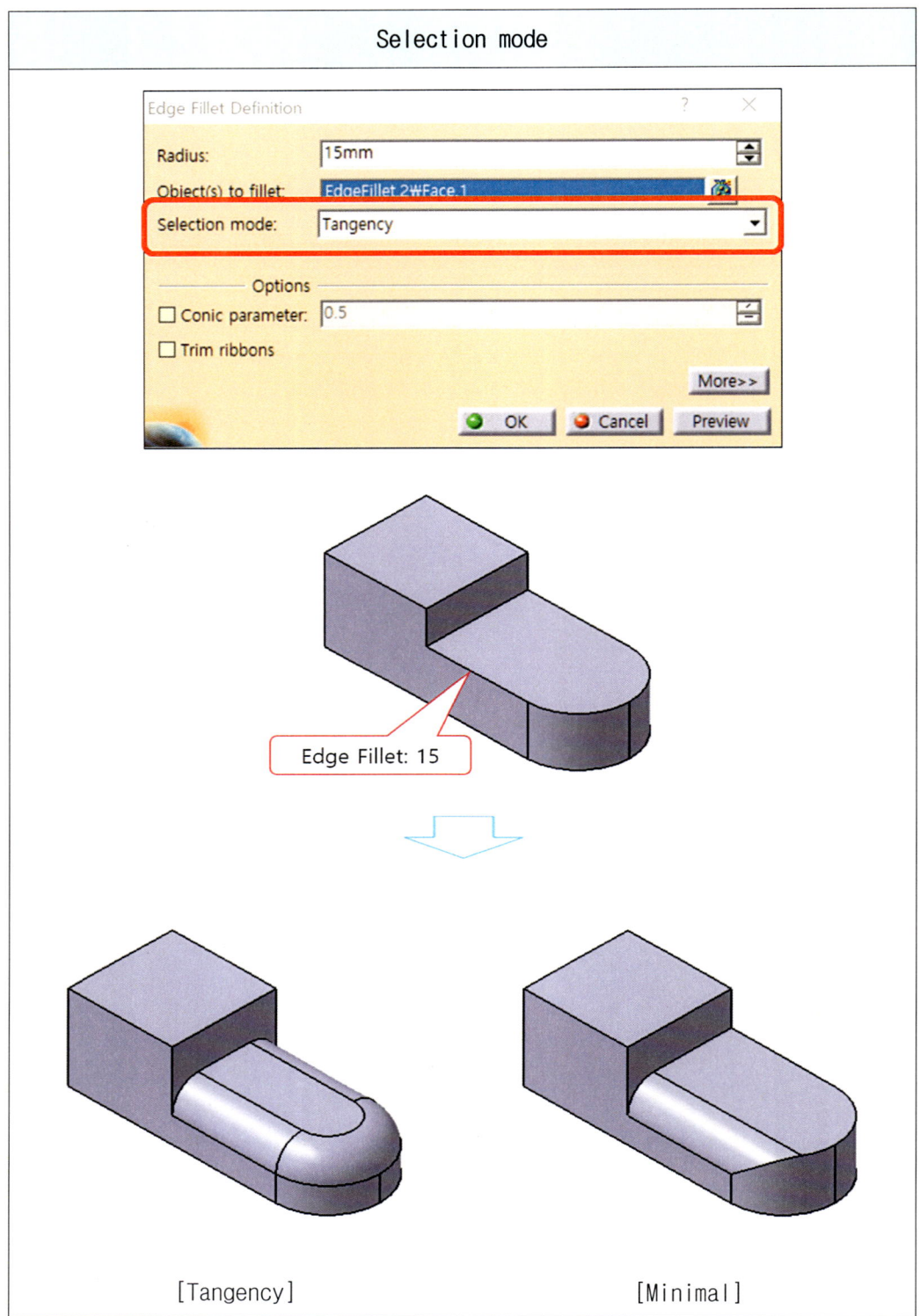

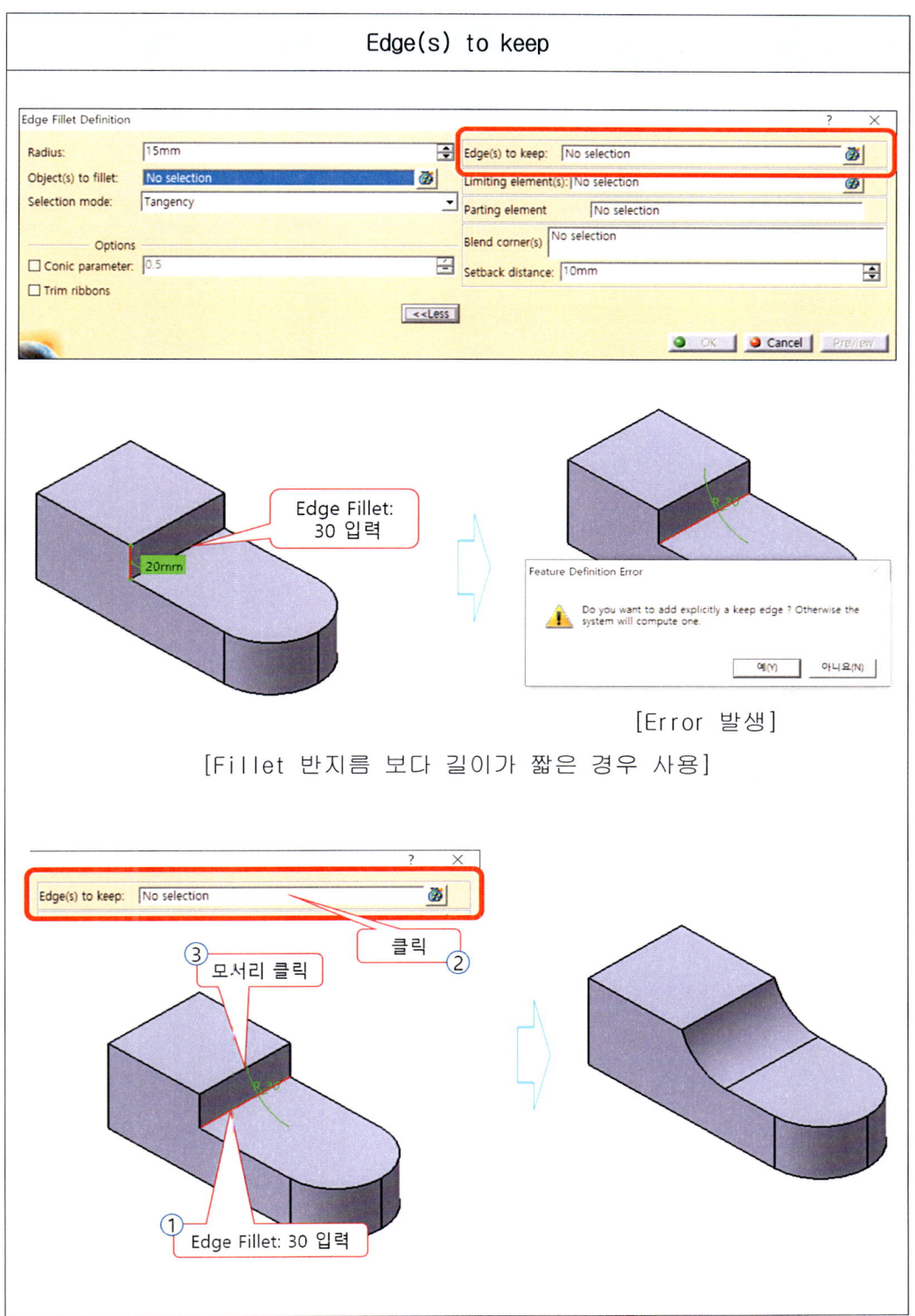

Chapter 3. Part Design

Edge(s) to keep

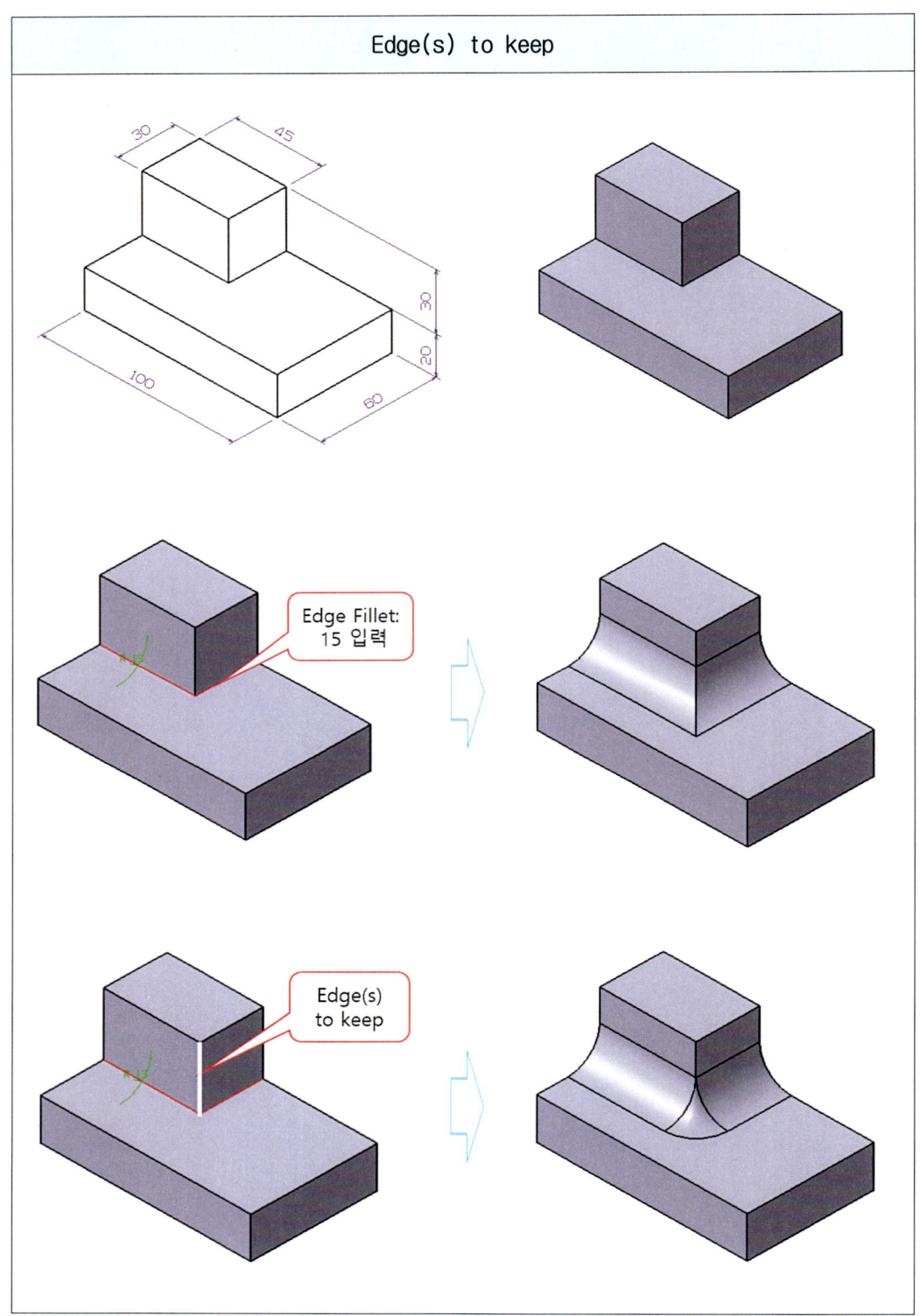

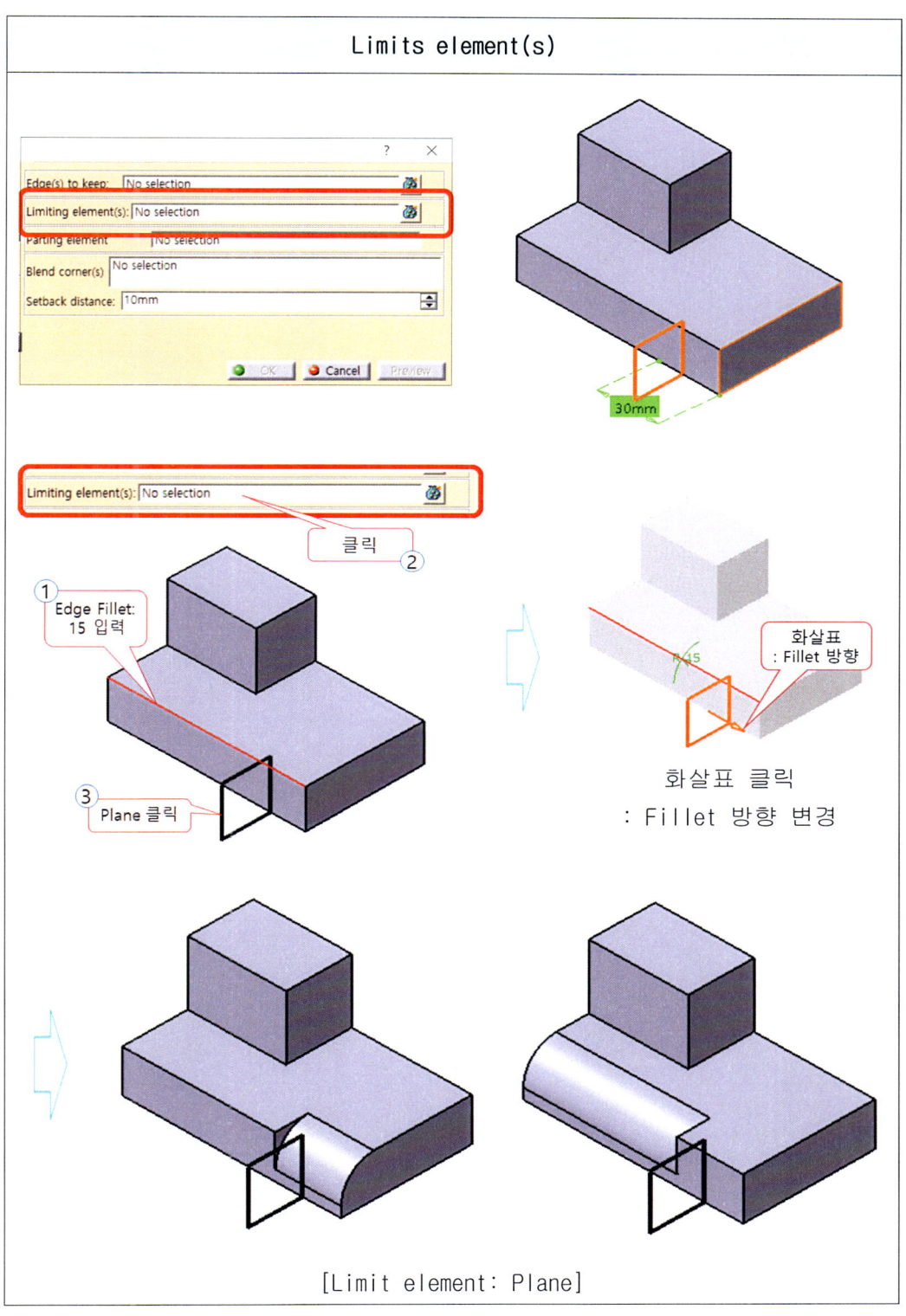

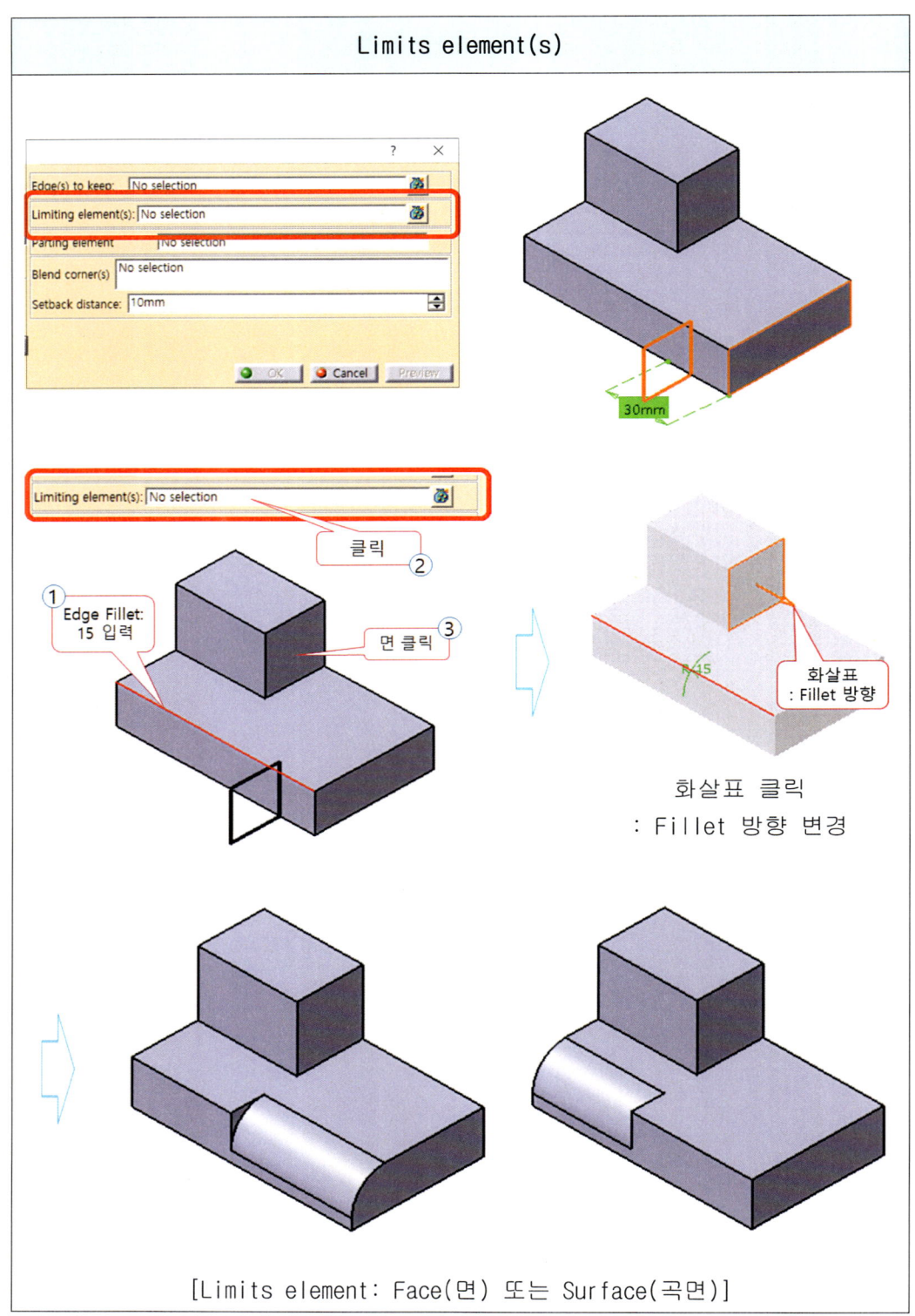

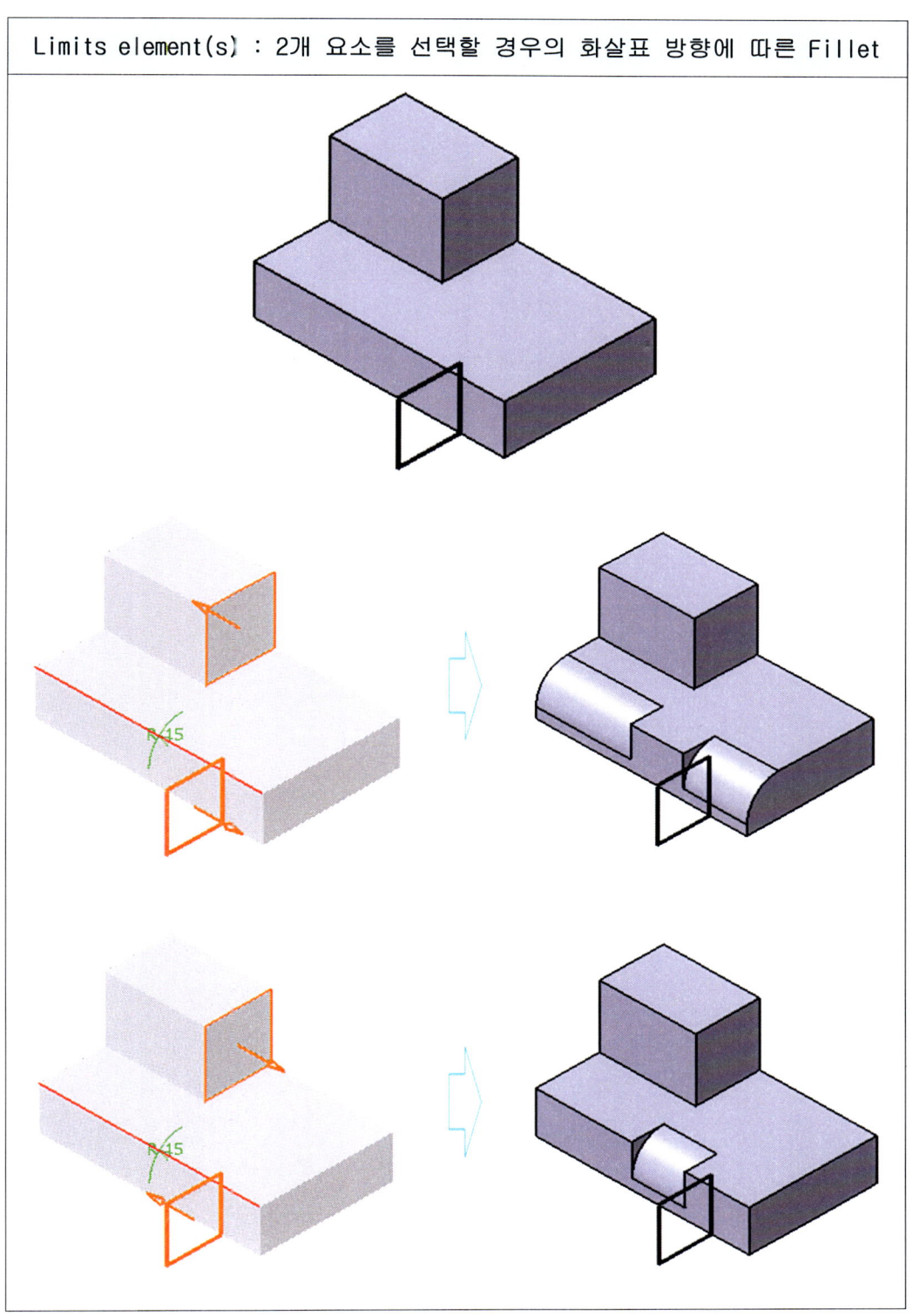

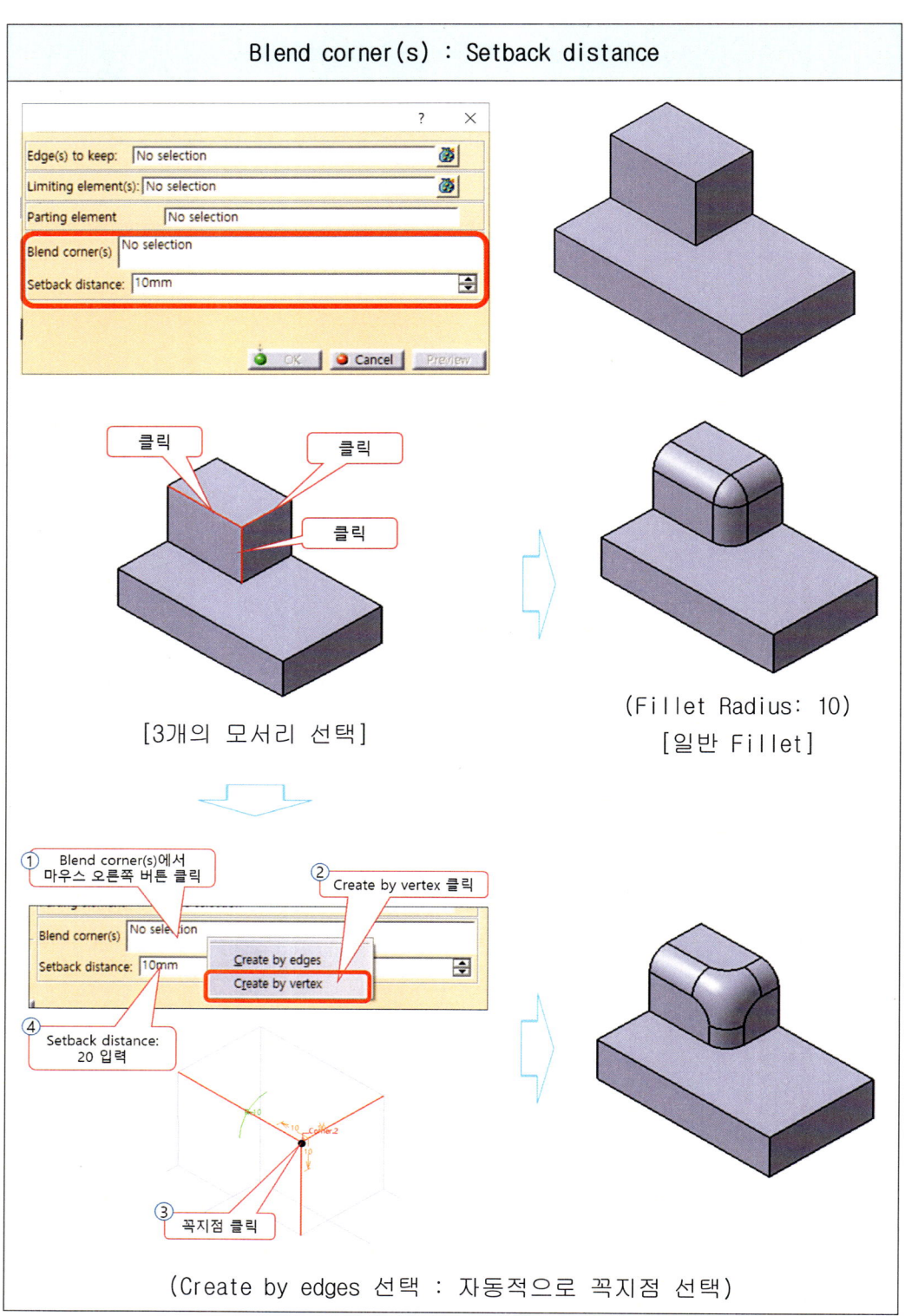

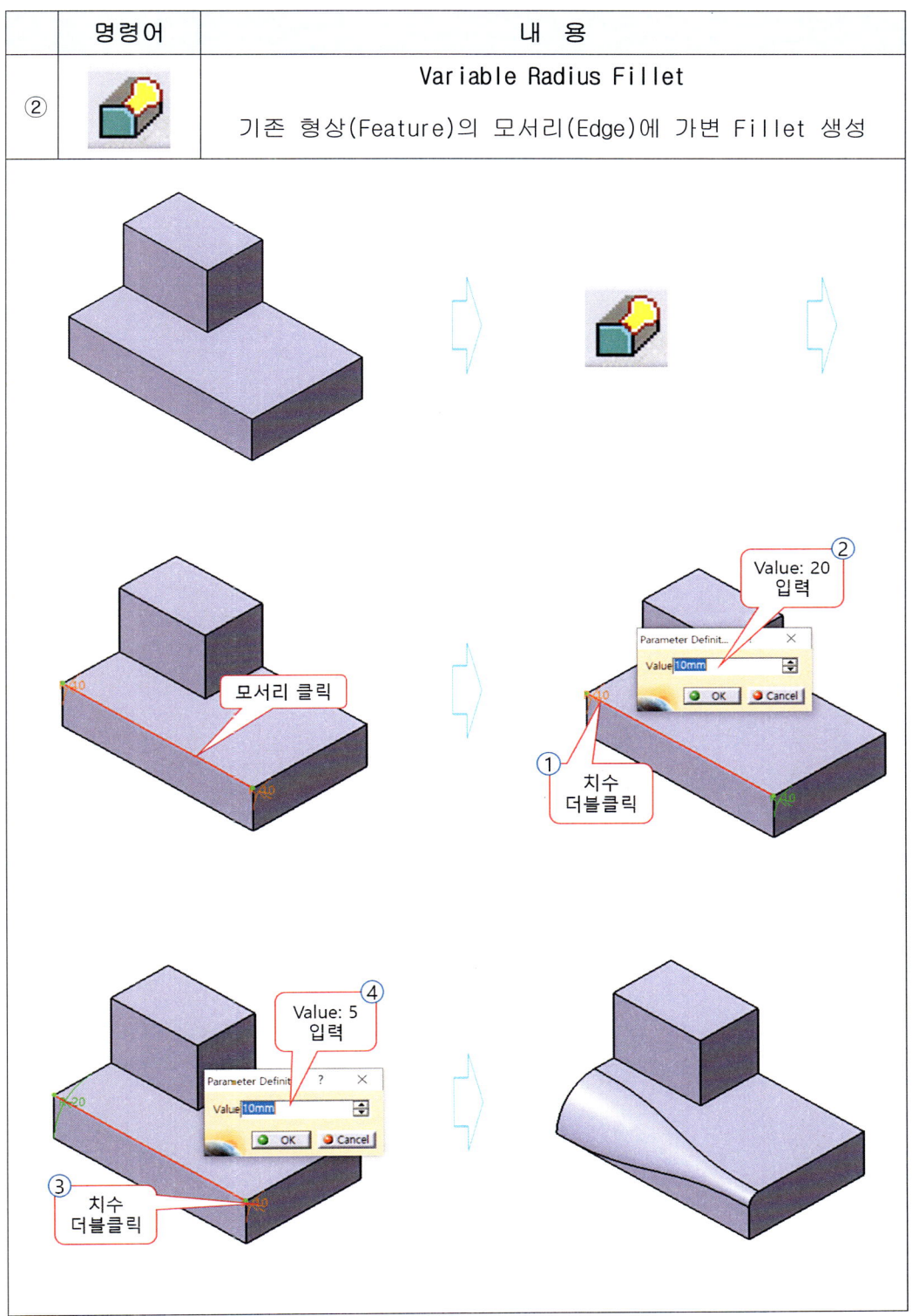

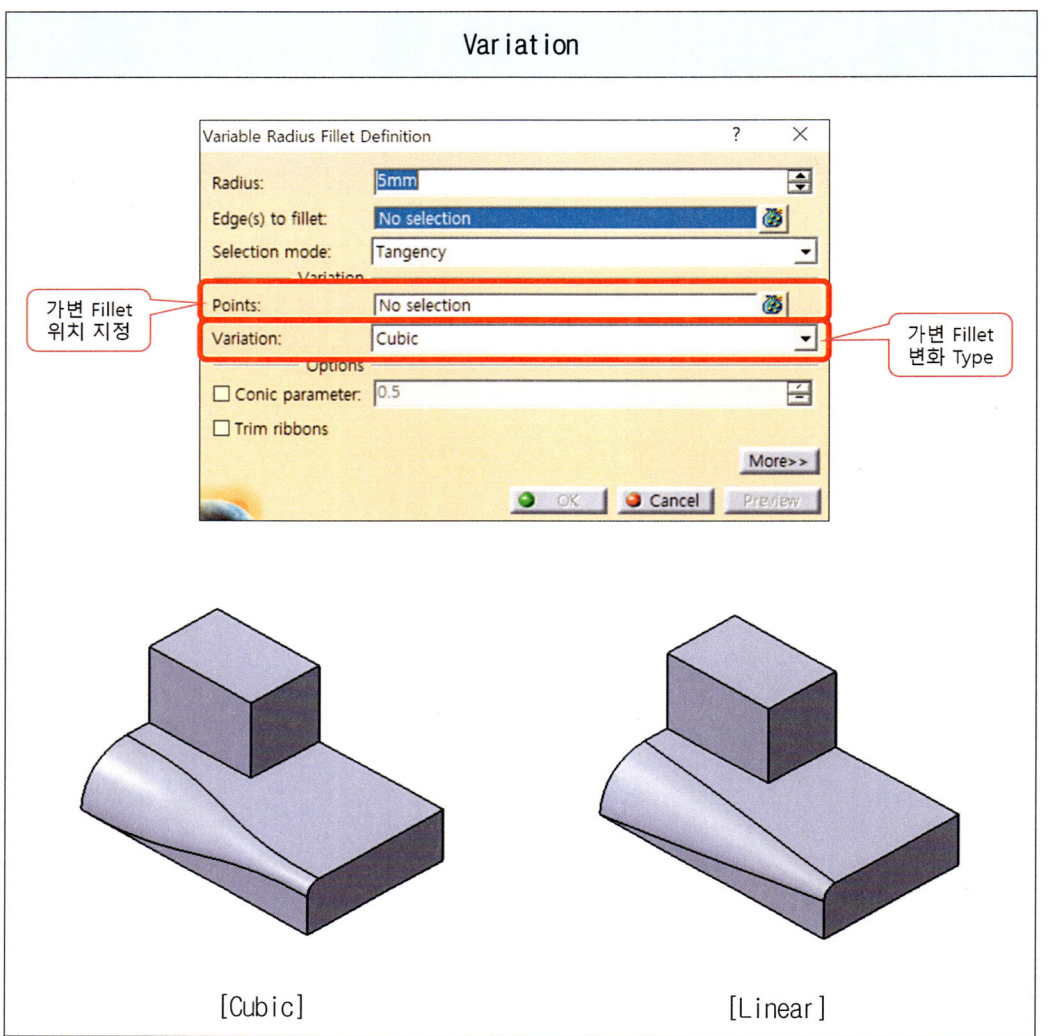

2	
Chamfer	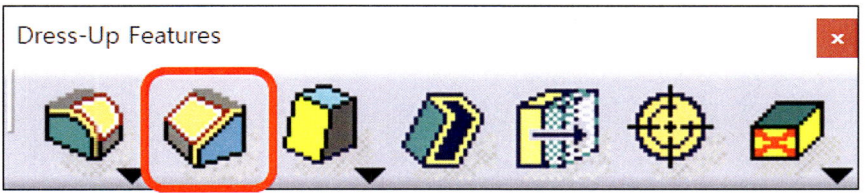

모서리(Edge) 모따기

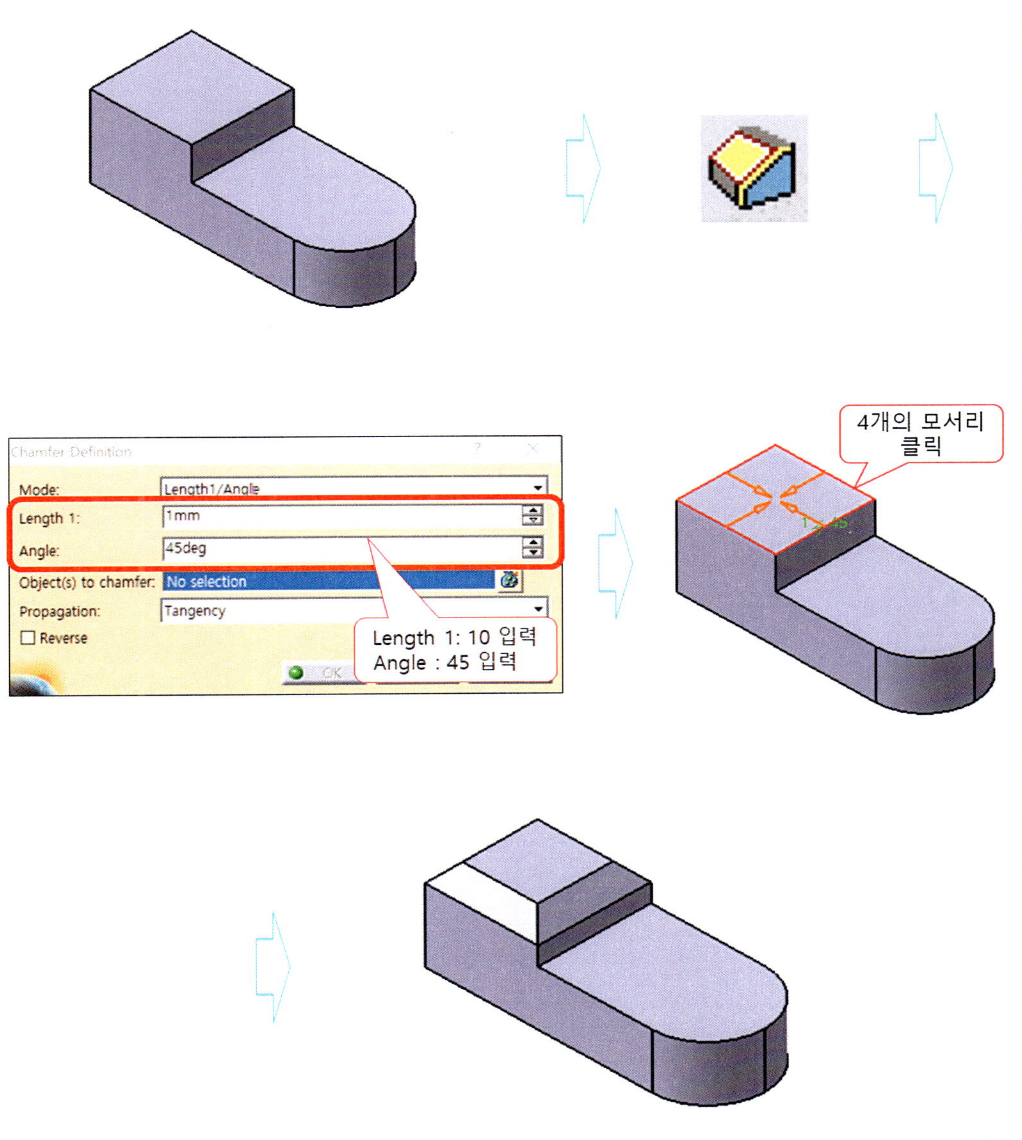

- 4개의 모서리 클릭
- Length 1: 10 입력
- Angle : 45 입력

모서리(Edge) 모따기

[Tangency]

[Minimal]

Mode

(← 화살표 방향 주의)

[Length 1/Length 2]

[Length 1/Angle]

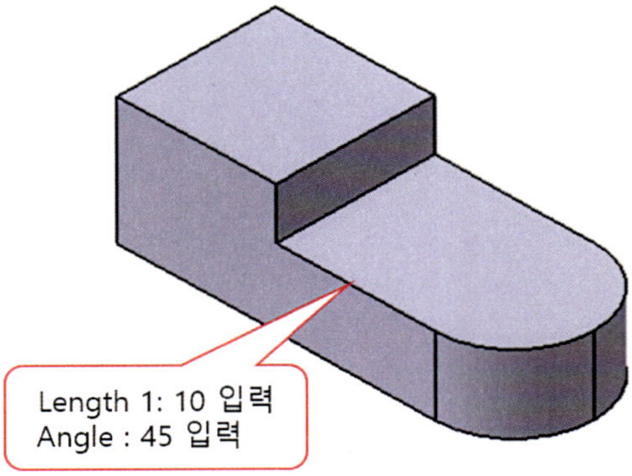

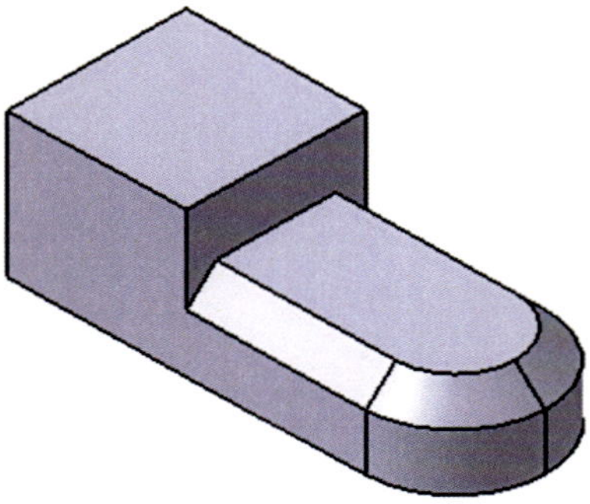

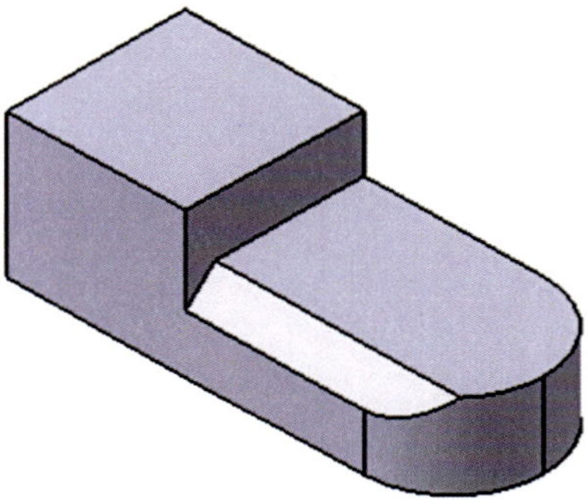

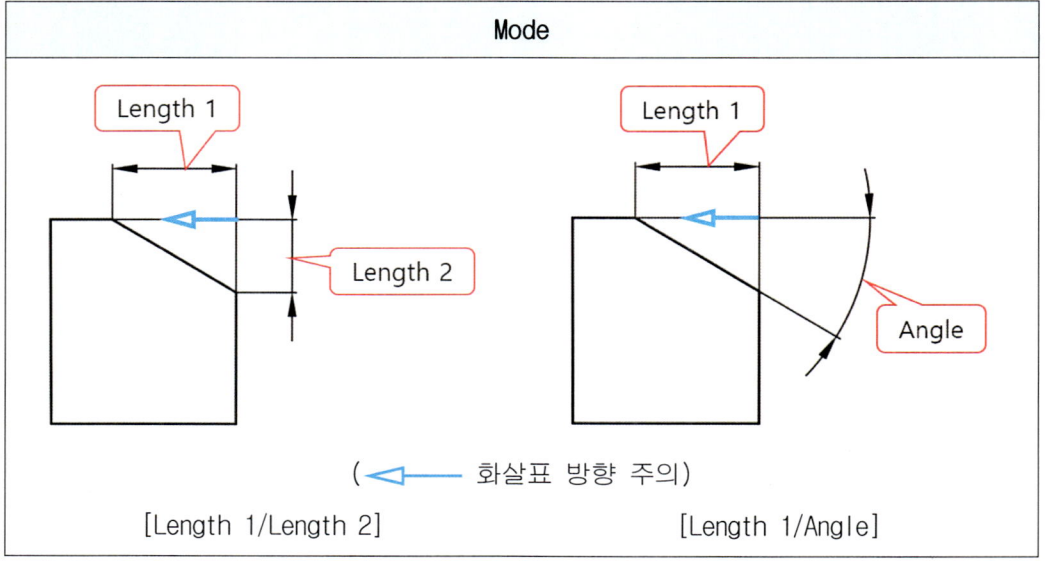

3	Draft

명령어		내 용
①	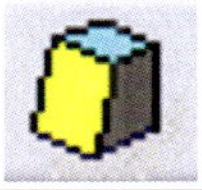	Draft(Constant) 기존 형상(Feature)의 면에 구배 생성

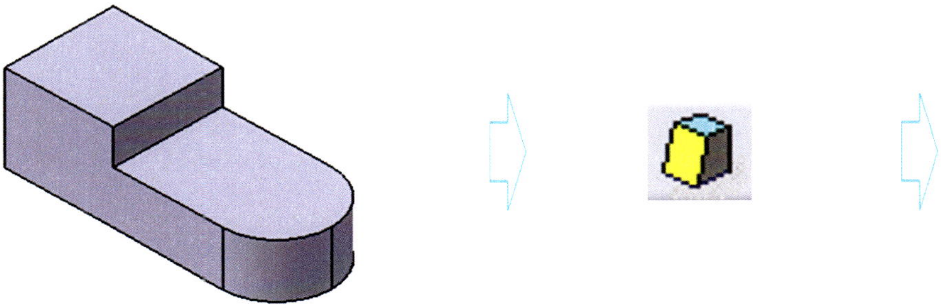

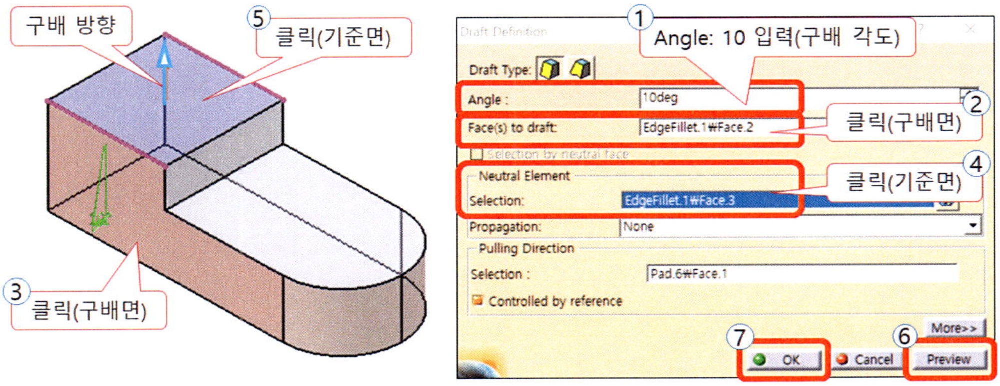

- Neutral Element : 구배(각도)를 부여할 때 기준이 되는 면
- 구배 방향 : Neutral Element를 기준으로 구배 방향 변경

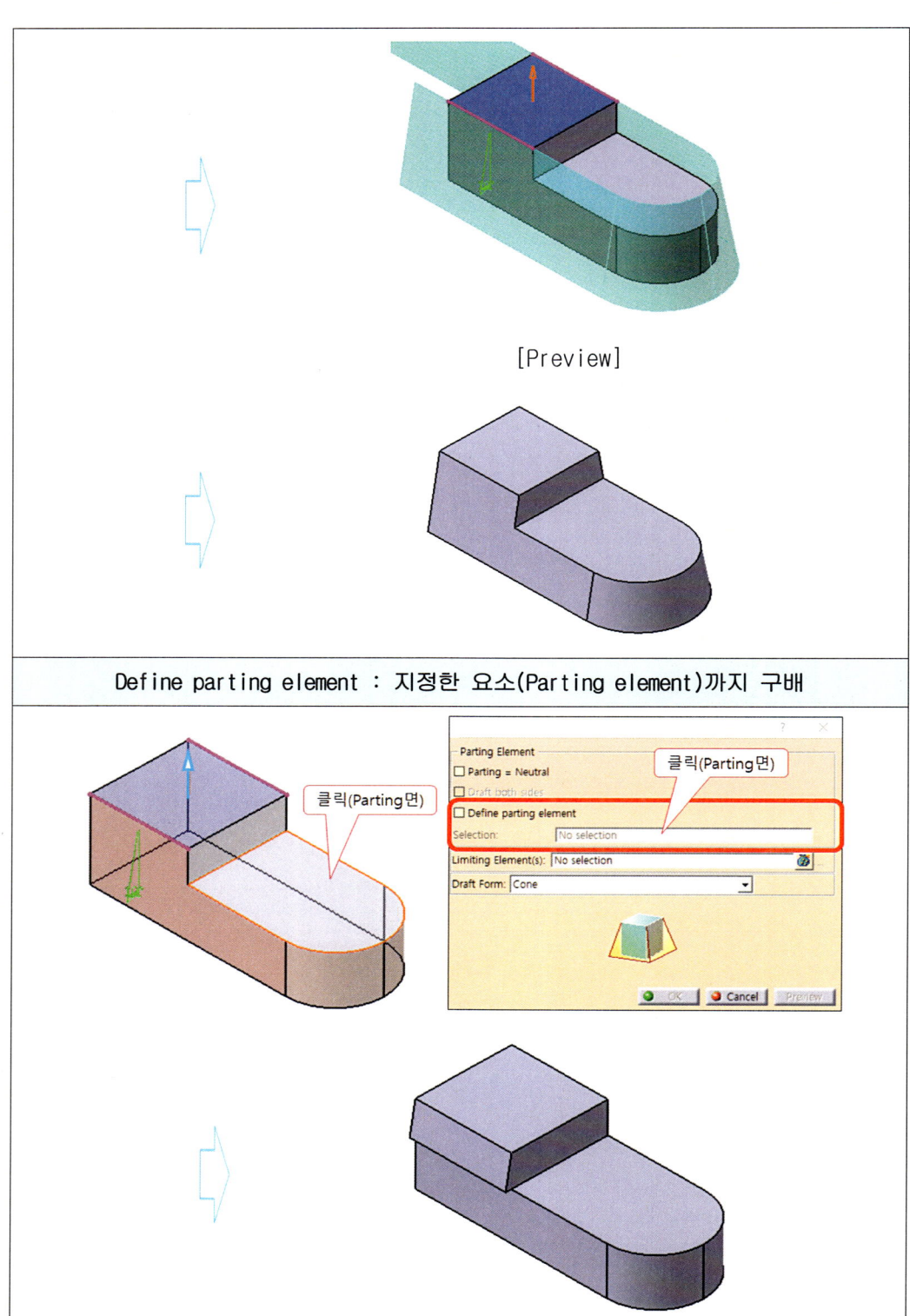

명령어	내 용
②	Draft Reflect Line 윤곽선(Reflect Line)을 이용하여 구배 생성

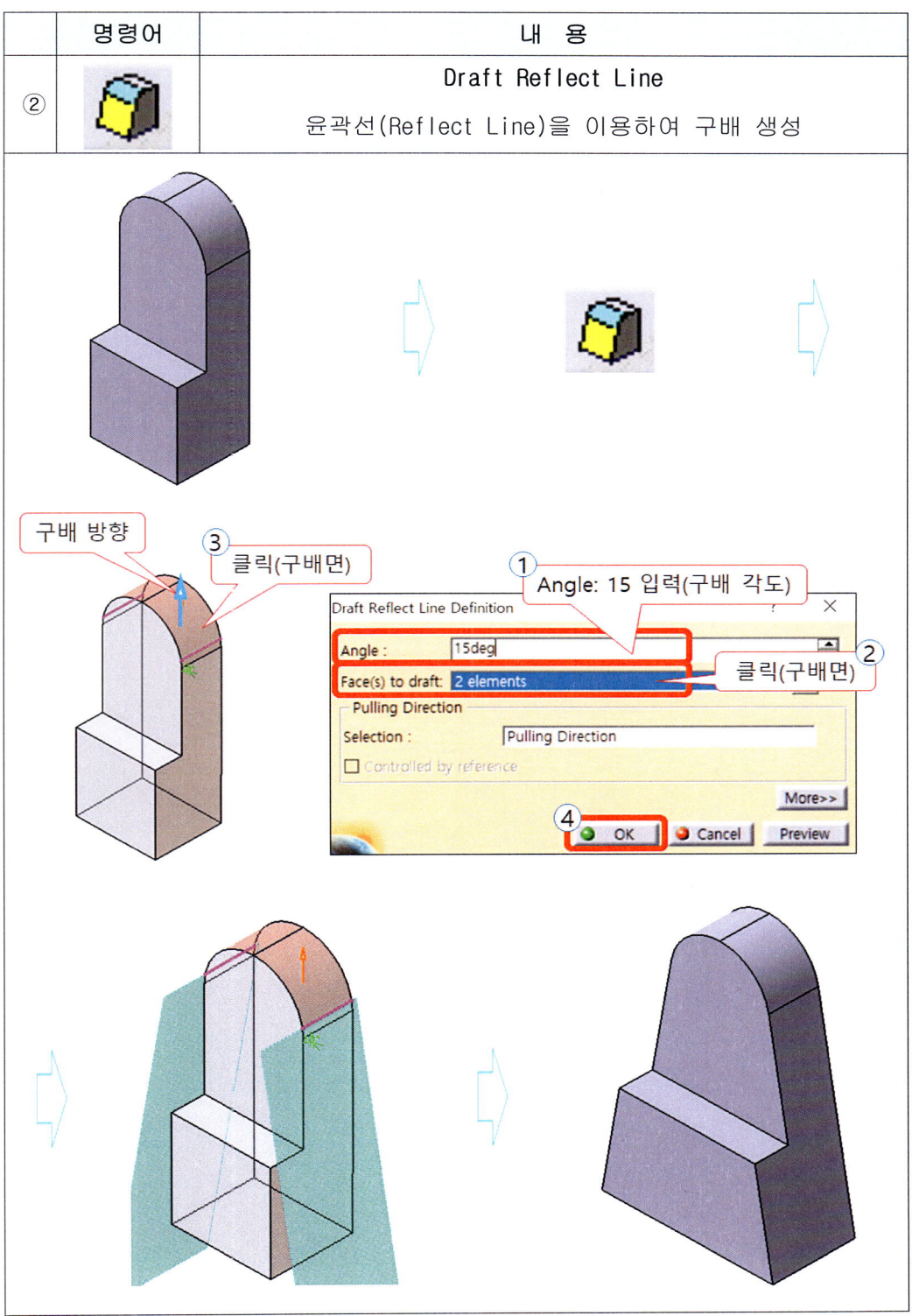

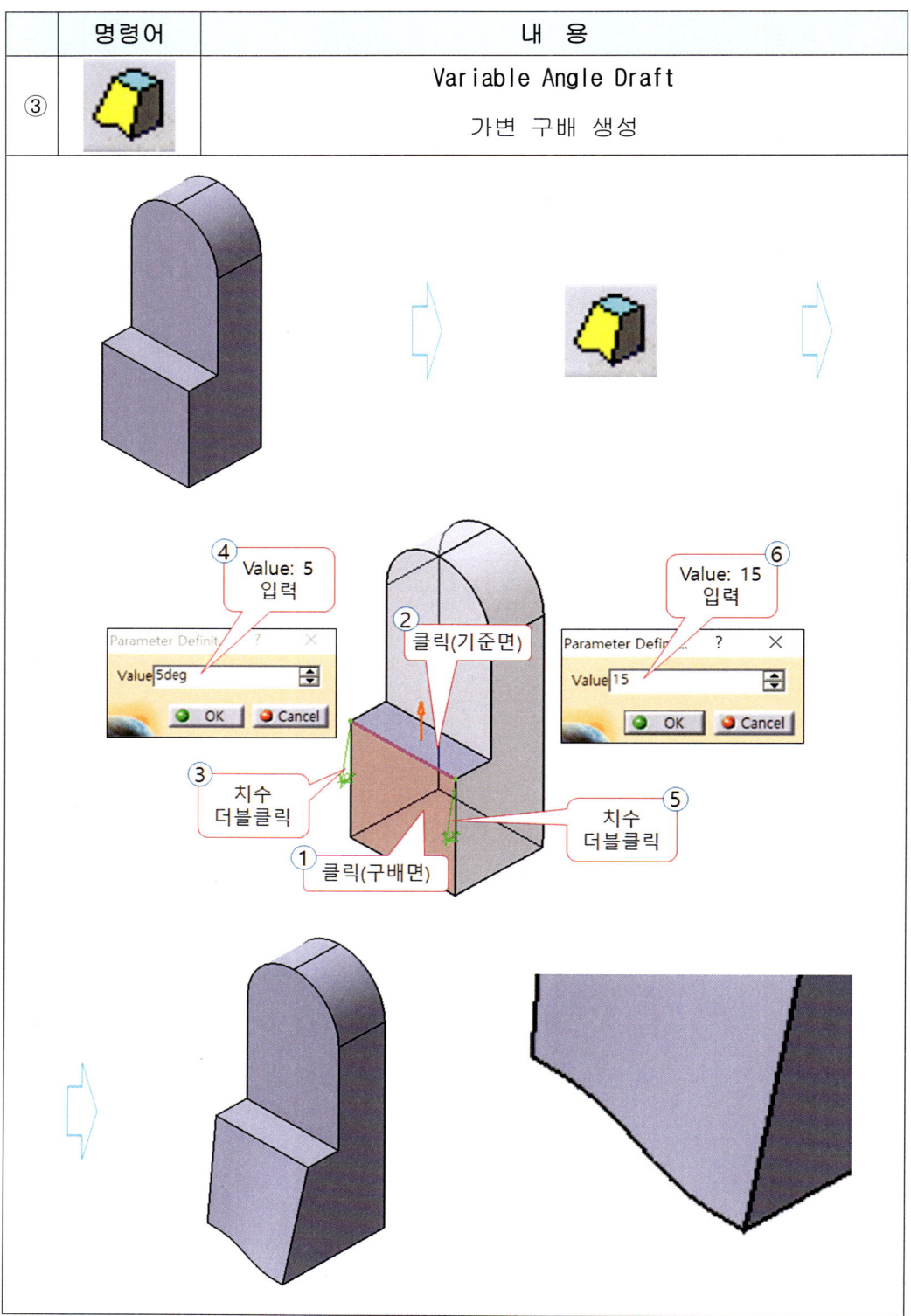

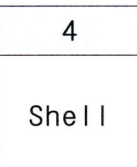

Shell

선택한 면을 제거하고 나머지 면에 일정 두께 부여

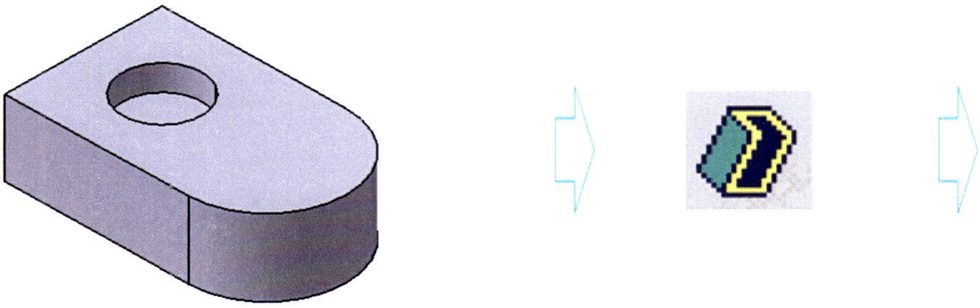

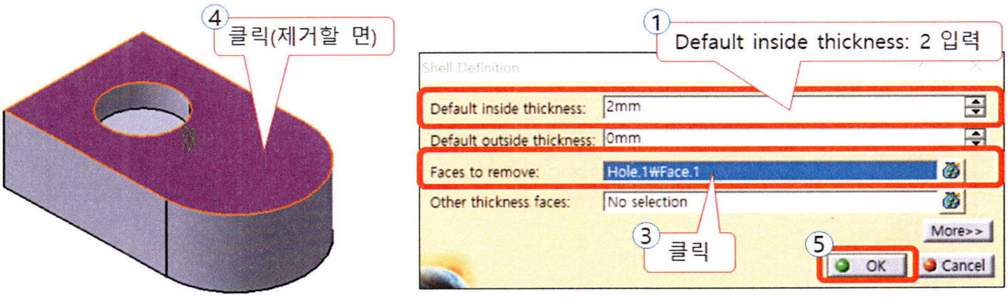

- Default inside thickness : Profile을 기준으로 안쪽 두께 설정
- Default outside thickness : Profile을 기준으로 바깥쪽 두께 설정
- Face to remove : 두께를 부여하지 않고 제거할 면 설정
- Other thickness faces : Default thickness 외에 다른 두께를 부여할 면 설정

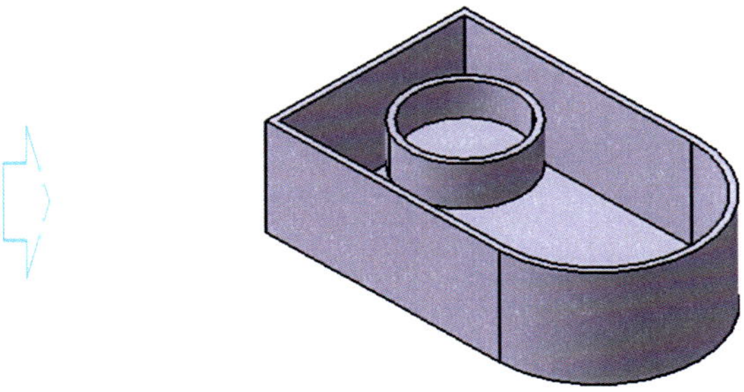

5	
Thickness	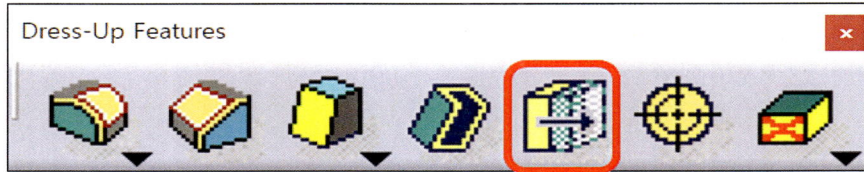

Thickness

선택한 면에 두께 부여

① Default thickness: 10 입력
② 클릭
③ 클릭(두께줄 면)
④ OK

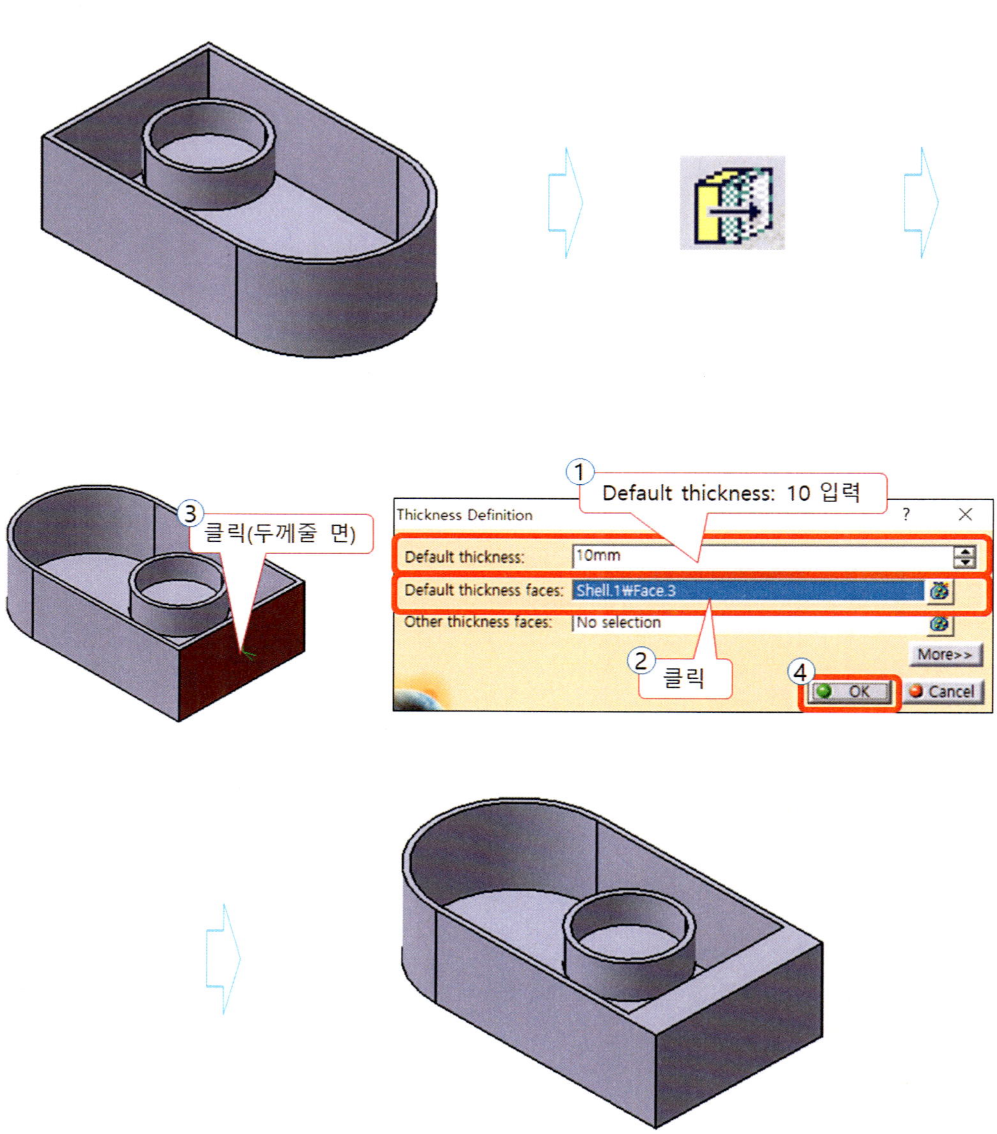

6	
Thread/Tap	

Thread/Tap

구멍에 Tap(암나사) 생성 / 원기둥에 Thread(수나사) 생성

[Tap]

[Thread]

(3차원 공간상에는 Tap/Thread 나나타지 않음 ⇨ 도면 작업시 생성)

[Tap-Thread Analysis]

기존에 작업한 Thread/Tap에 대한 정보를 검색하고 확인

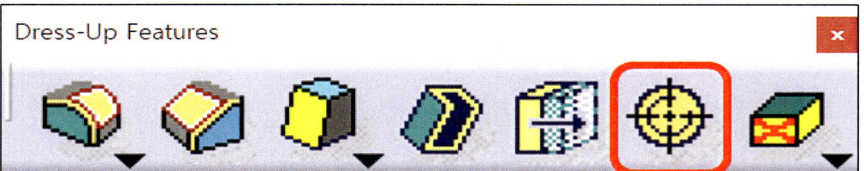

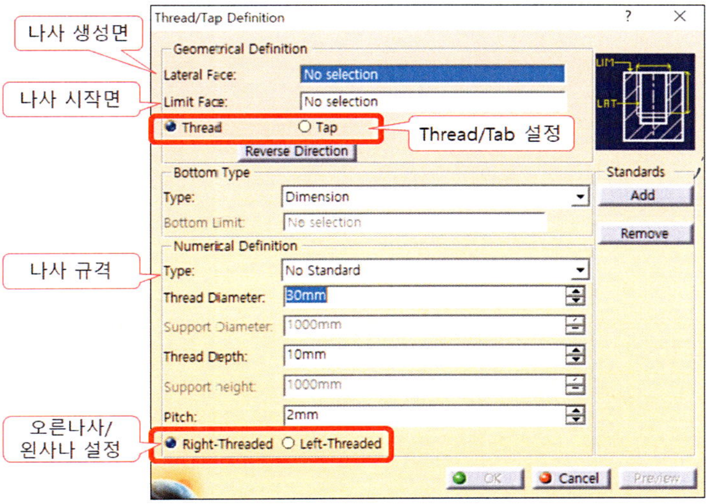

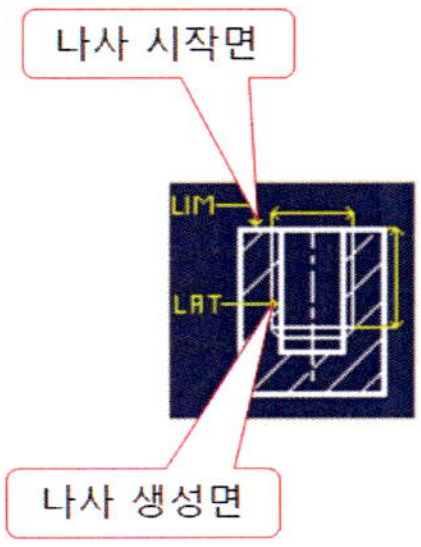

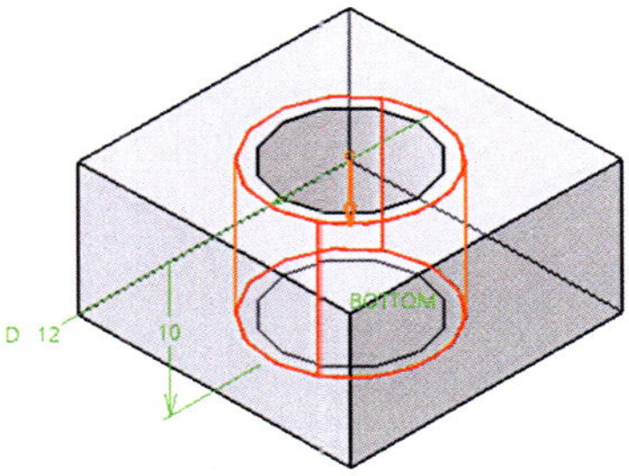

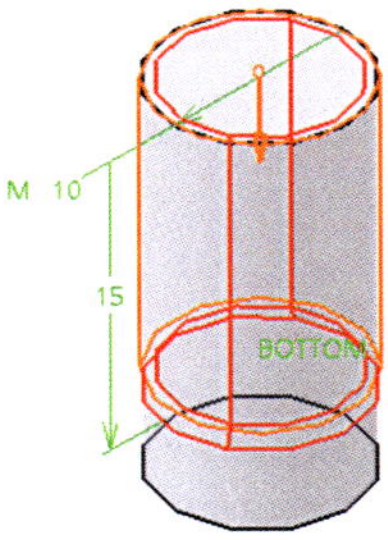

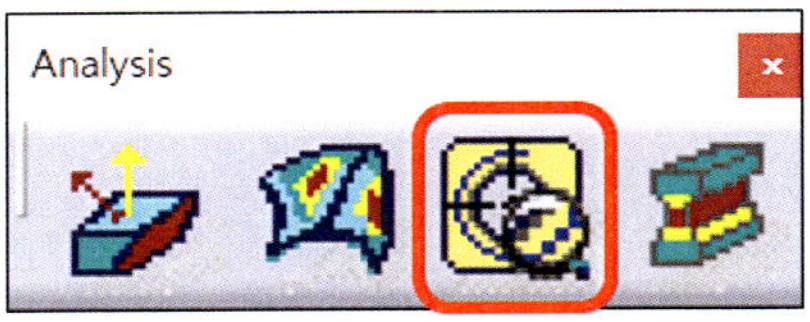

3.5 Transformation Features Bar : 기존 형상을 복사

1
Mirror

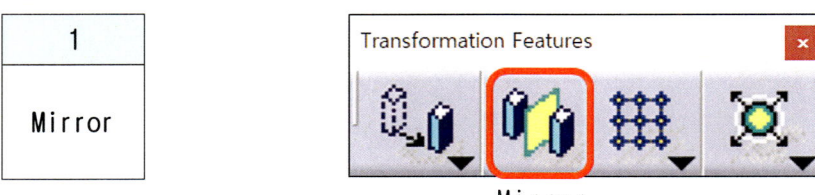

Mirror

기존 형상을 대칭면을 기준으로 대칭 복사

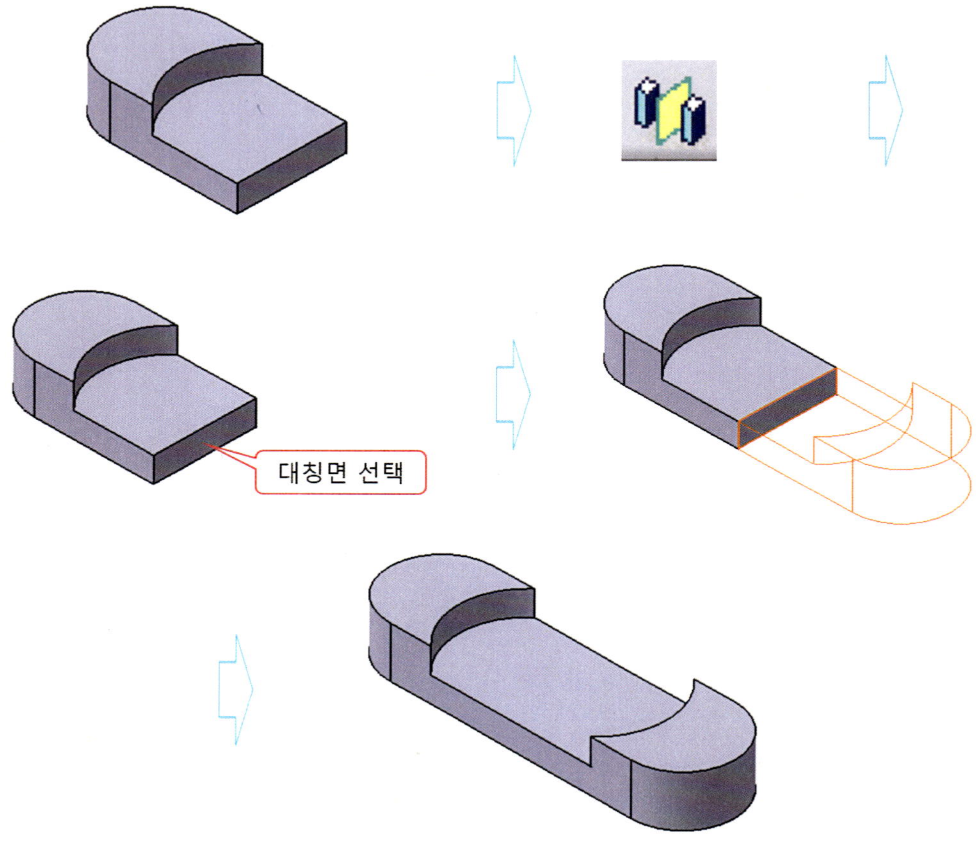

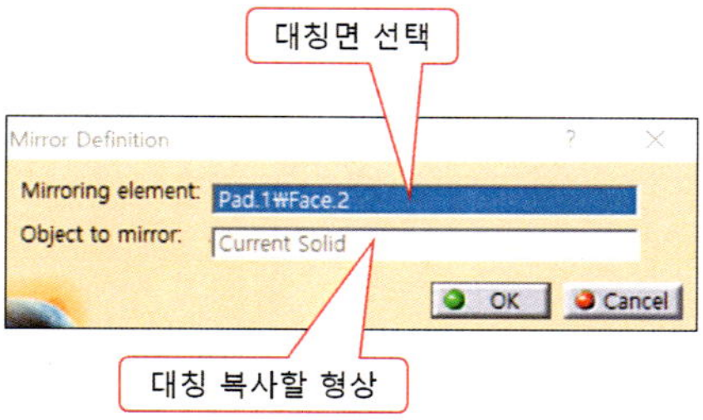

- 대칭 복사할 형상이 Current Solid가 아니라 전체 형상 중 일부를 복사할 경우 : Tree나 3차원 공간상에서 복사할 형상을 먼저 선택한 다음 Mirror 명령어 실행

2 Patterns

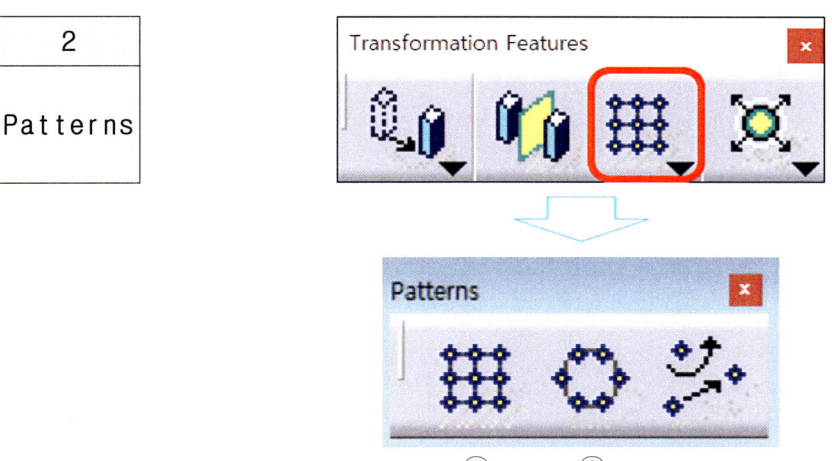

	명령어	내 용
①	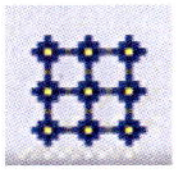	Rectangular Pattern 사각형 패턴 복사

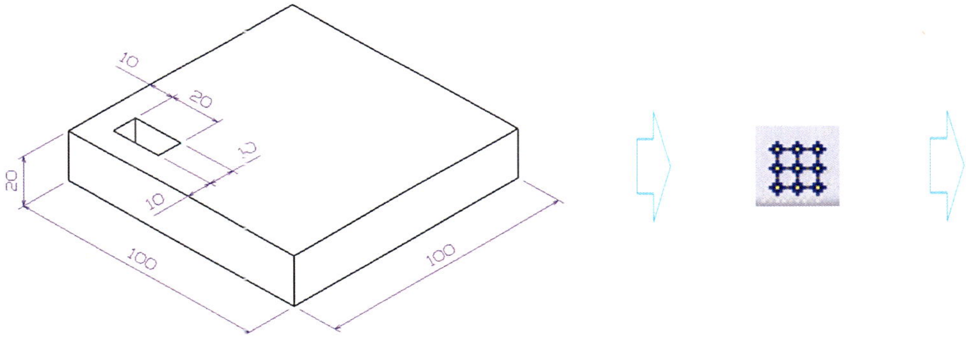

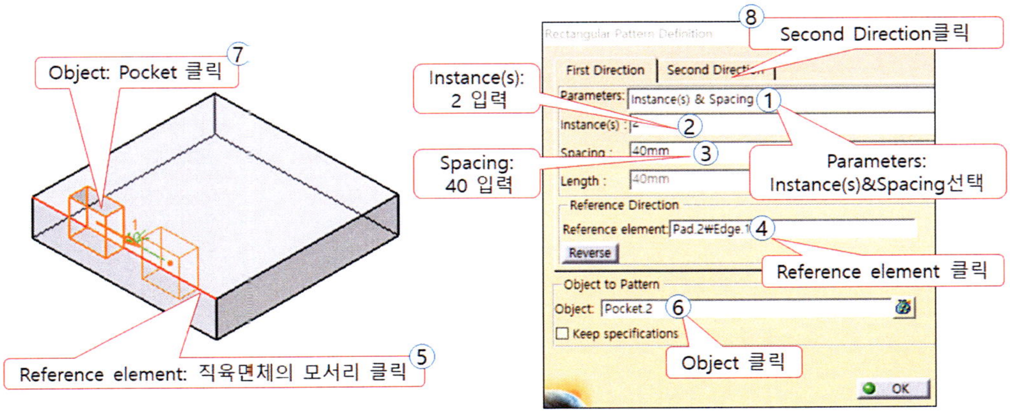

- ① Parameters: Instance(s) & Spacing
- ② Instance(s): 2 입력
- ③ Spacing: 40 입력
- ④ Reference element 클릭
- ⑤ Reference element: 직육면체의 모서리 클릭
- ⑥ Object 클릭
- ⑦ Object: Pocket 클릭
- ⑧ Second Direction 클릭
- Parameters: Instance(s)&Spacing 선택

Chapter 3. Part Design

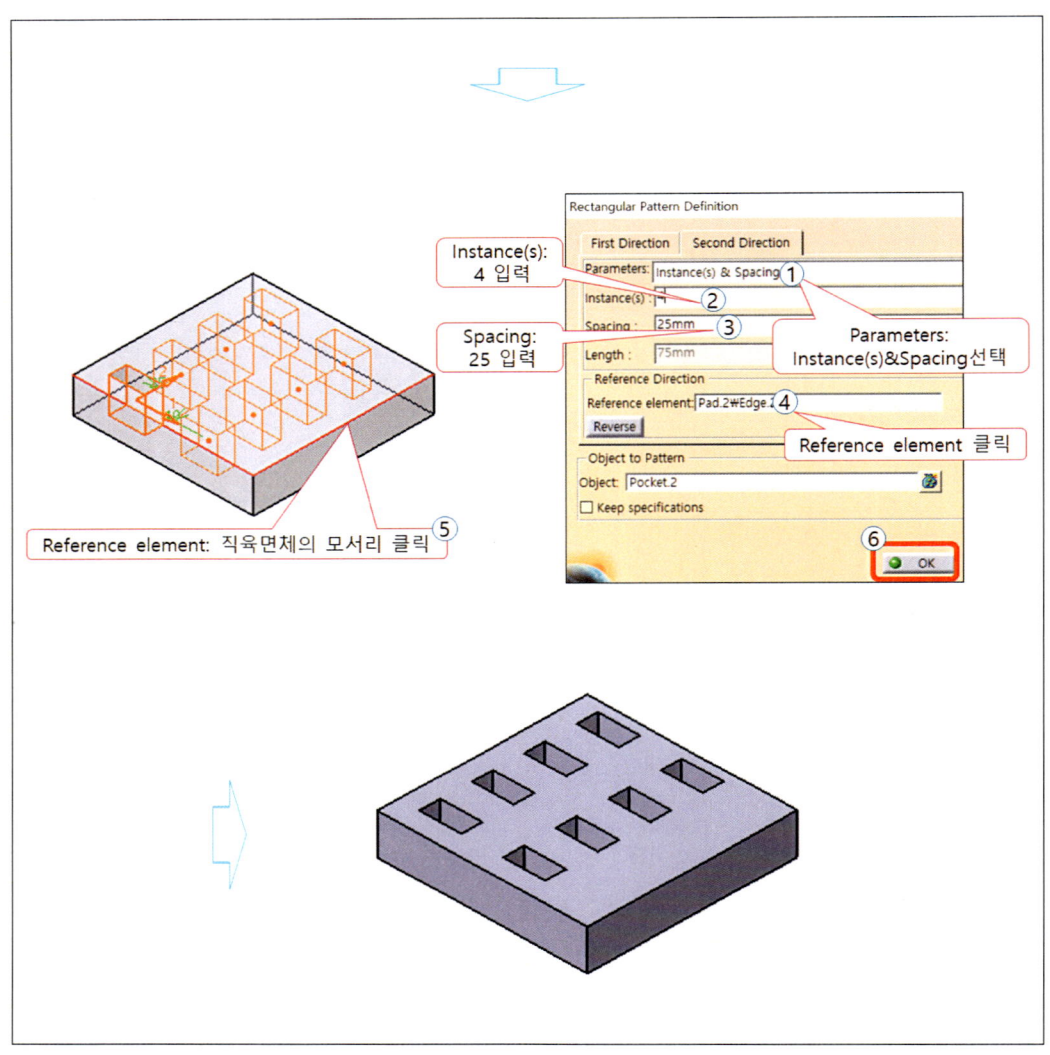

Parameters
• Instance(s) & Length : 복사 개수와 전체 길이
• Instance(s) & Spacing : 복사 개수와 간격
• Spacing & Length : 복사 간격과 전체 길이
• Instance(s) & Unequal Spacing : 복사 개수와 개별 간격

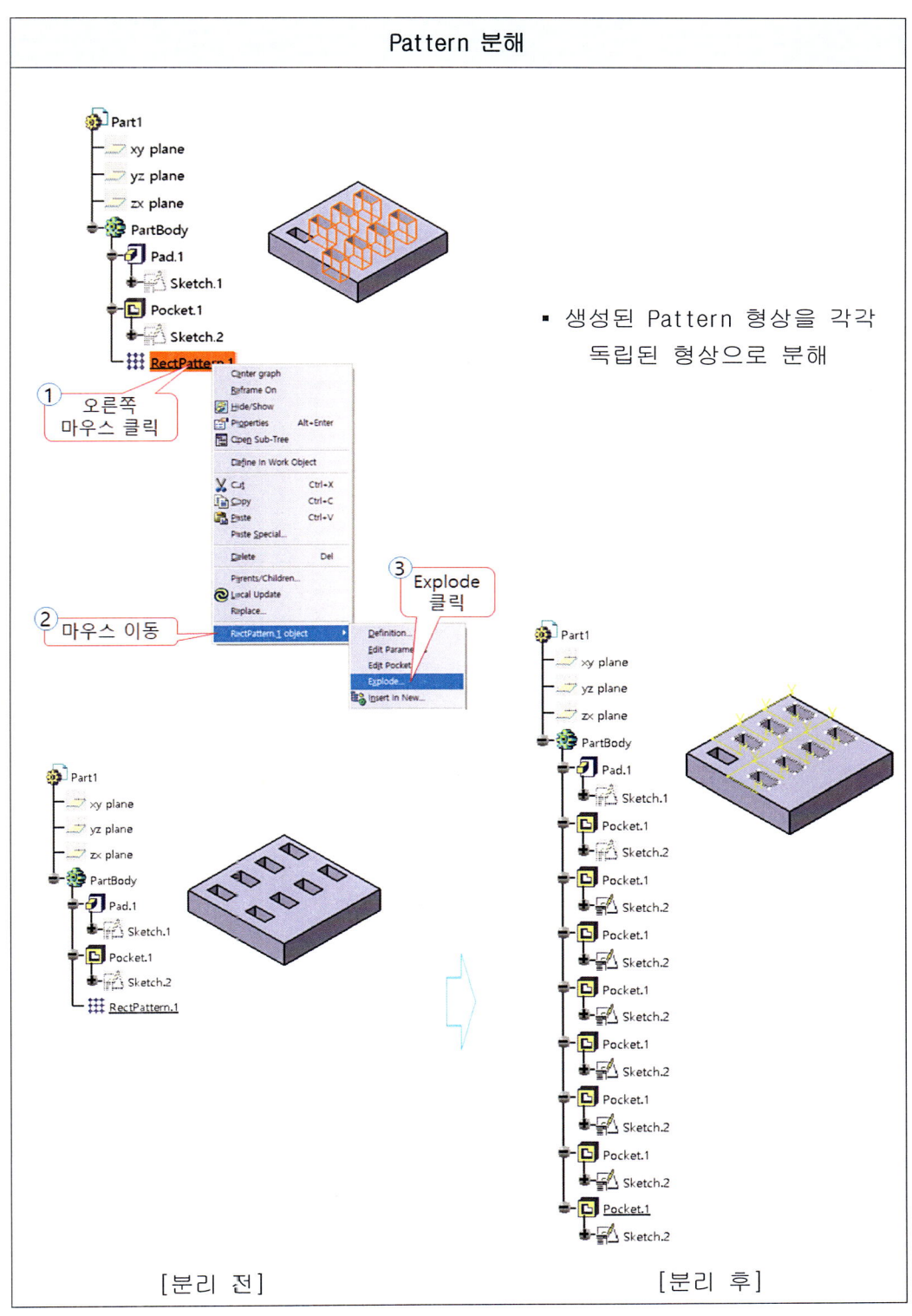

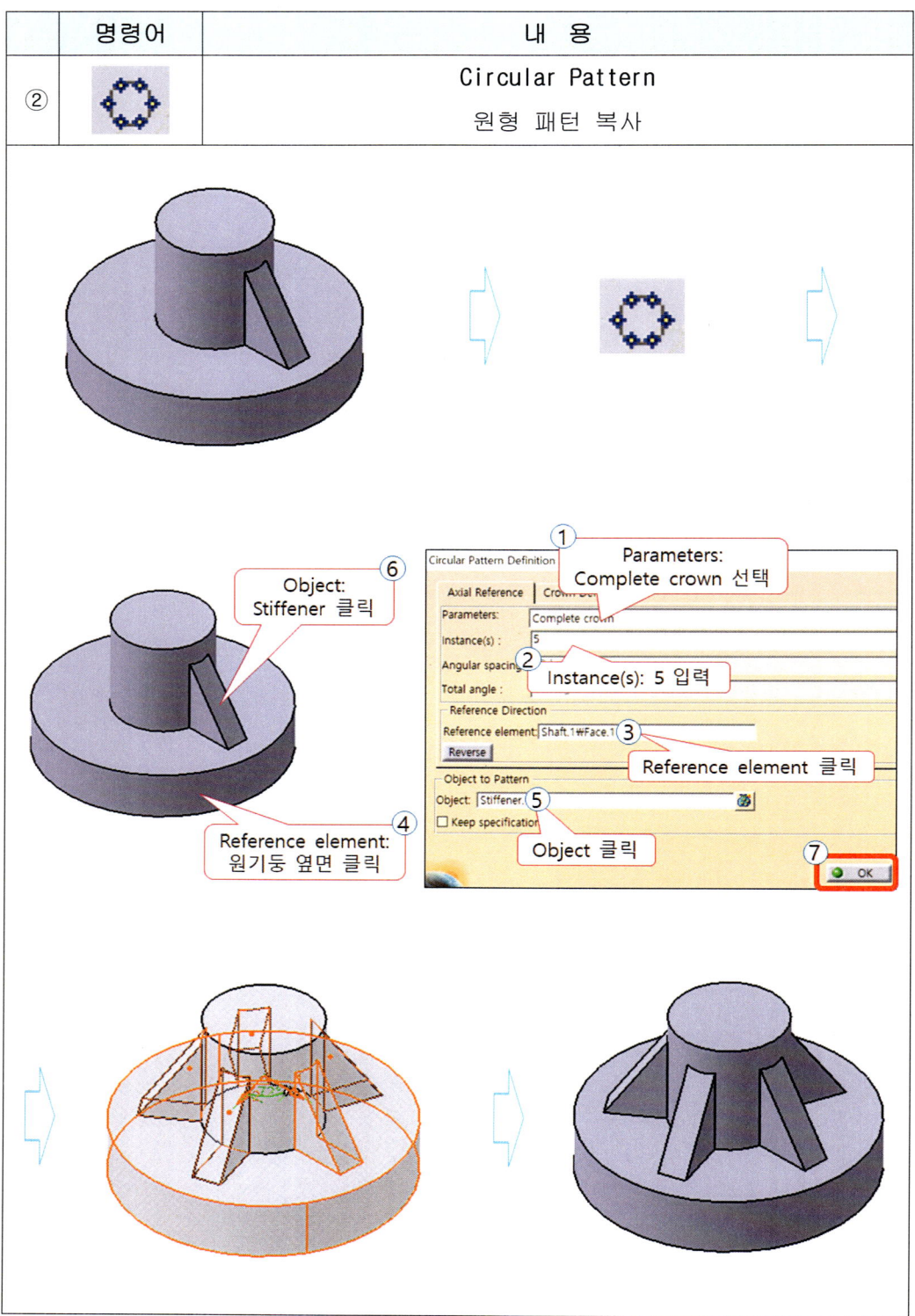

Parameters

[Axial Reference]

- Instance(s) & total angle : 복사 개수와 전체 각도

- Instance(s) & argular spacing : 복사 개수와 각도

- Angular spacing & total angle : 복사 간격(각도)과 전체 각도

- Complete crown : 360도 안에 생성될 복사 개수

- Instance(s) & Urequal angular spacing : 복사 개수와 개별 간격(각도)

[Crown Definition]

- Circle(s) & crown thickness : 반경방향 원의 개수와 전체 두께

- Circle(s) & circle spacing : 반경방향 원의 개수와 간격

- Circle spacing & crown thickness : 반경방향 원의 간격과 전체 두께

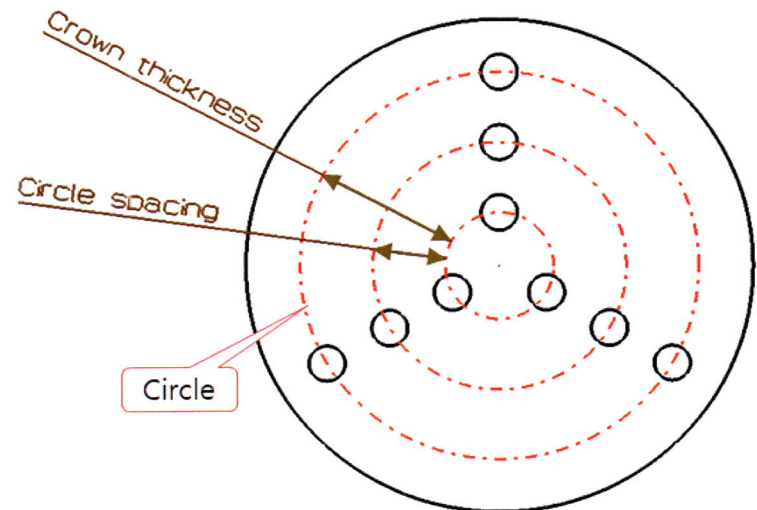

Chapter 4

Utility

4.1 Measure

4.2 Graphics Properties

4.3 단위 변경

4.4 사용자 언어 및 아이콘 크기 변경

4.5 Object 특성 변경

4.1 Measure : 물체에 대한 정보 측정

[Measure Item]

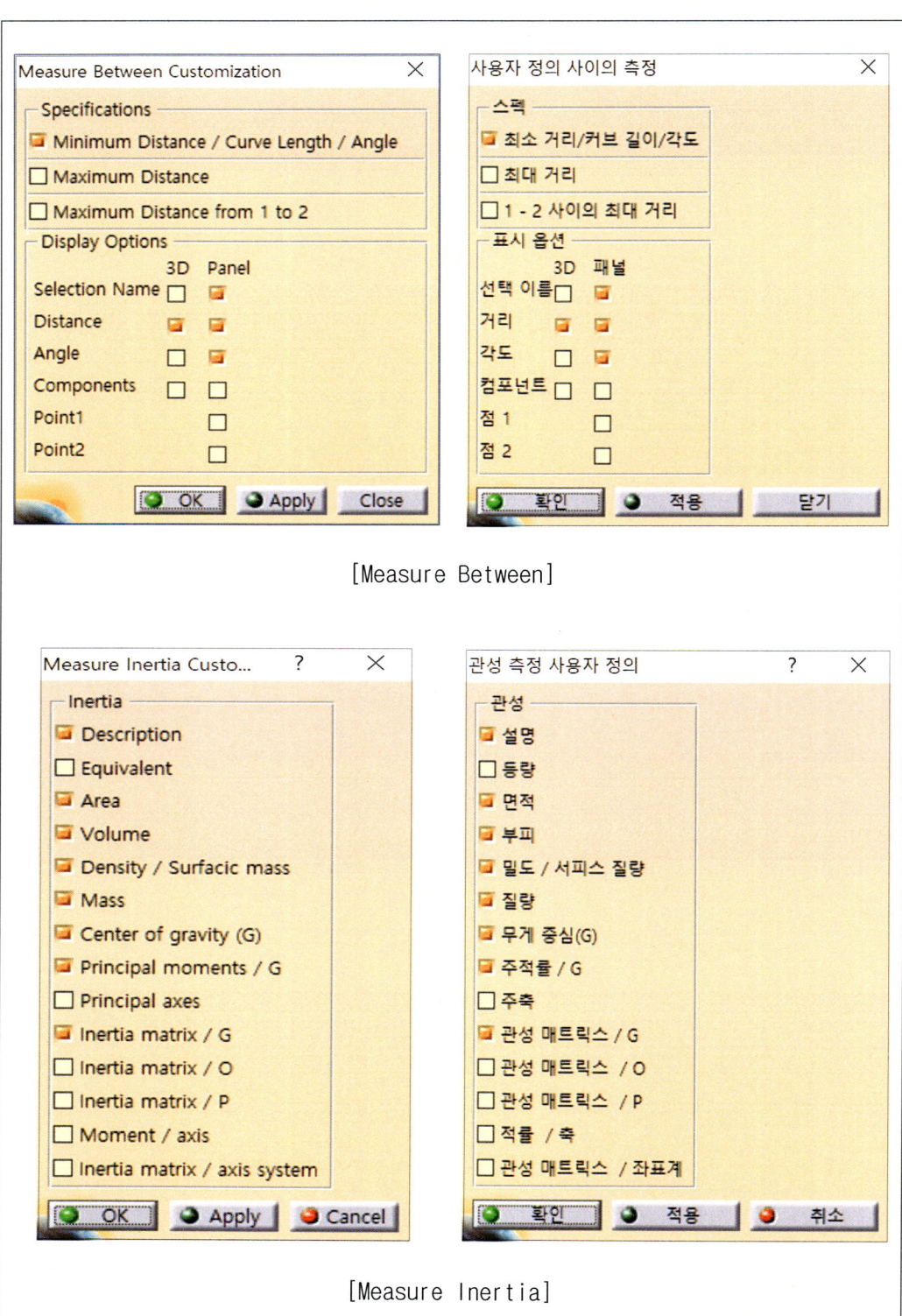

[Measure Between]

[Measure Inertia]

4.2 Graphics Properties : 그래픽 특성(색, 투명도, 선 굵기, 선 종류, 점 종류 등) 변경

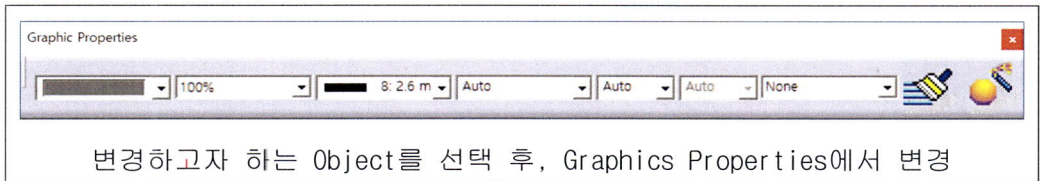

4.3 단위 변경 : Tools ⇨ Options

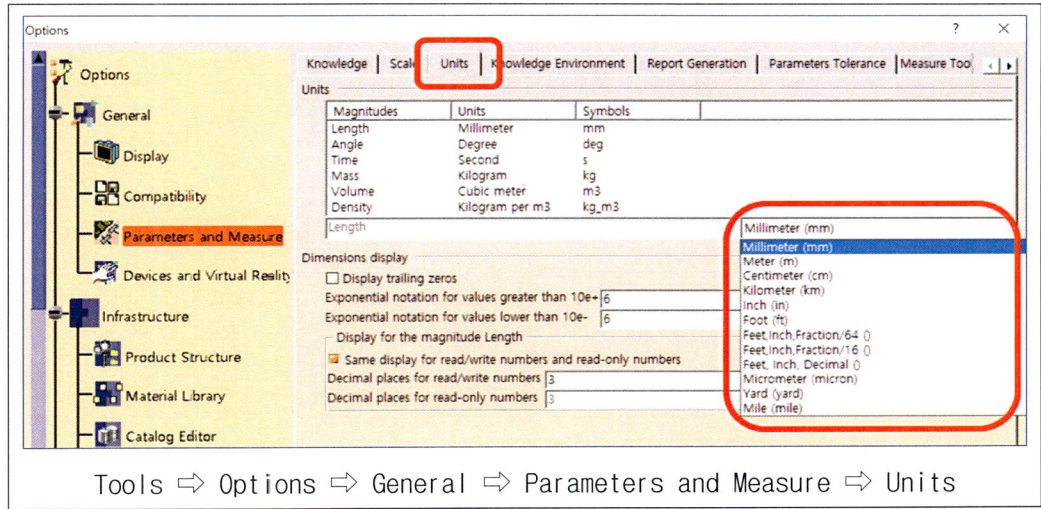

4.4 사용자 언어 및 아이콘 크기 변경 : Tools ⇨ Customize

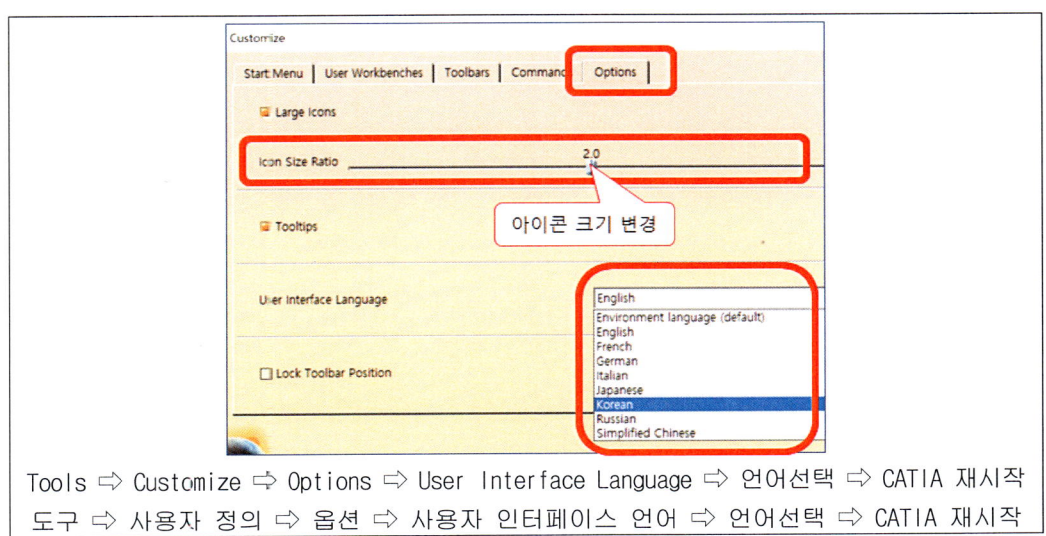

4.5 Object 특성 변경

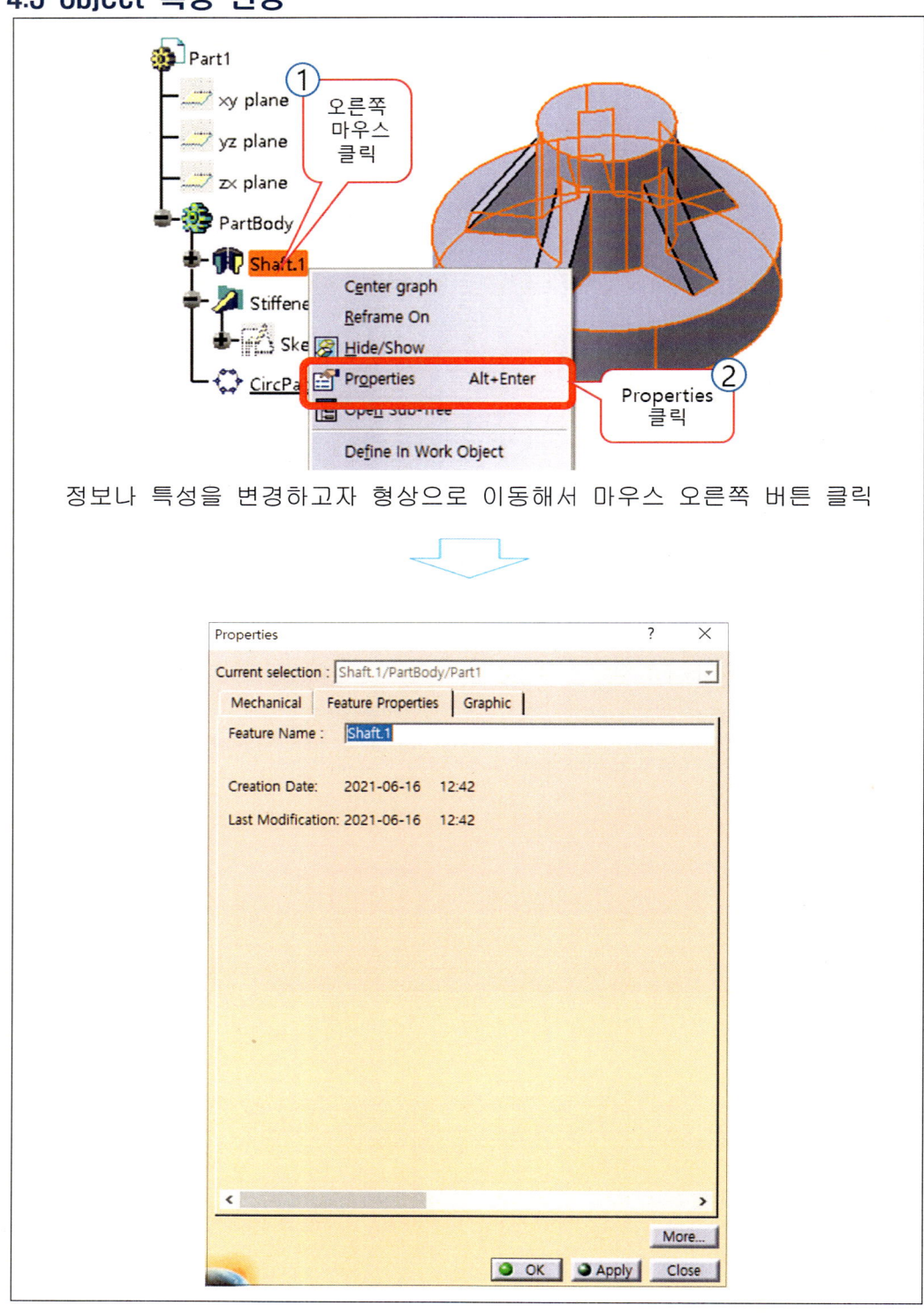

Chapter 5

Drafting

5.1 기본치수기입

5.2 공차기입

5.3 해칭/클리핑 뷰/나사치수/거칠기

5.4 단면도/상세도/반투상도

5.5 등각투상도

5.1 기본치수기입

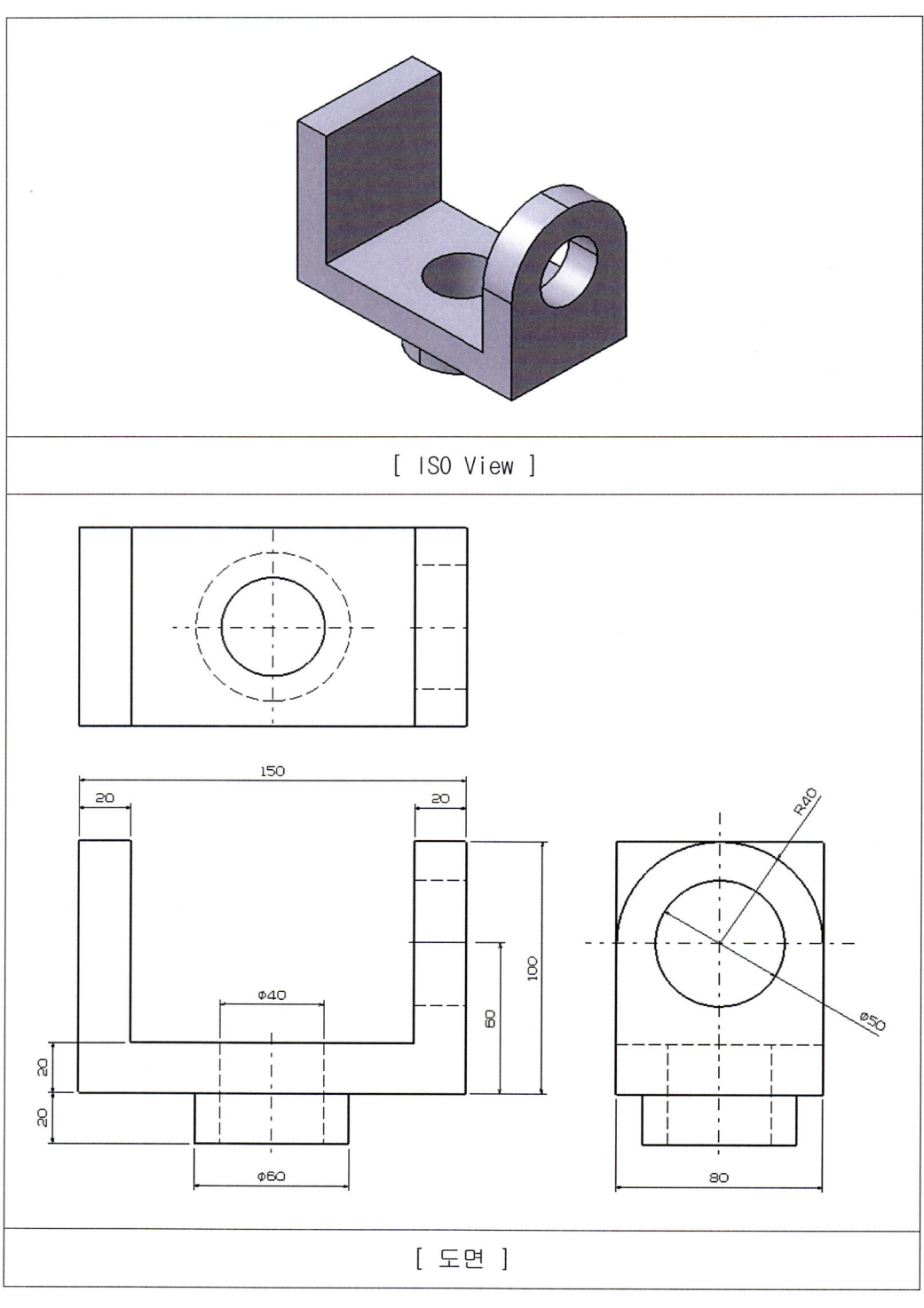

[ISO View]

[도면]

Drafting 들어가기

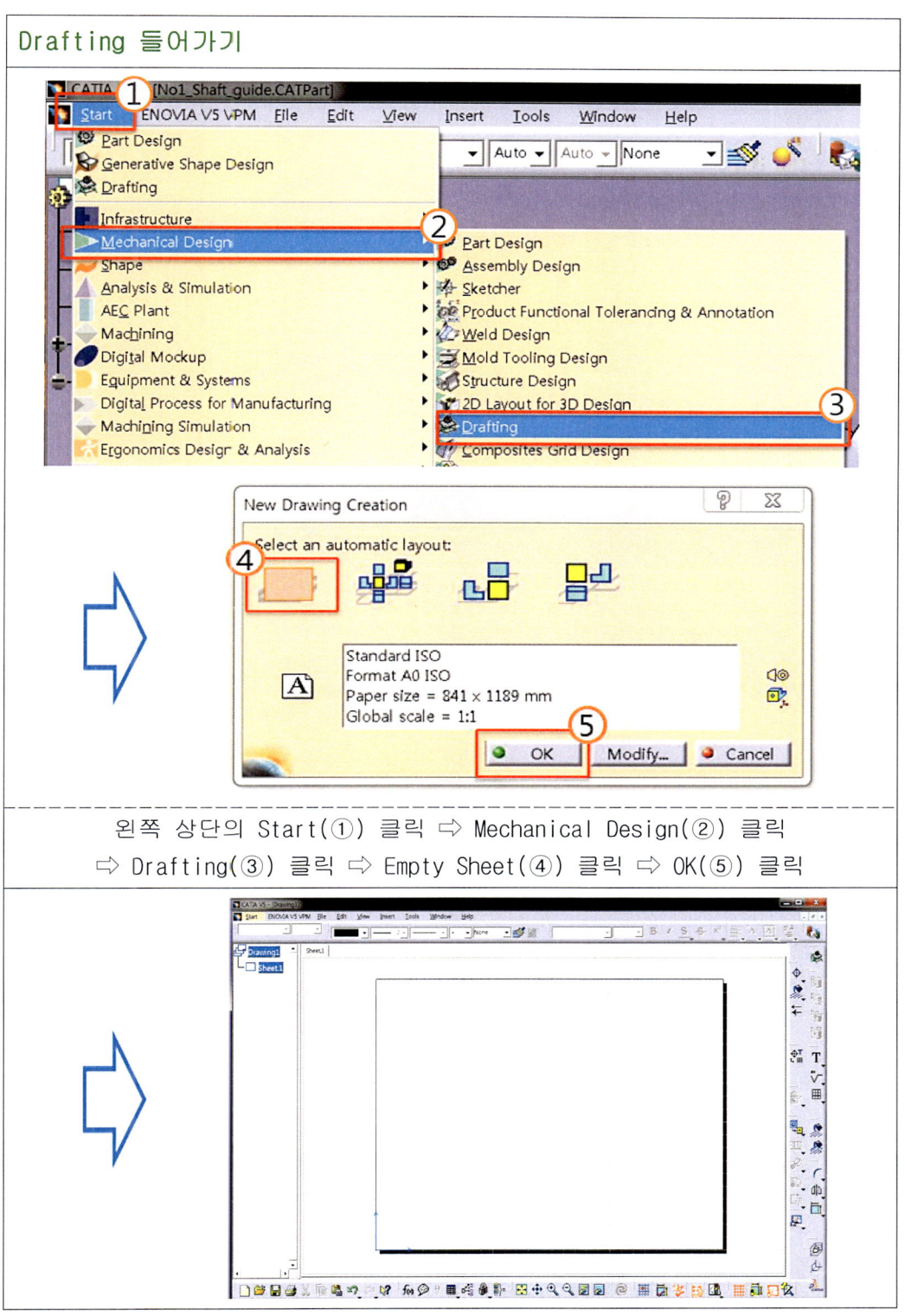

왼쪽 상단의 Start(①) 클릭 ⇨ Mechanical Design(②) 클릭
⇨ Drafting(③) 클릭 ⇨ Empty Sheet(④) 클릭 ⇨ OK(⑤) 클릭

용지크기 지정 / 1각법을 3각법으로 변경

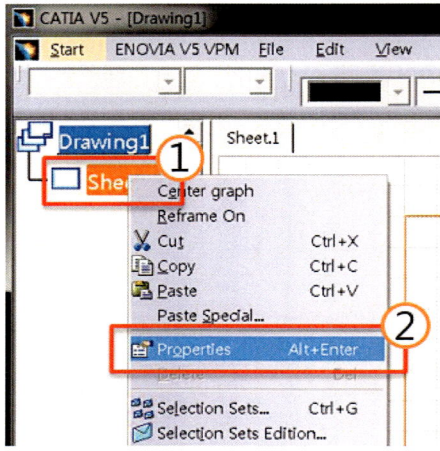

왼쪽 상단의 Sheet1(①) 클릭 후, 오른쪽 마우스 클릭
⇨ Properties(②) 클릭(또는 Alt + Enter)

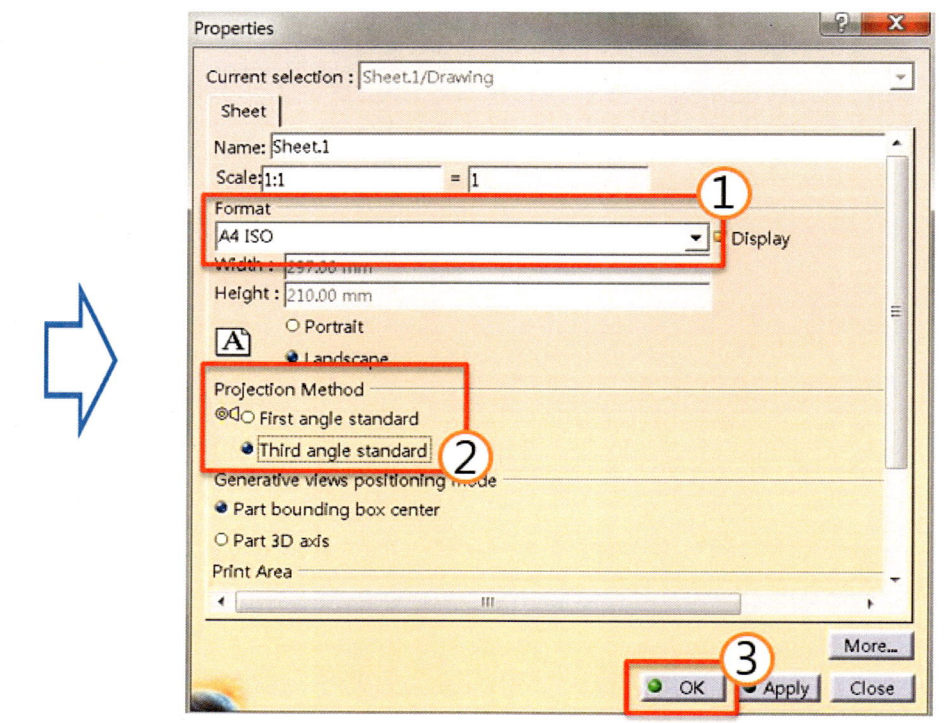

Format에서 A0로 선택(①) ⇨ Projection Method에서,
[Third angle standard] 선택(②) ⇨ OK(③) 클릭

정면도(Front View) 만들기

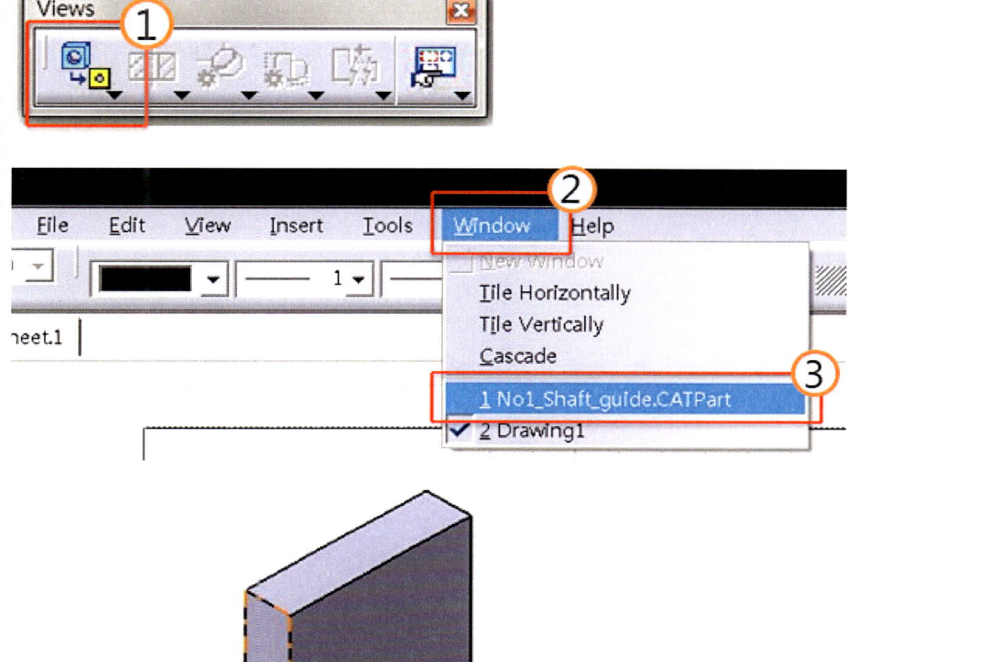

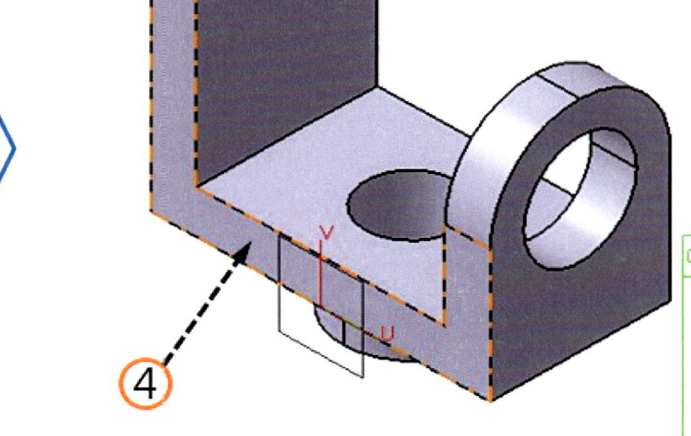

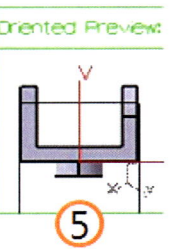

정면도를 만들기 위하여,
[1] Views bar : Front View 명령어(①) 클릭
[2] Menu bar : Wirdow(②) 클릭 ⇨ 모델링 파일(③) 클릭(모델을 불러옴)
[3] 3차원 모델에서 정면으로 하고자 하는 면을 마우스로 이동하면(④),
    오른쪽 하단에 선택한 면이 나타남(⑤) ⇨ 정면도로 지정할 면을 클릭

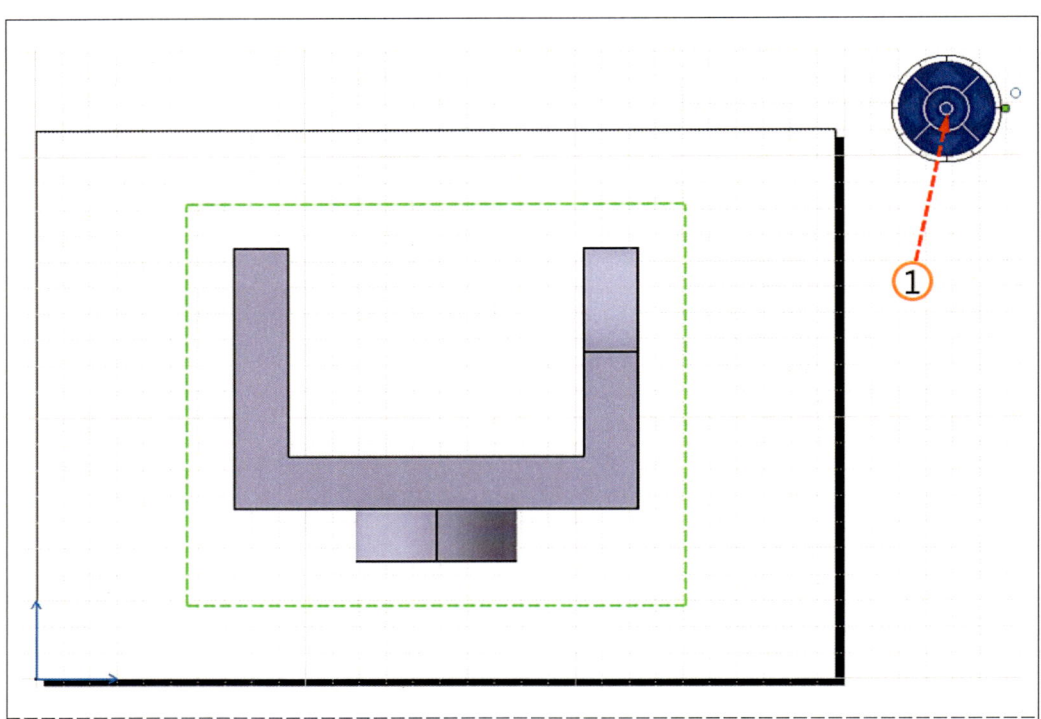

오른쪽 상단의 중앙점(①) 클릭(또는 Sheet의 빈공간을 아무곳이나 클릭)
⇨ 아래와 같이 정면도 생성

(오른쪽 상단 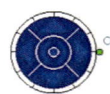 를 이용하여 상하좌우 회전 및 일정각도로 회전시킬 수 있음)

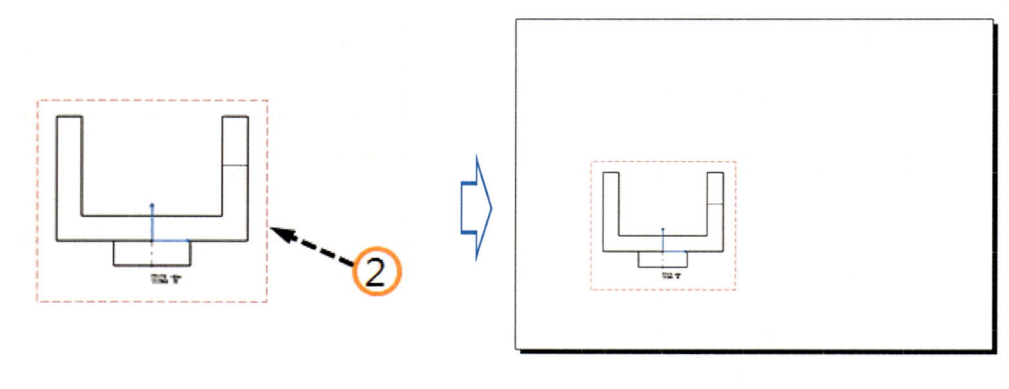

정면도가 생성되면, 정면도 주위에 프레임(②)이 생성됨
프레임(②)을 마우스로 클릭 후, Sheet 내에 적당히 배치

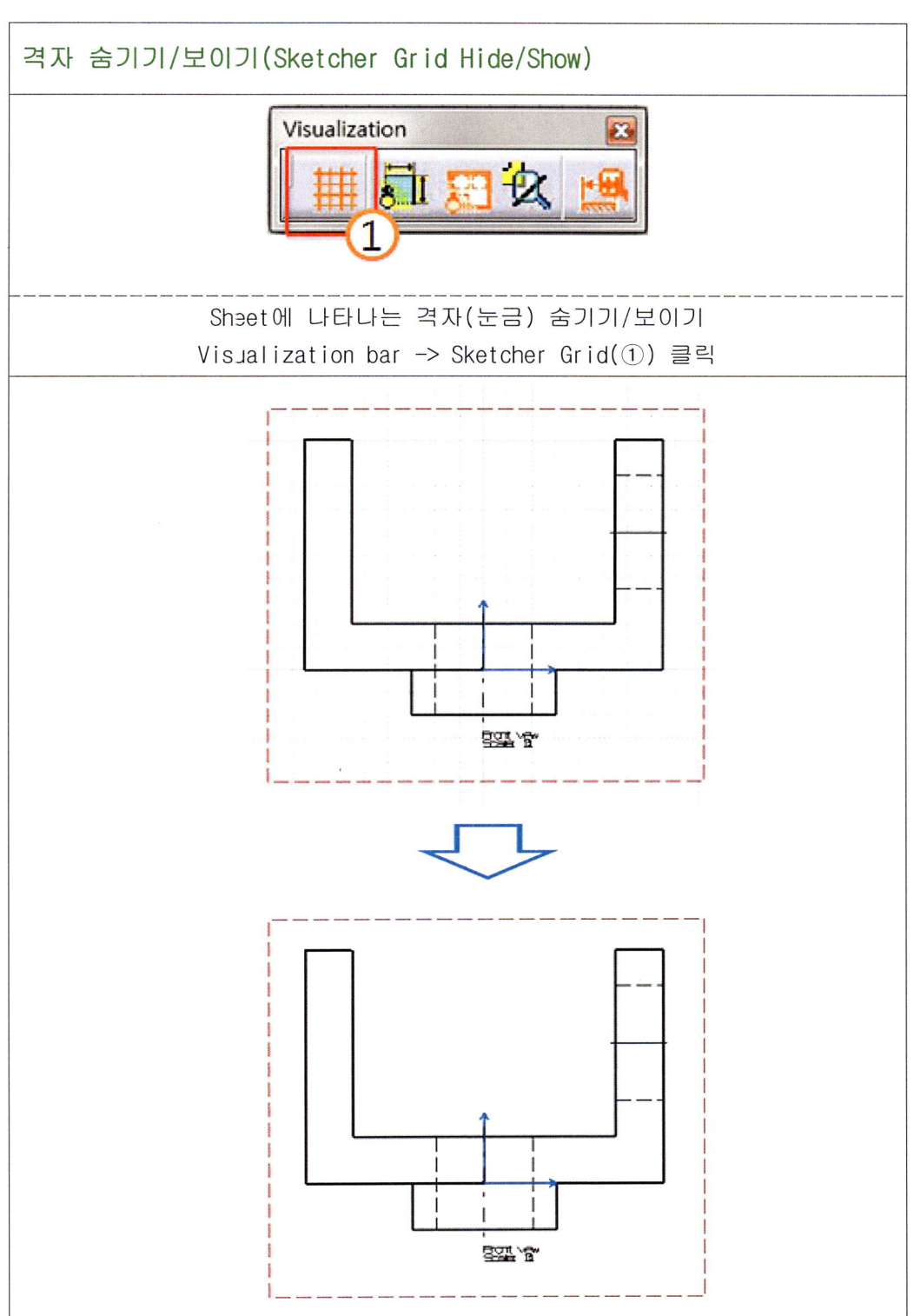

숨은선 숨기기/보이기(Hidden Lines Hide/Show)

왼쪽 상단의 Front view(①) 클릭 후, 오른쪽 마우스 클릭
⇨ Properties(②) 클릭(또는 Alt + Enter)

Dress-up에서 [Hidden Lines](③) 클릭 ⇨ OK(④) 클릭

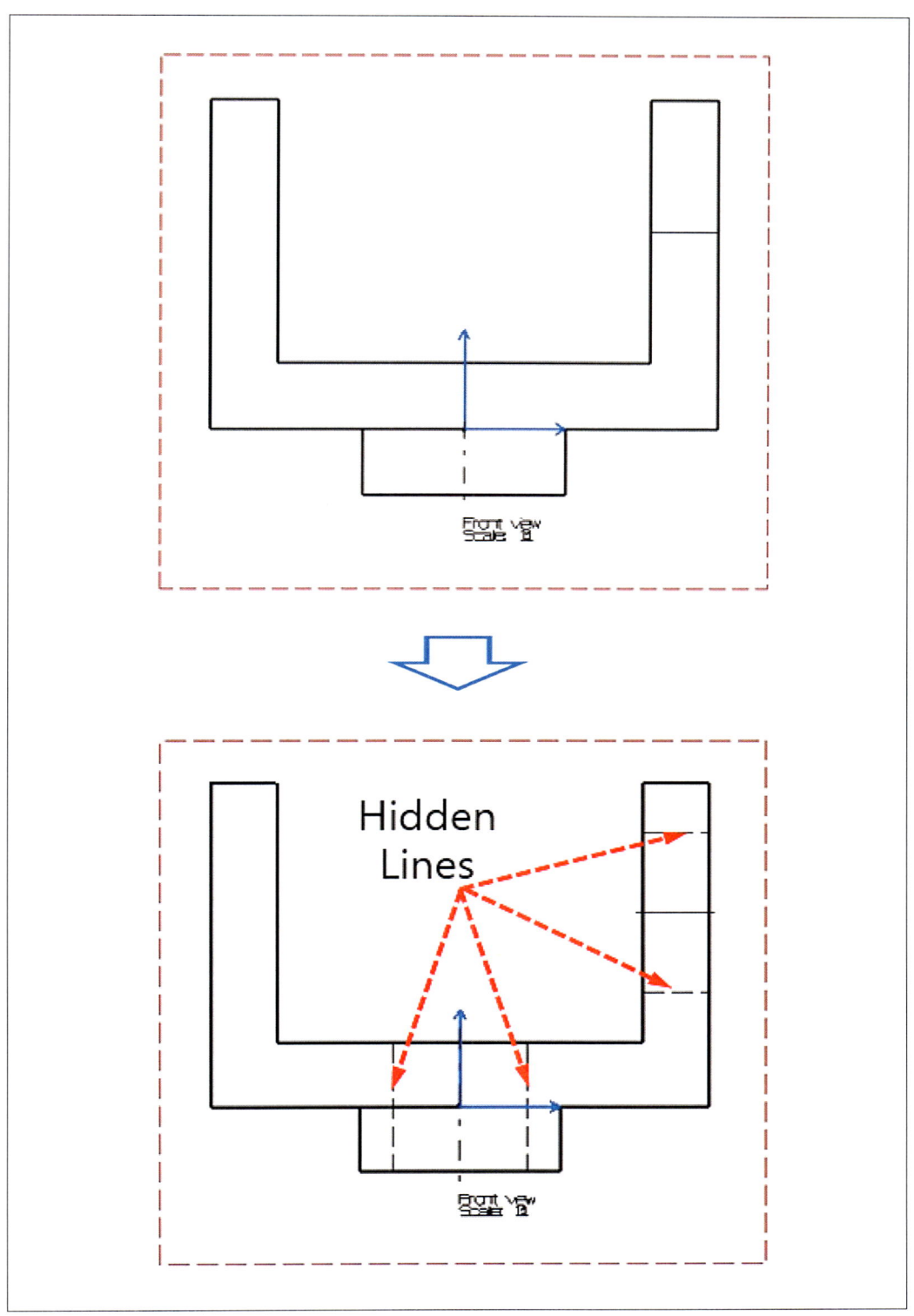

우측면도(Right View) 만들기

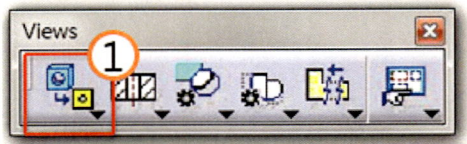 

Views bar의 Front View의 역삼각형(▼)(①) 클릭
⇨ Projections bar의 Projection View(②) 클릭
⇨ 정면도를 중심으로 마우스를 오른쪽으로 이동 후, 임의의 위치(③)에 클릭

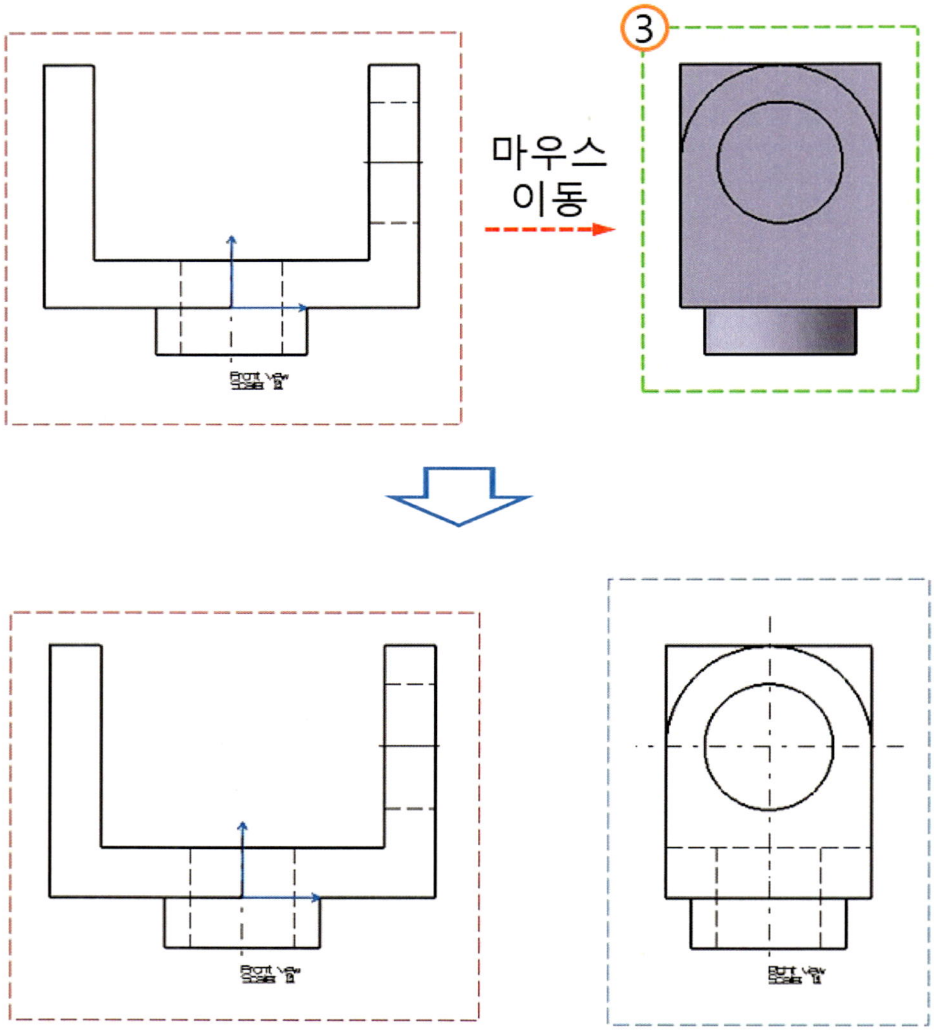

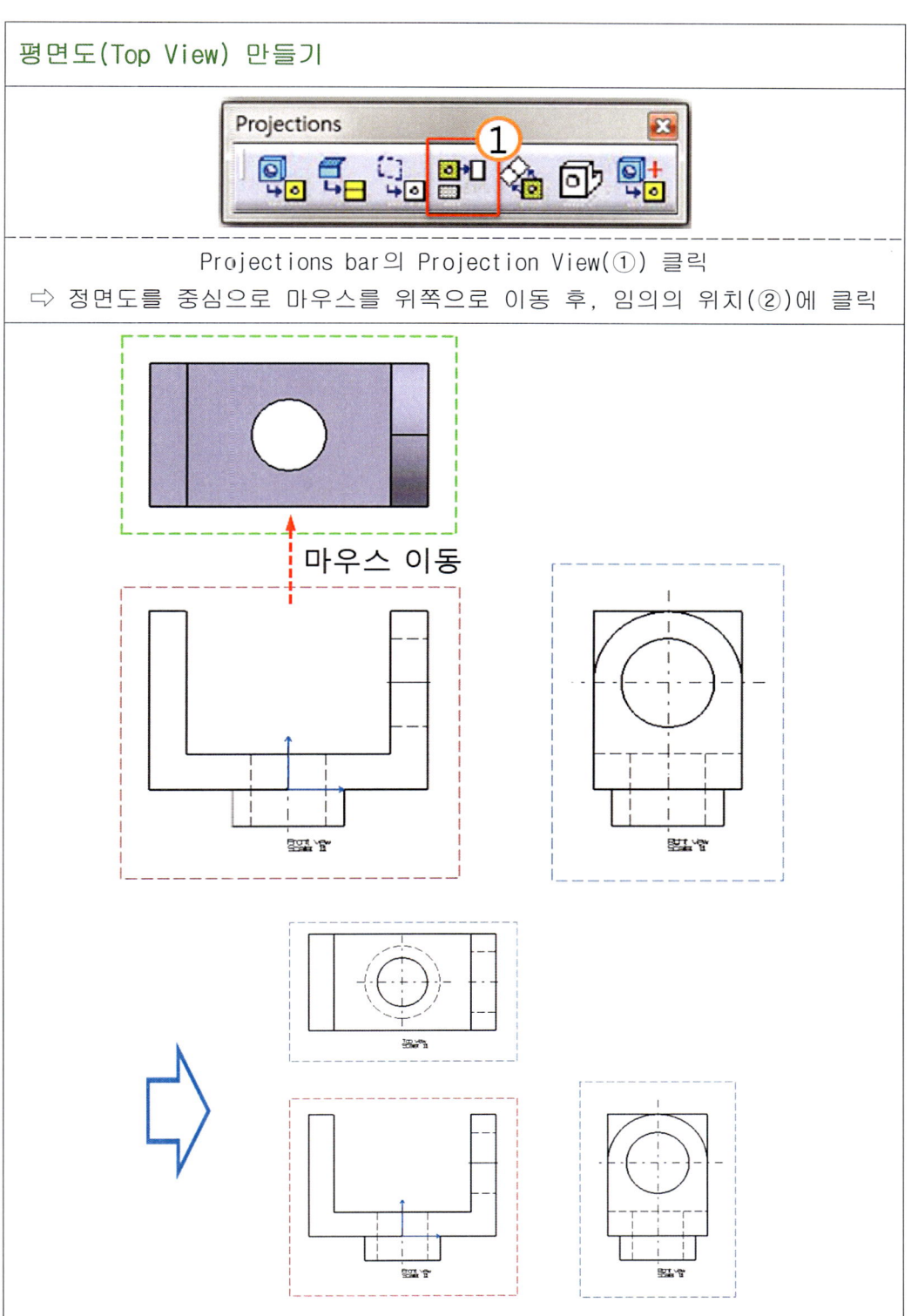

Chapter 5. Drafting

치수조작 환경설정

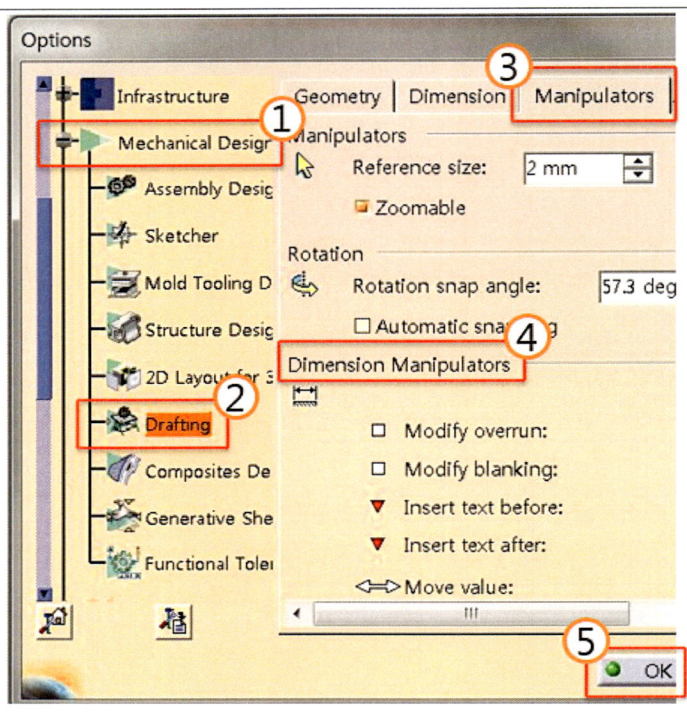

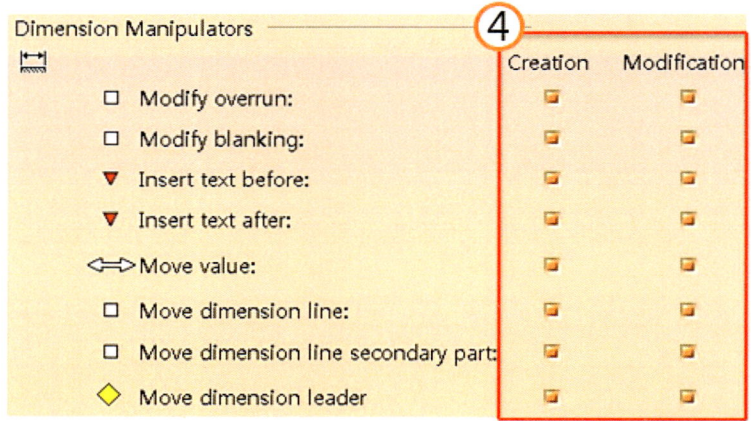

[1] Menu bar -> Tools -> Options 클릭
[2] Mechanical Design(①) 클릭
[3] Drafting(②) 클릭
[4] Manipulators(③) 클릭
[5] Dimension Manipulators의 하부 option(④) 체크
[6] OK(⑤) 클릭

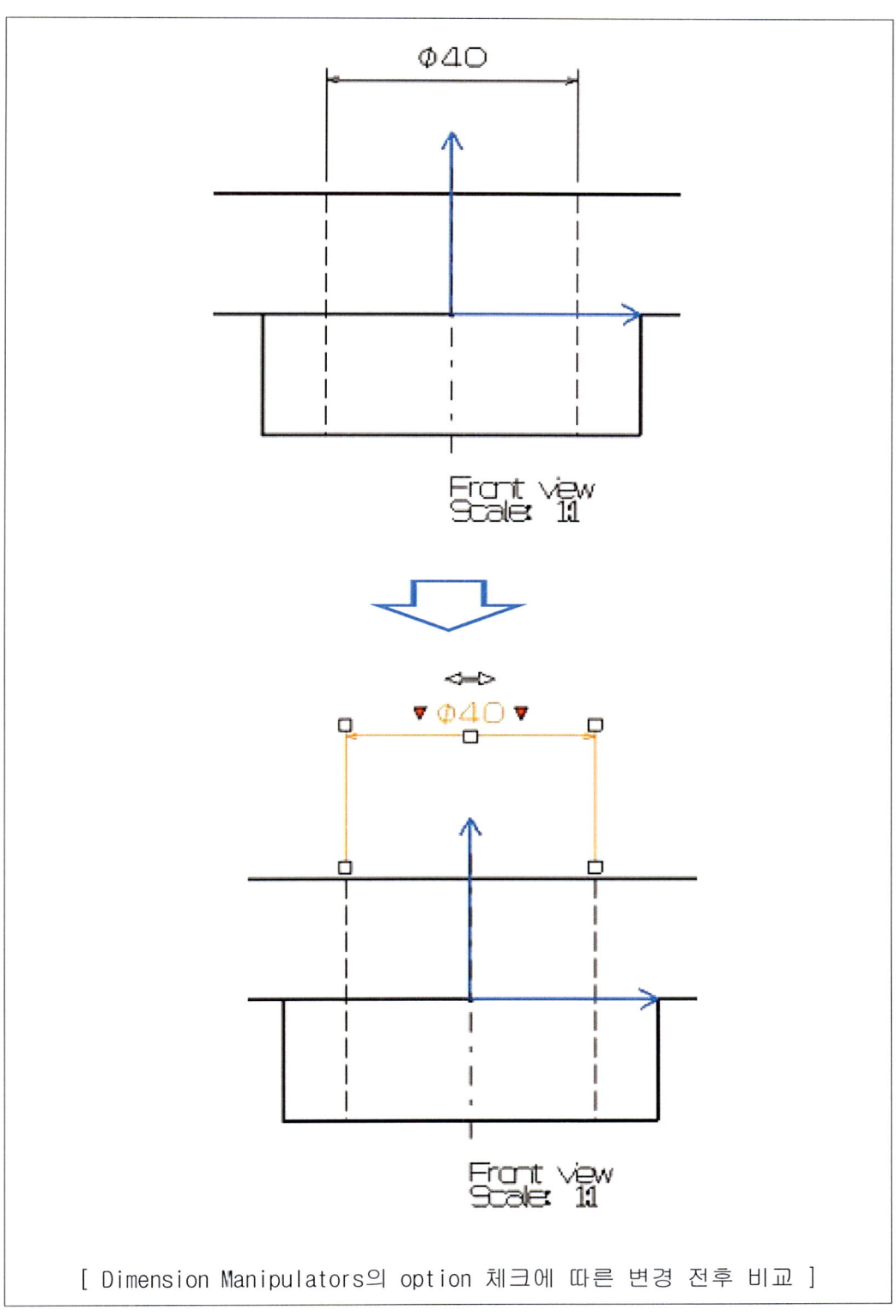

[Dimension Manipulators의 option 체크에 따른 변경 전후 비교]

치수(Dimensions) 기입

Dimensioning bar의 Dimensions의 역삼각형(▼)(①) 클릭
⇨ Dimensions bar의 Dimensions(②) 클릭

정면도에서,
선(③) 클릭 ⇨ 임의 위치에 마우스 클릭(④)

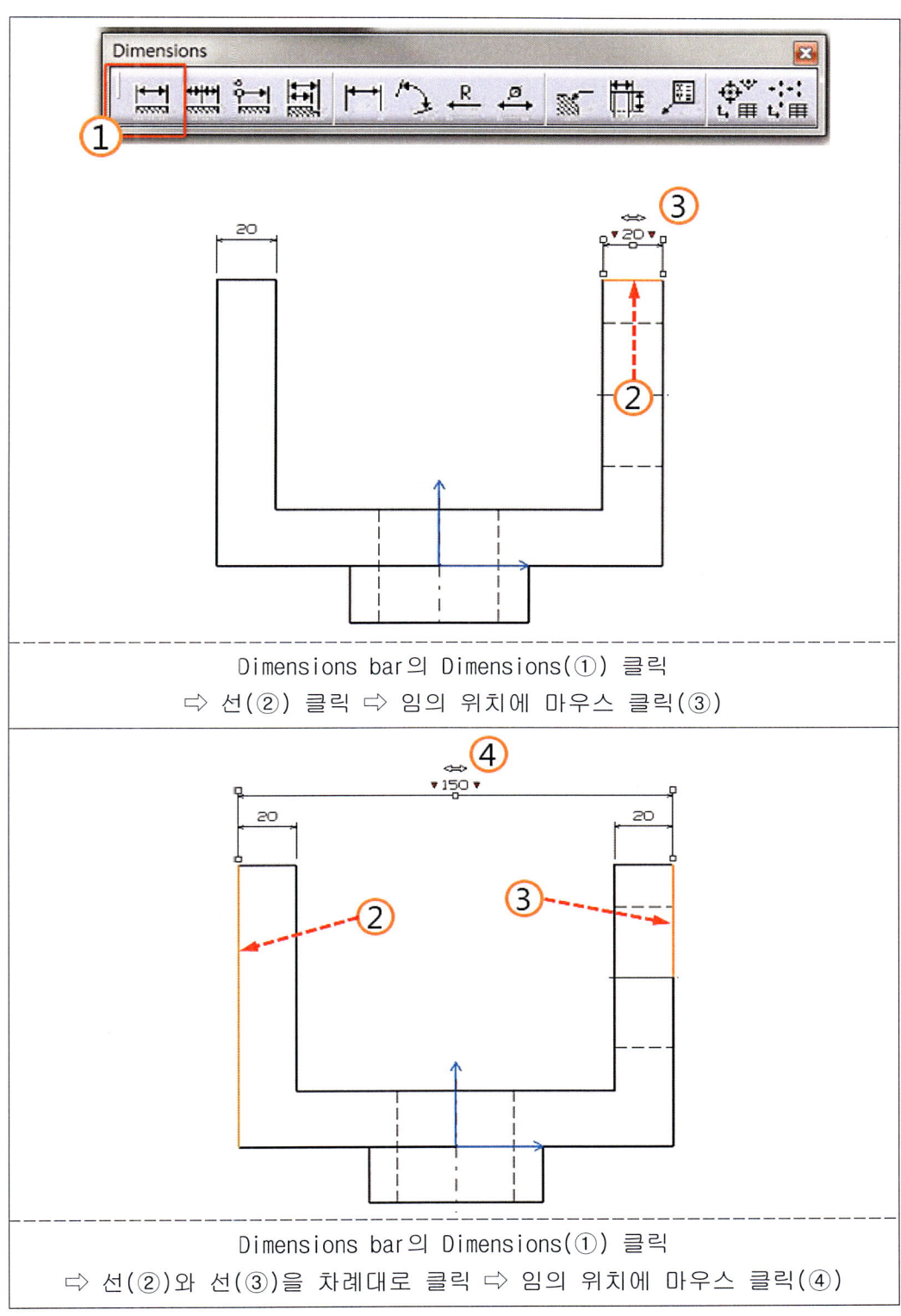

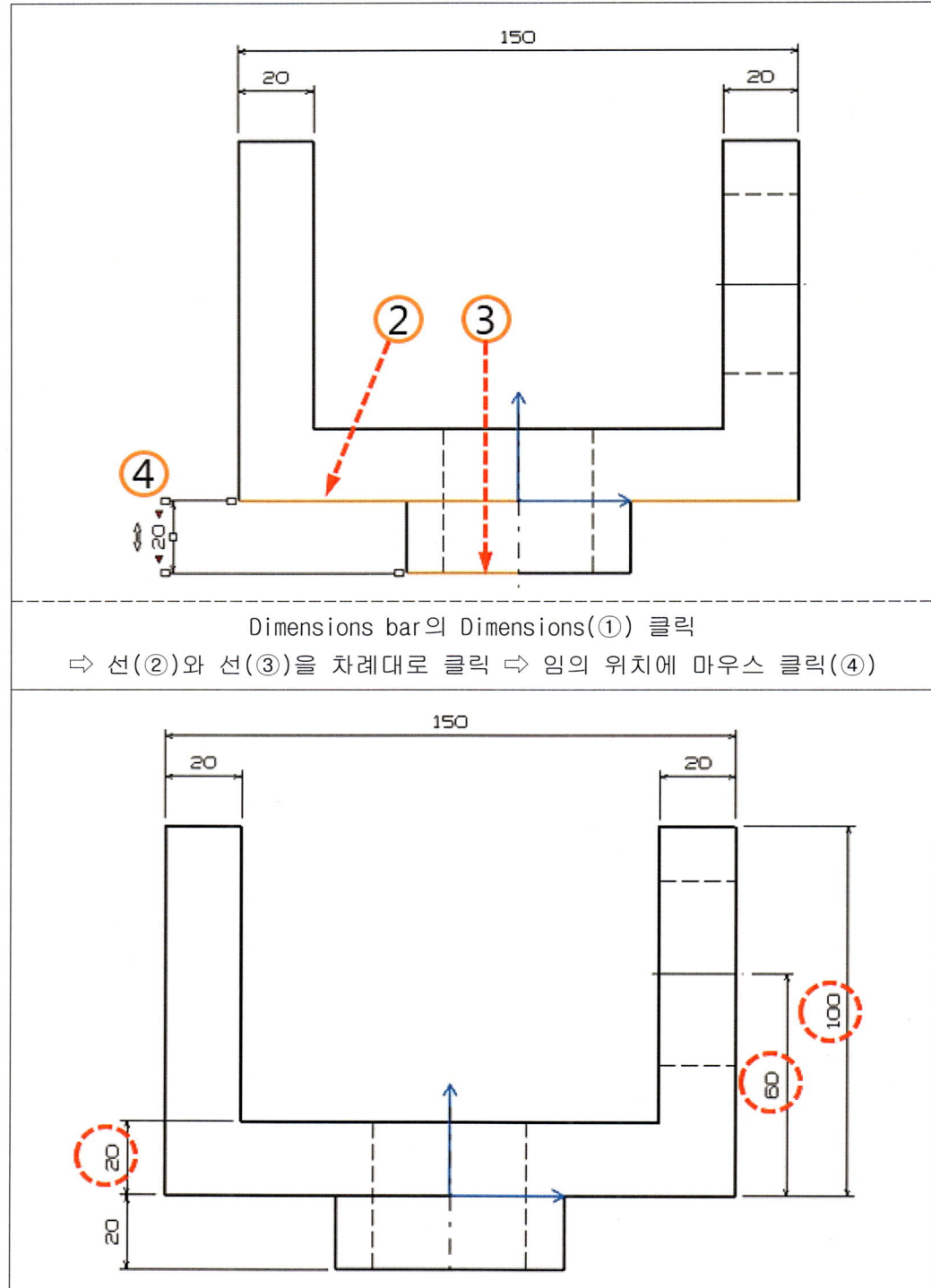

Dimensions bar의 Dimensions(①) 클릭
⇨ 선(②)와 선(③)을 차례대로 클릭 ⇨ 임의 위치에 마우스 클릭(④)

동일한 방법으로 나머지 치수 생성

지름 치수(Diameter Dimensions) 기입

Dimensioning bar의 Dimensions의 역삼각형(▼)(①) 클릭
⇨ Dimensions bar의 Diameter Dimensions(②) 클릭

정면도에서,
선(③) 클릭 ⇨ 임의 위치에 마우스 클릭(④)

Chapter 5. Drafting **121**

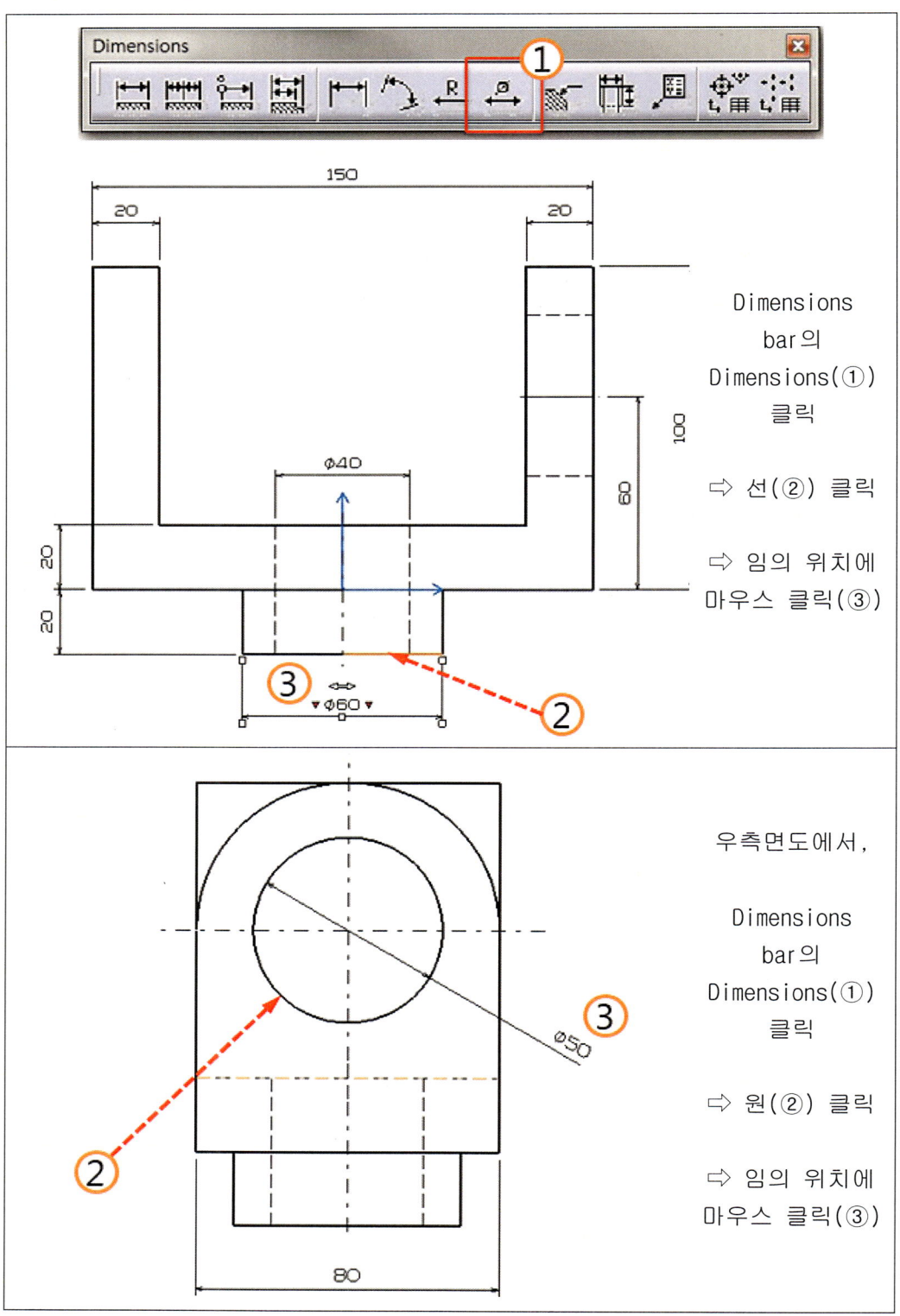

반지름 치수(Radious Dimensions) 기입

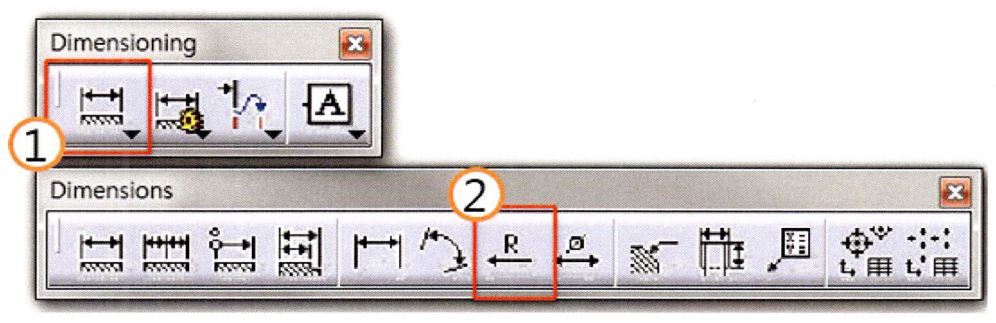

Dimensioning bar의 Dimensions의 역삼각형(▼)(①) 클릭
⇨ Dimensions bar의 Radious Dimensions(②) 클릭

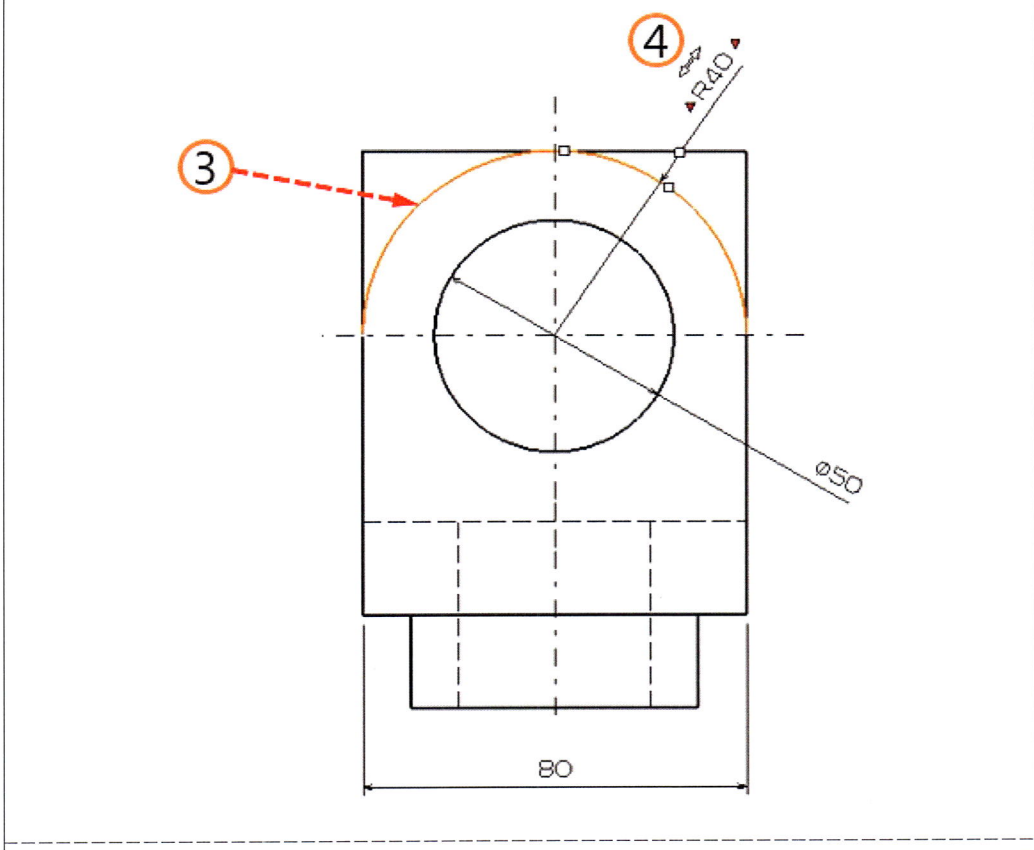

우측면도에서,
원호(③) 클릭 ⇨ 임의 위치에 마우스 클릭(④)

프레임 숨기기/보이기(Display View Frame Hide/Show)

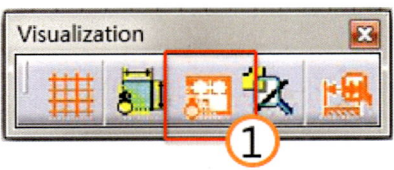

Sheet에 나타나는 프레임 숨기기/보이기
Visualization bar -> Display View Frame as Specified for Each View(①) 클릭

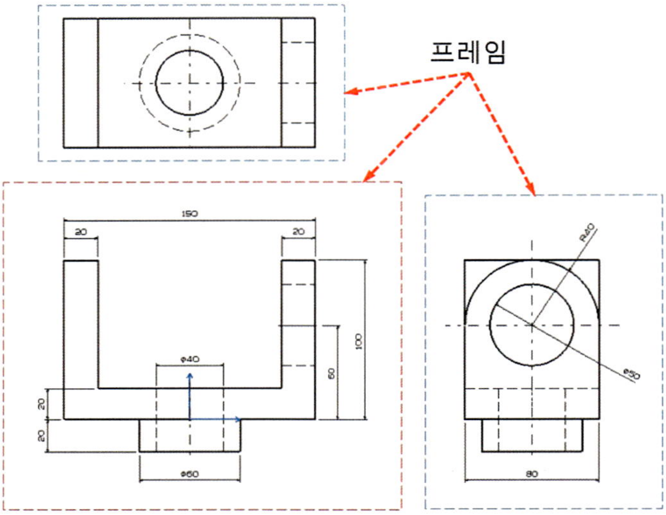

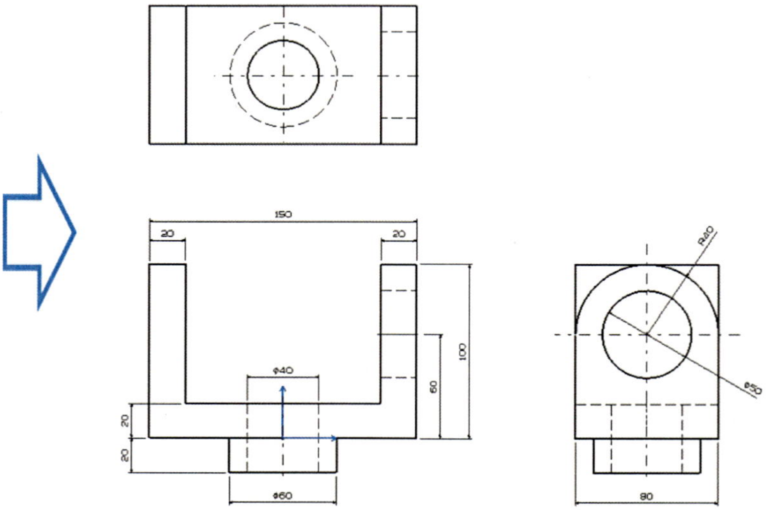

5.2 공차기입

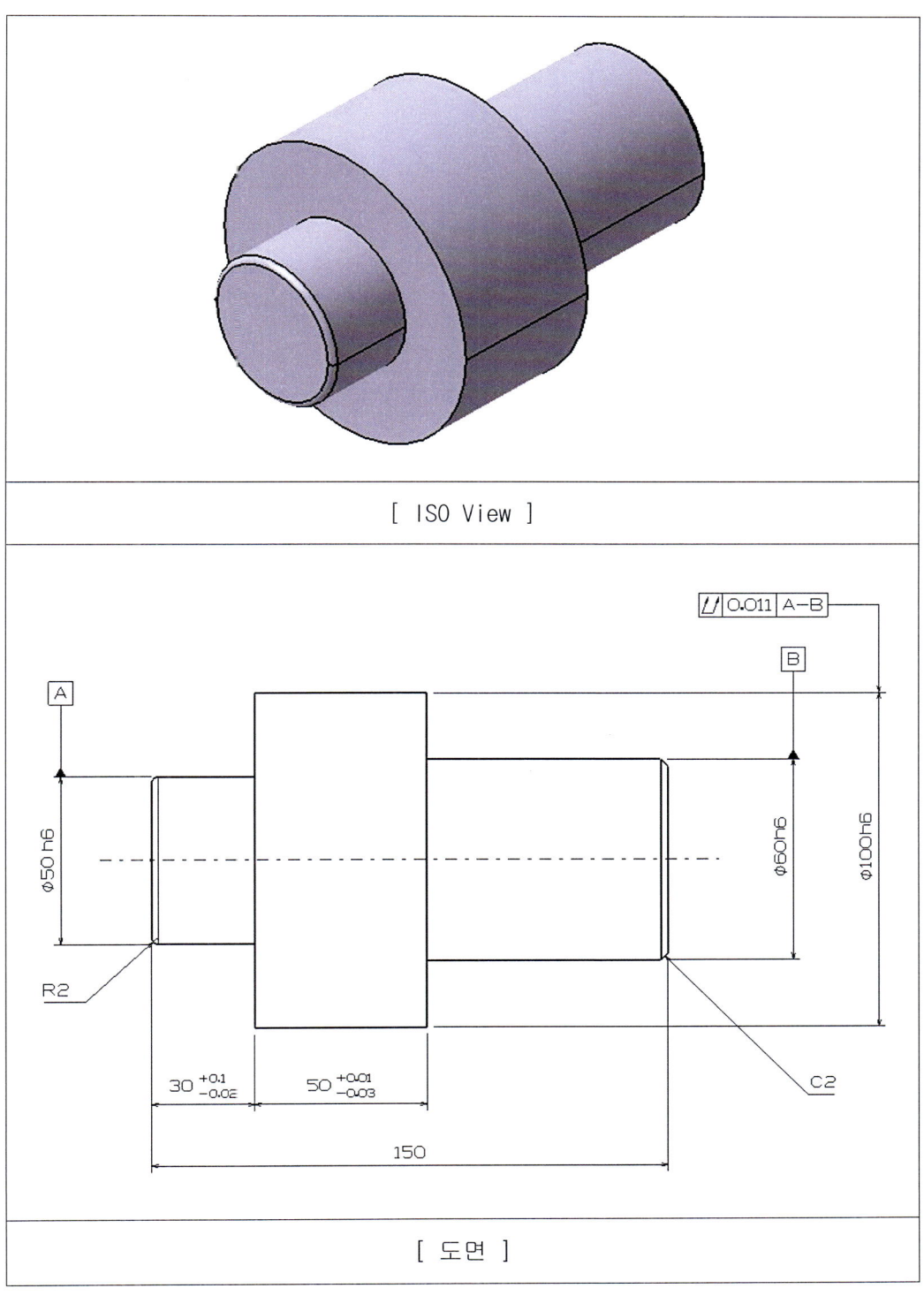

[ISO View]

[도면]

Drafting 들어가기

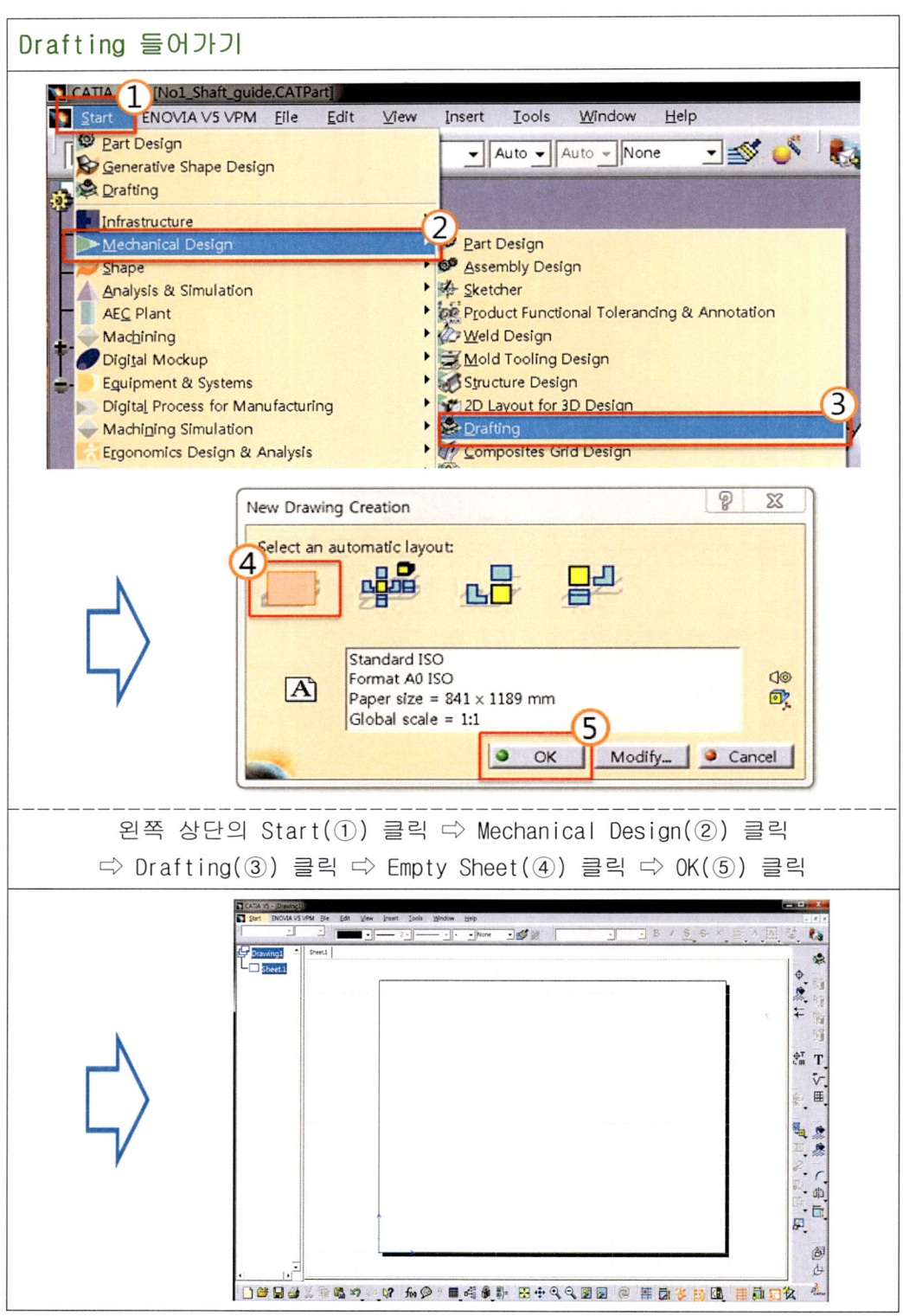

왼쪽 상단의 Start(①) 클릭 ⇨ Mechanical Design(②) 클릭
⇨ Drafting(③) 클릭 ⇨ Empty Sheet(④) 클릭 ⇨ OK(⑤) 클릭

용지크기 지정 / 1각법을 3각법으로 변경
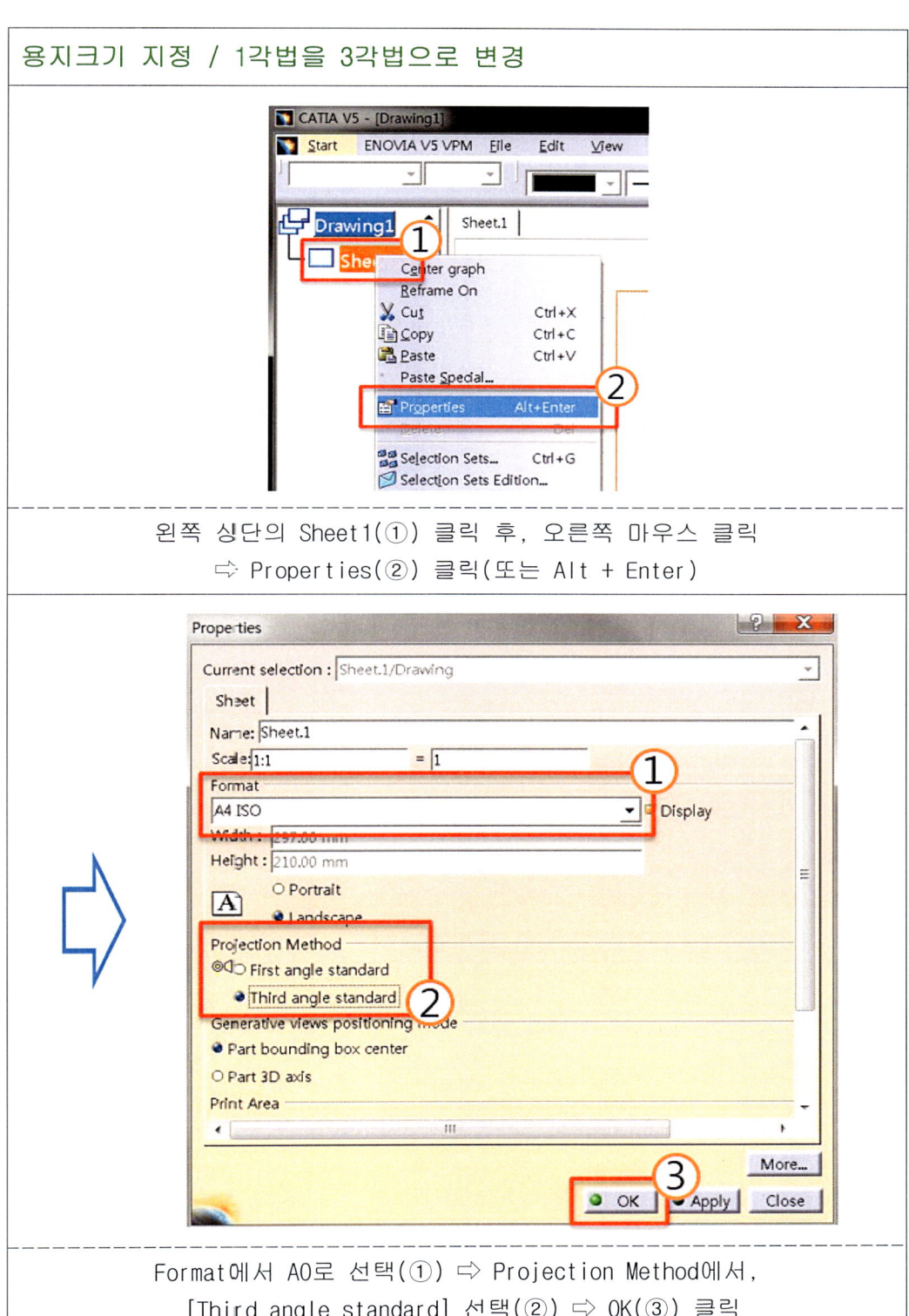 왼쪽 상단의 Sheet1(①) 클릭 후, 오른쪽 마우스 클릭 ⇨ Properties(②) 클릭(또는 Alt + Enter)
Format에서 A0로 선택(①) ⇨ Projection Method에서, [Third angle standard] 선택(②) ⇨ OK(③) 클릭

정면도(Front View) 만들기

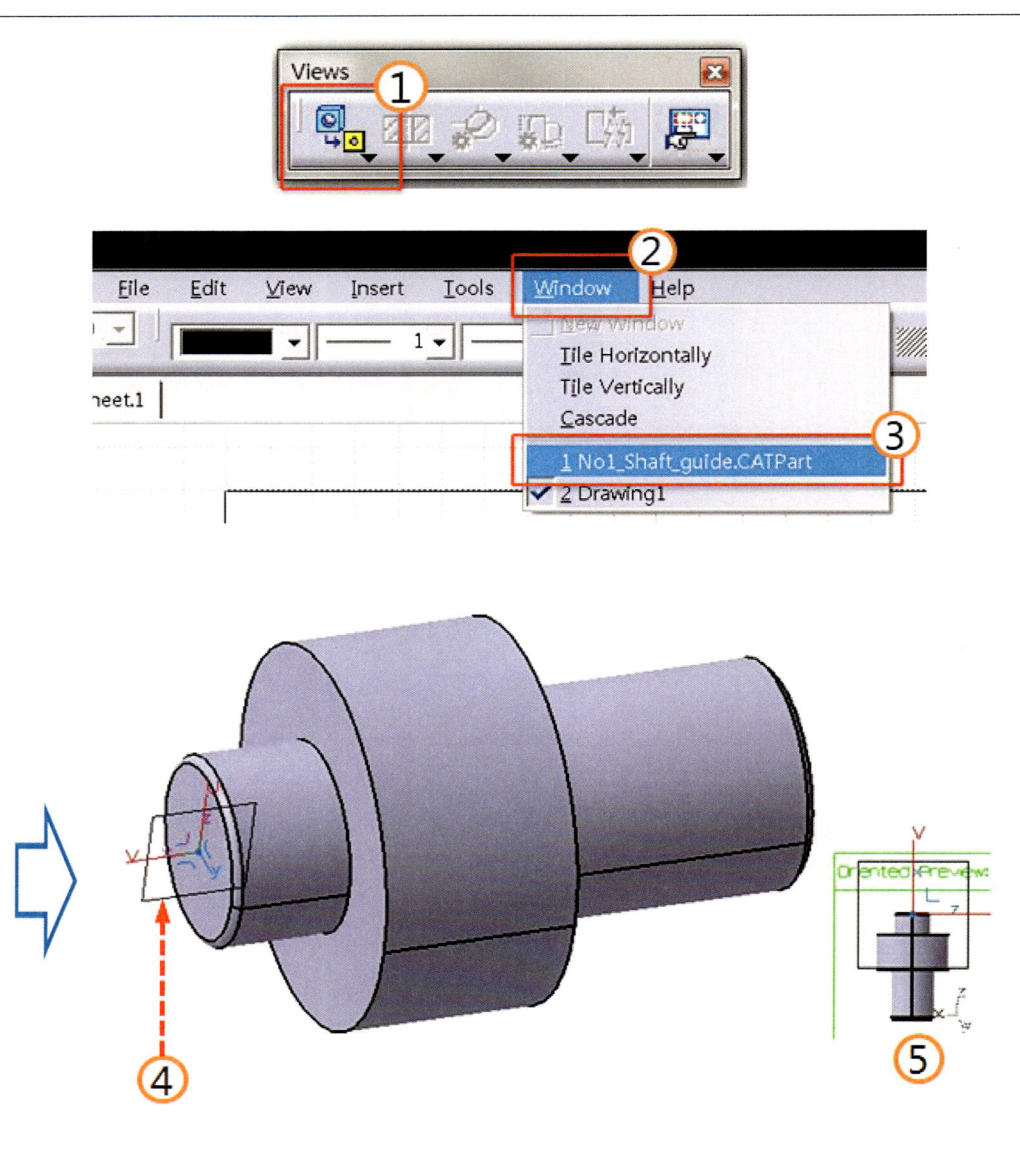

정면도를 만들기 위하여,
[1] Views bar : Front View 명령어(①) 클릭
[2] Menu bar : Window(②) 클릭 ⇨ 모델링 파일(③) 클릭(모델을 불러옴)
[3] 3차원 모델에서 정면으로 하고자 하는 면을 마우스로 이동하면(④),
    오른쪽 하단에 선택한 면이 나타남(⑤) ⇨ 정면도로 지정할 면을 클릭

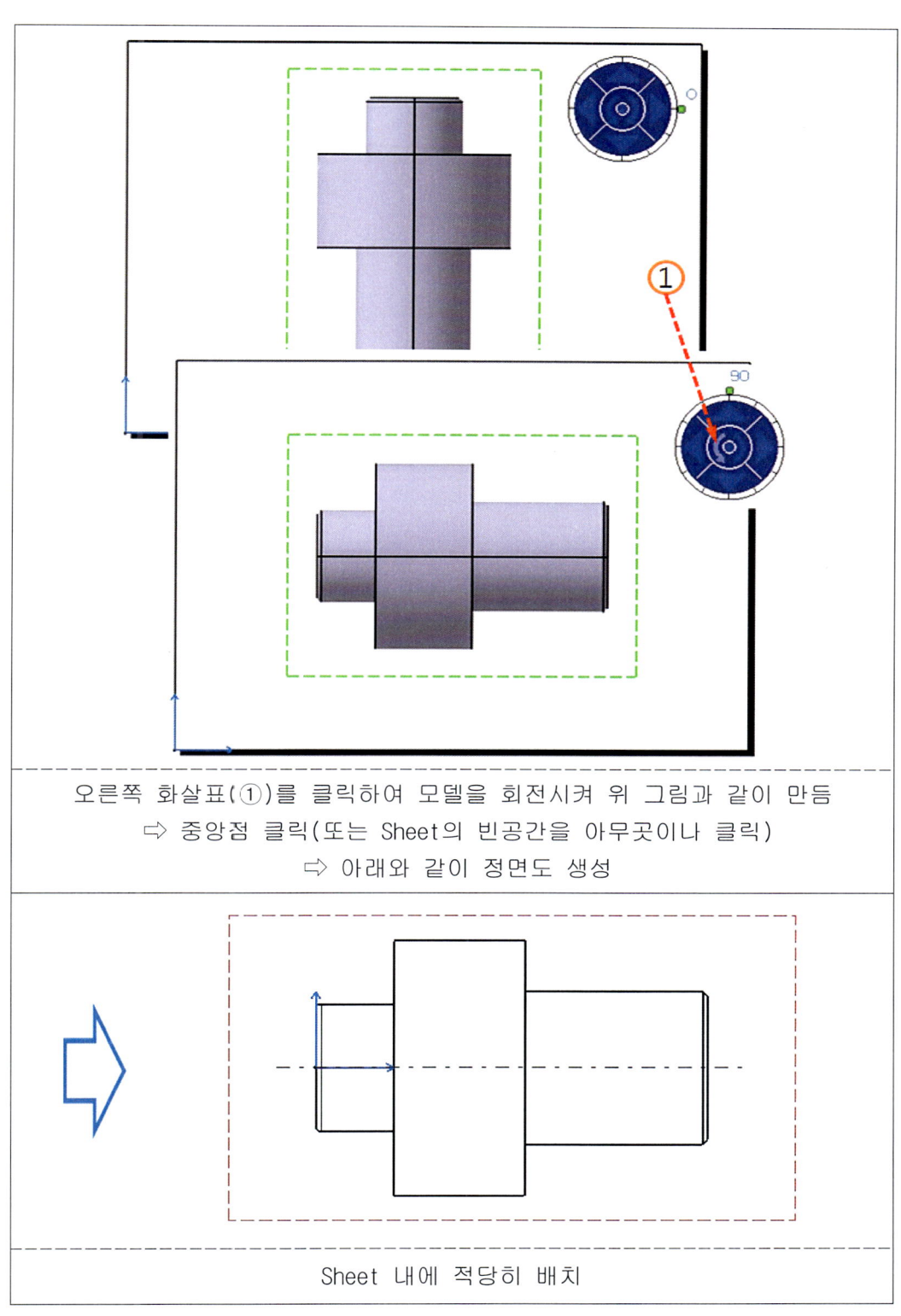

기본치수(Dimensions) 기입

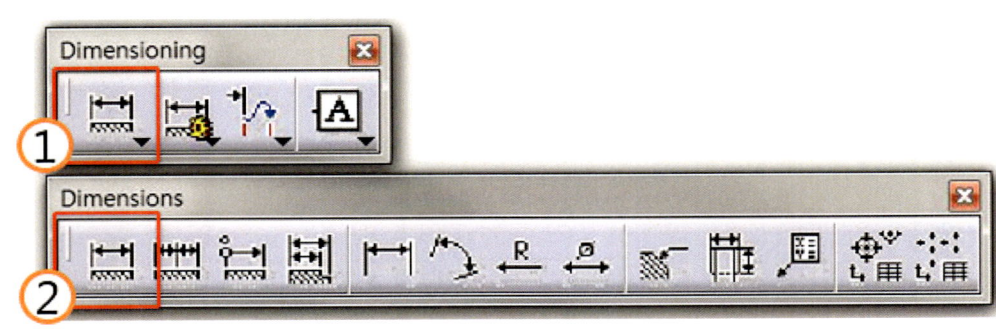

Dimensioning bar의 Dimensions의 역삼각형(▼)(①) 클릭
⇨ Dimensions bar의 Length/Distance Dimensions(②)과
Diameter Dimensions(③)을 이용하여 아래와 같이 기본치수 기입

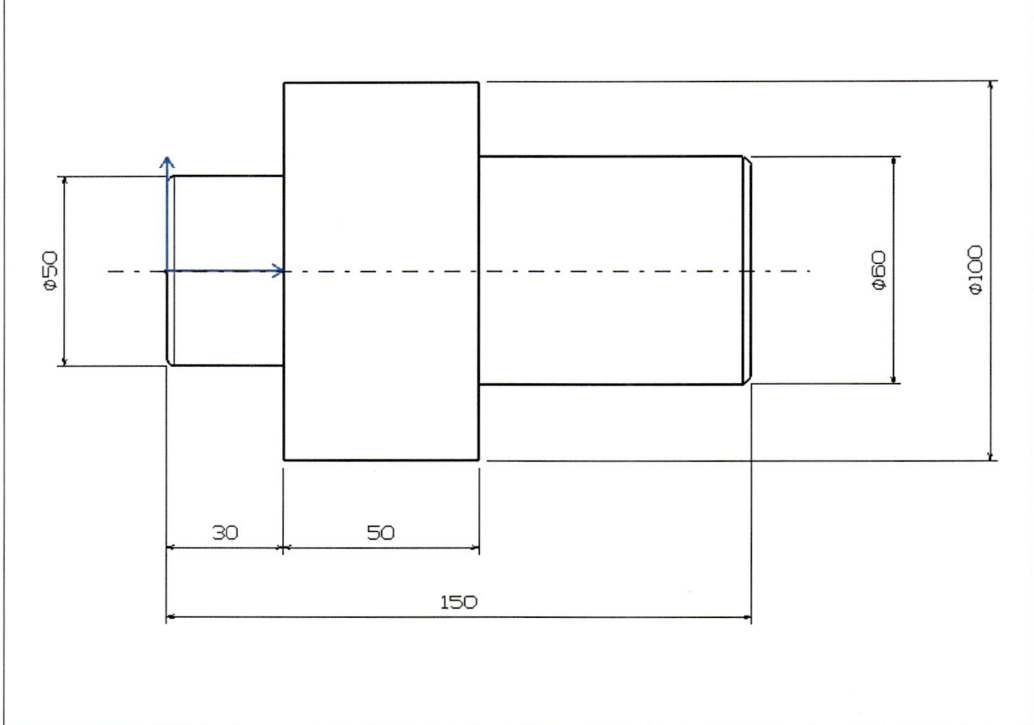

공차(Tolerance) 기입 : [1] Dimension Properties bar 이용

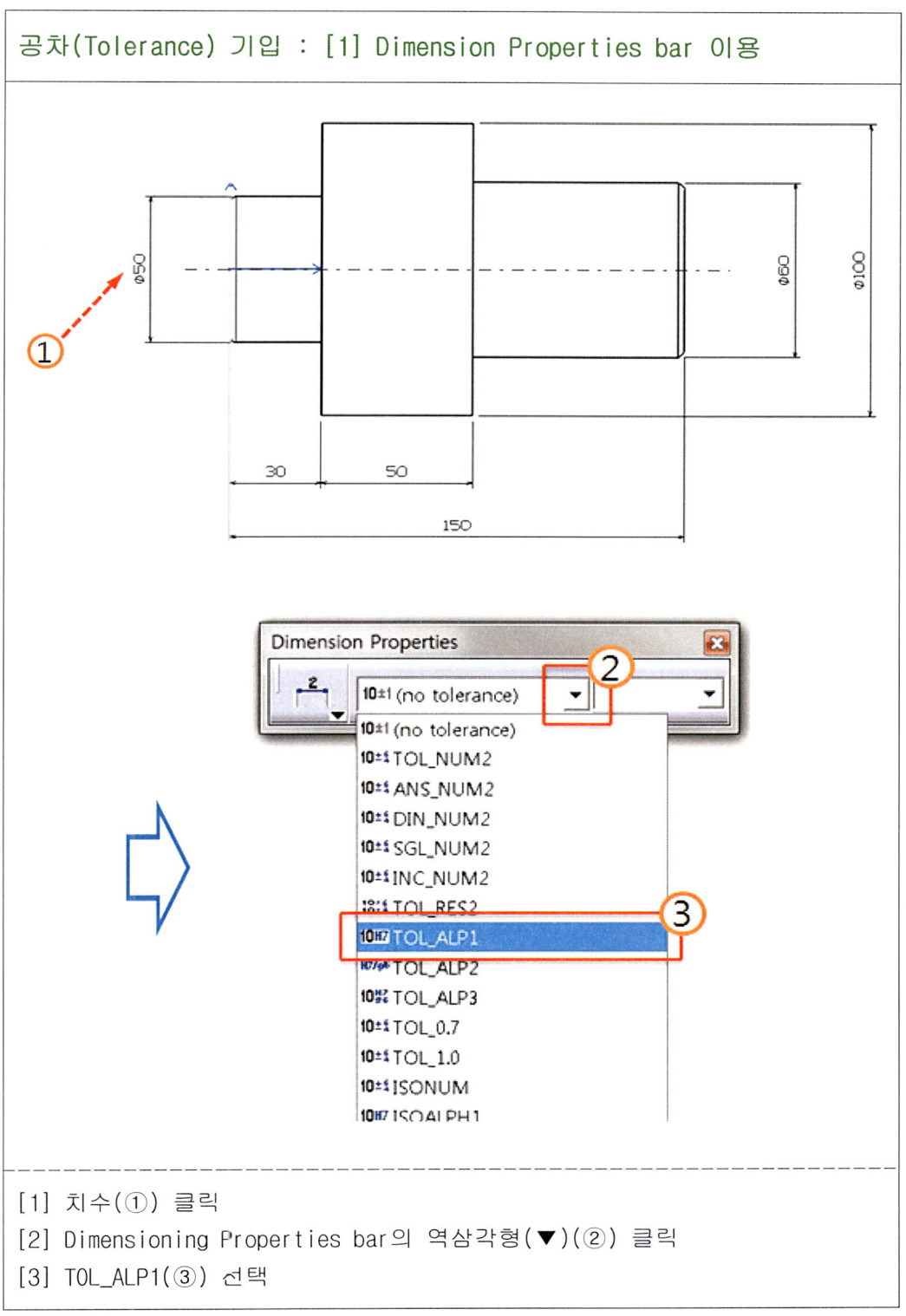

[1] 치수(①) 클릭
[2] Dimensioning Properties bar의 역삼각형(▼)(②) 클릭
[3] TOL_ALP1(③) 선택

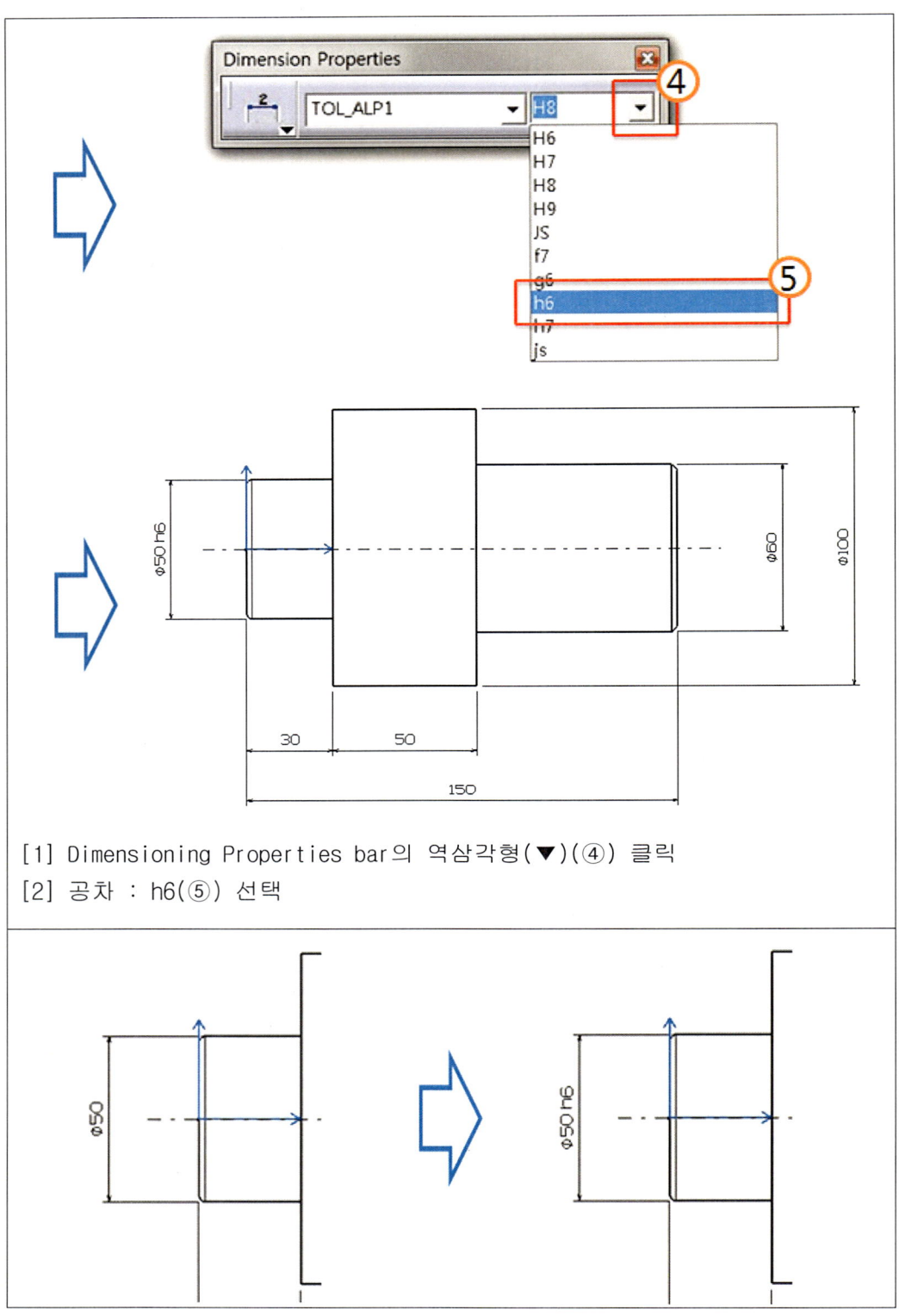

[1] Dimensioning Properties bar의 역삼각형(▼)(④) 클릭
[2] 공차 : h6(⑤) 선택

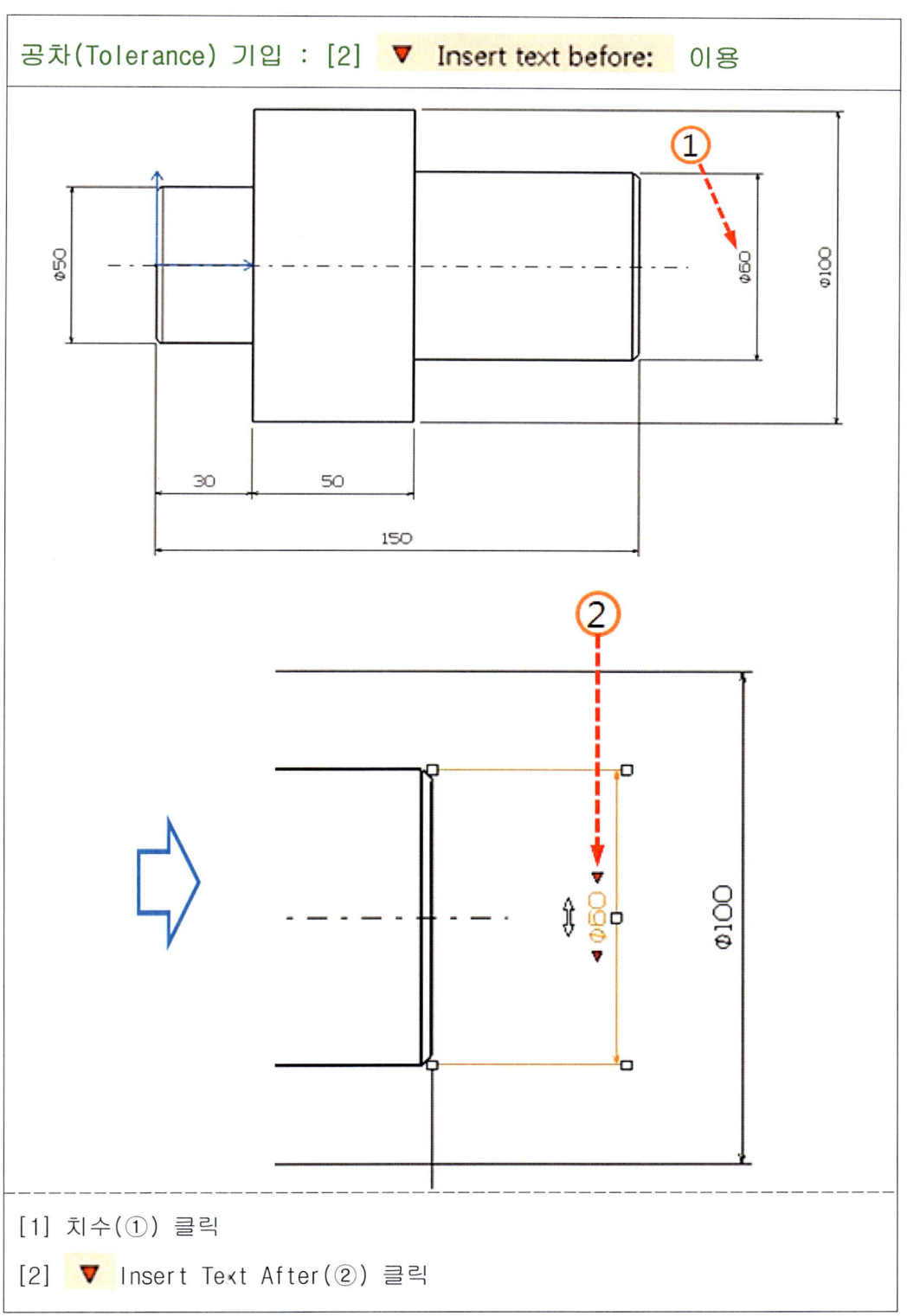

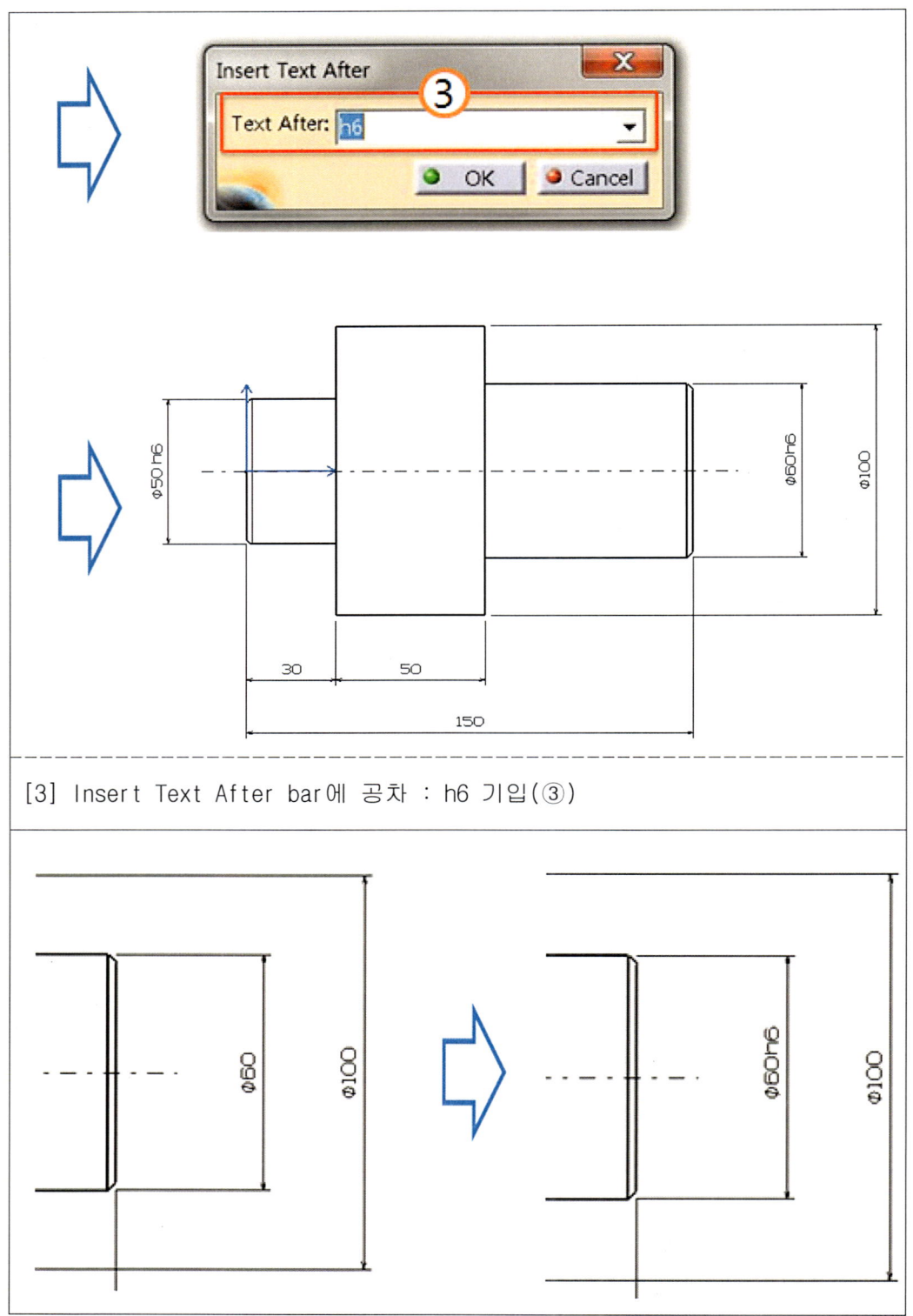

[3] Insert Text After bar에 공차 : h6 기입(③)

공차(Tolerance) 기입 : [3] Properties(Alt + Enter) 이용

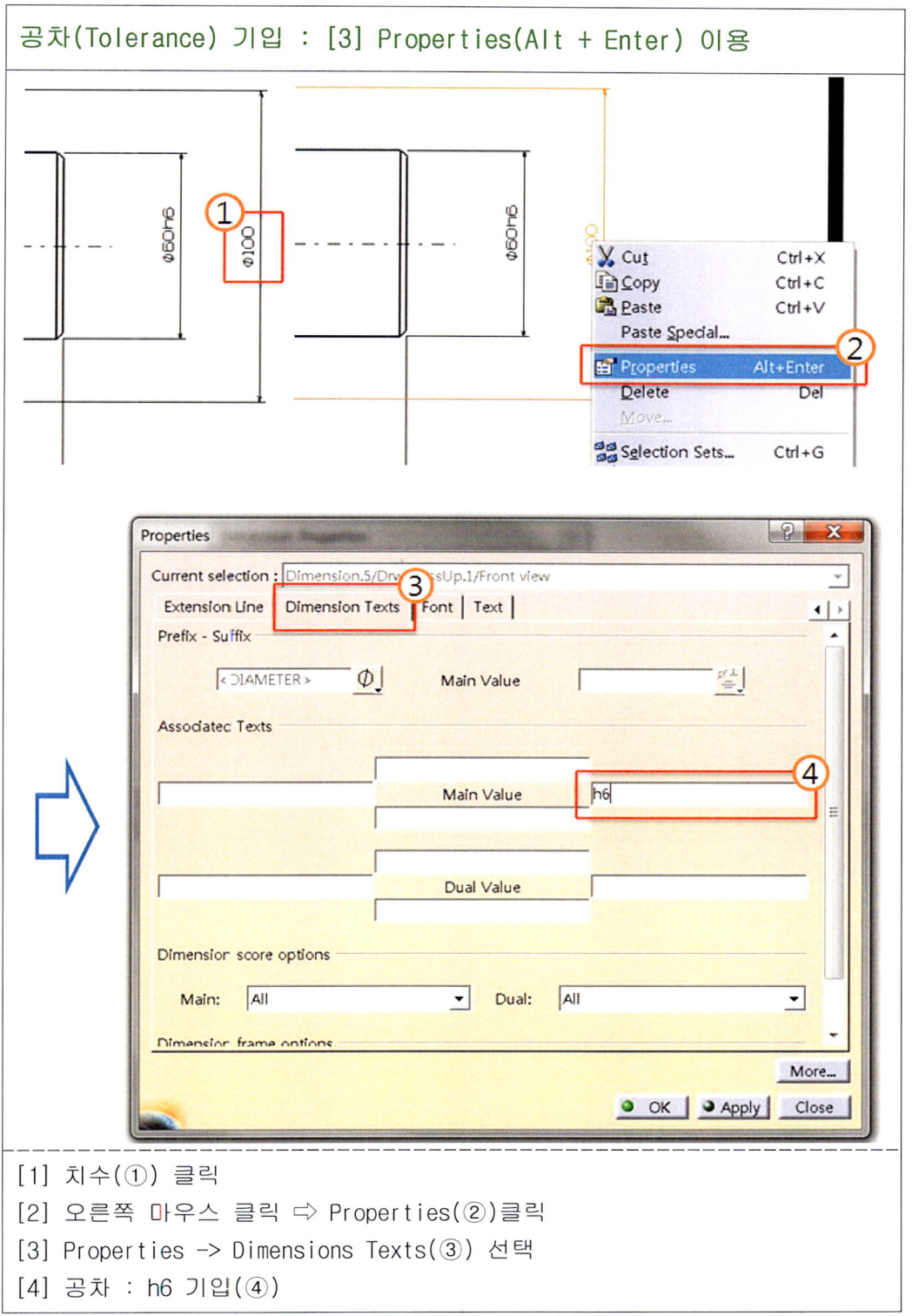

[1] 치수(①) 클릭
[2] 오른쪽 마우스 클릭 ⇨ Properties(②)클릭
[3] Properties -> Dimensions Texts(③) 선택
[4] 공차 : h6 기입(④)

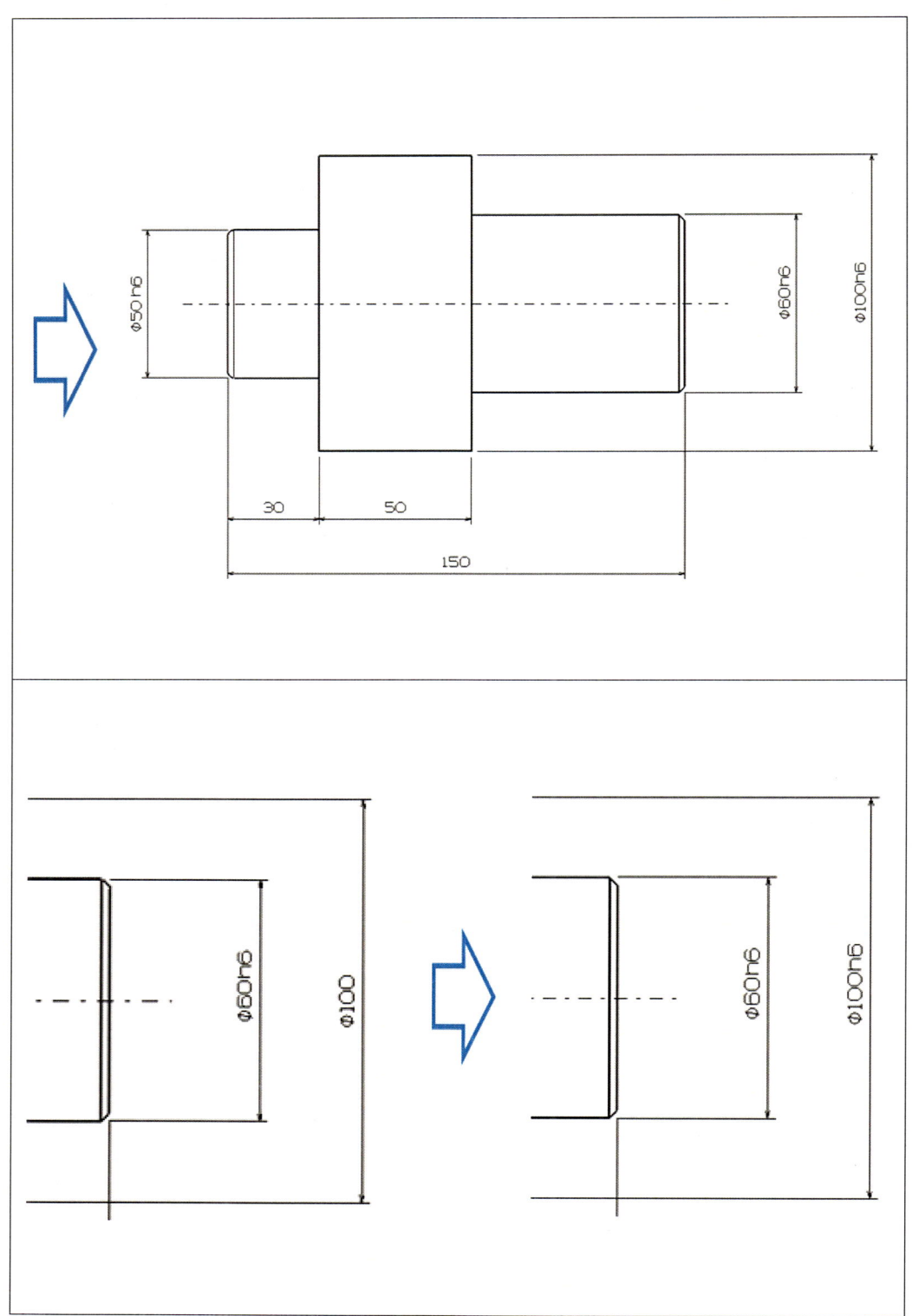

공차(Tolerance) 기입 : 꺾은선 치수 기입

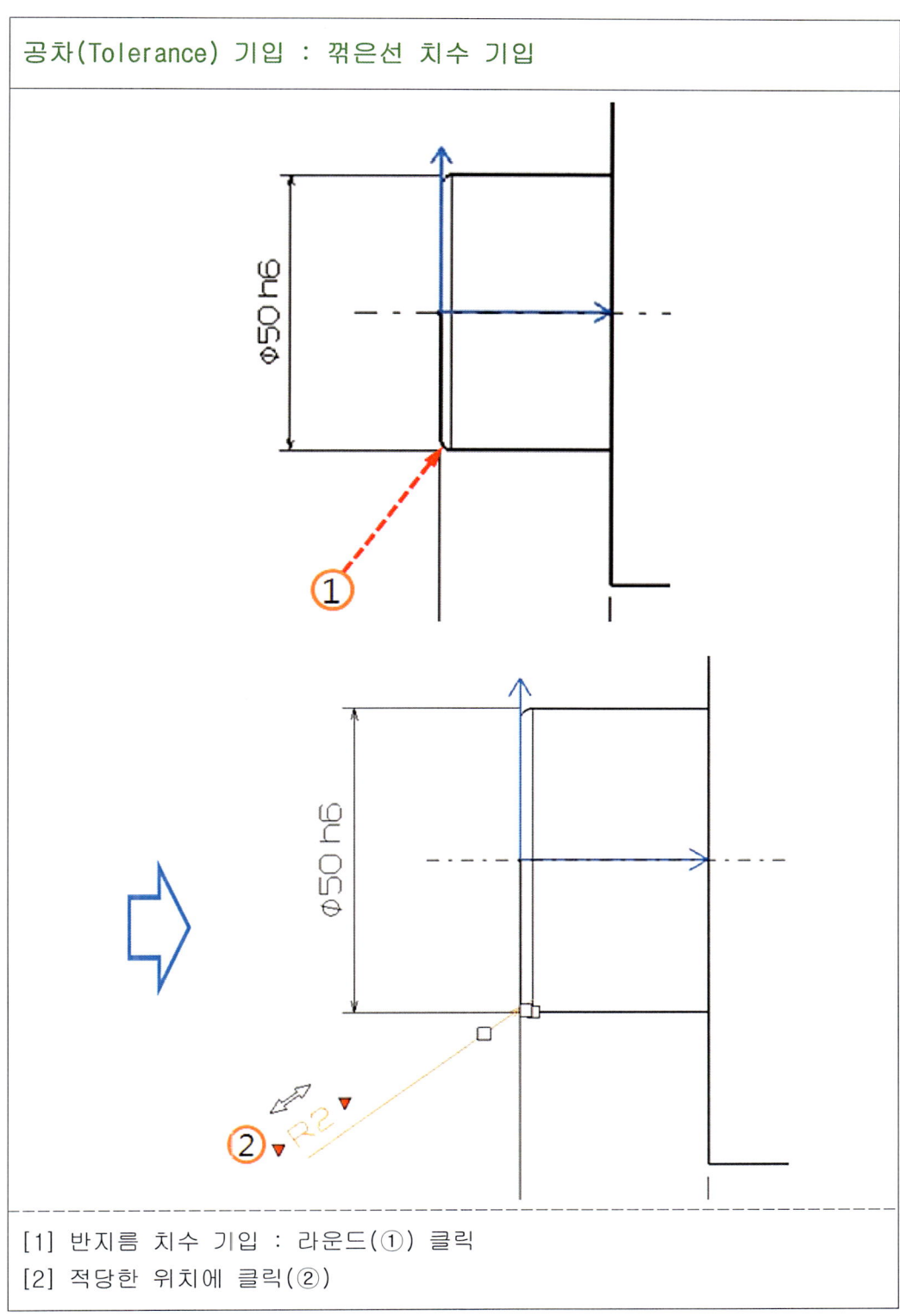

[1] 반지름 치수 기입 : 라운드(①) 클릭
[2] 적당한 위치에 클릭(②)

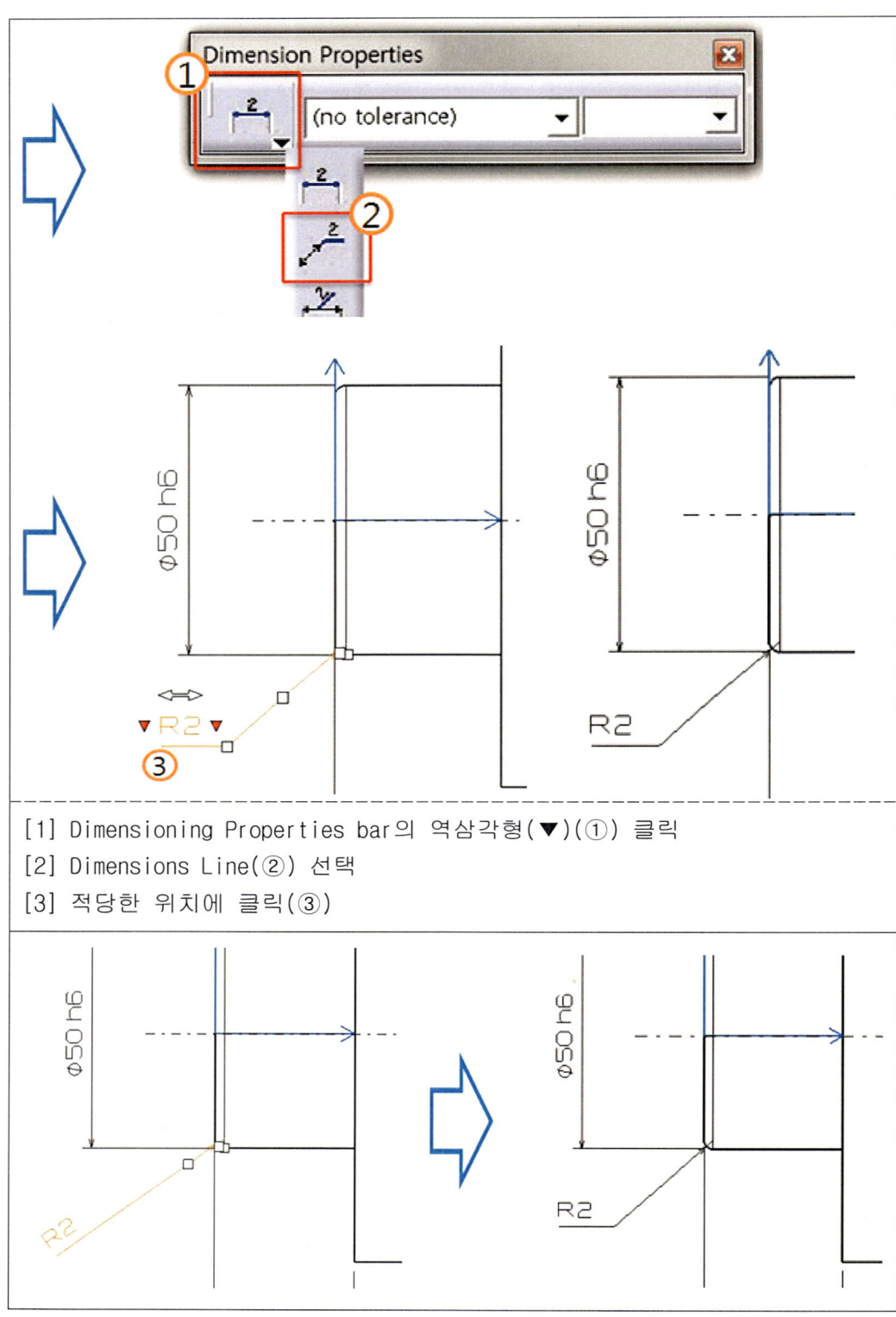

기하공차(Datum Feature) 기입 : 데이텀 기입

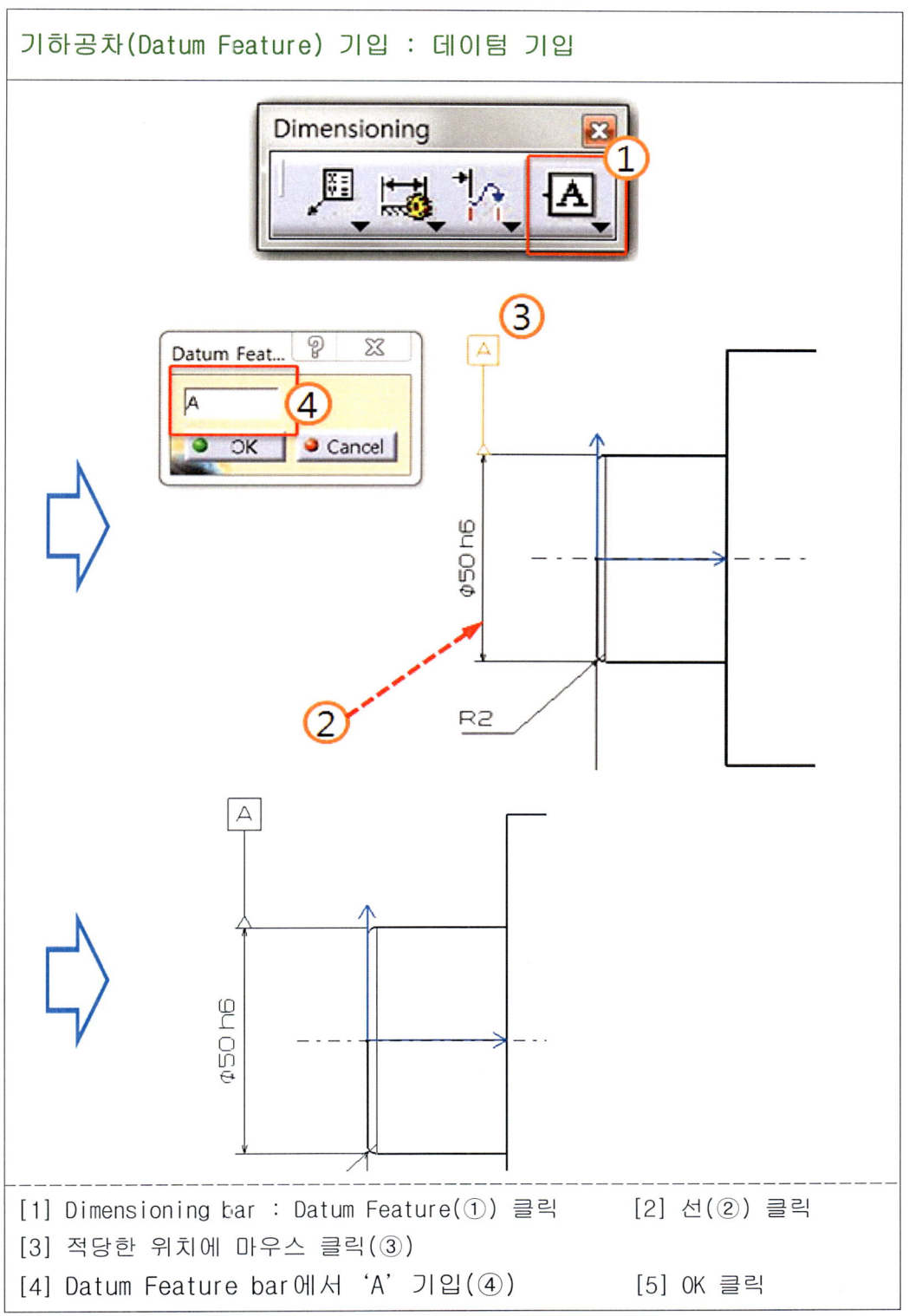

[1] Dimensioning bar : Datum Feature(①) 클릭　　[2] 선(②) 클릭
[3] 적당한 위치에 마우스 클릭(③)
[4] Datum Feature bar에서 'A' 기입(④)　　　　　[5] OK 클릭

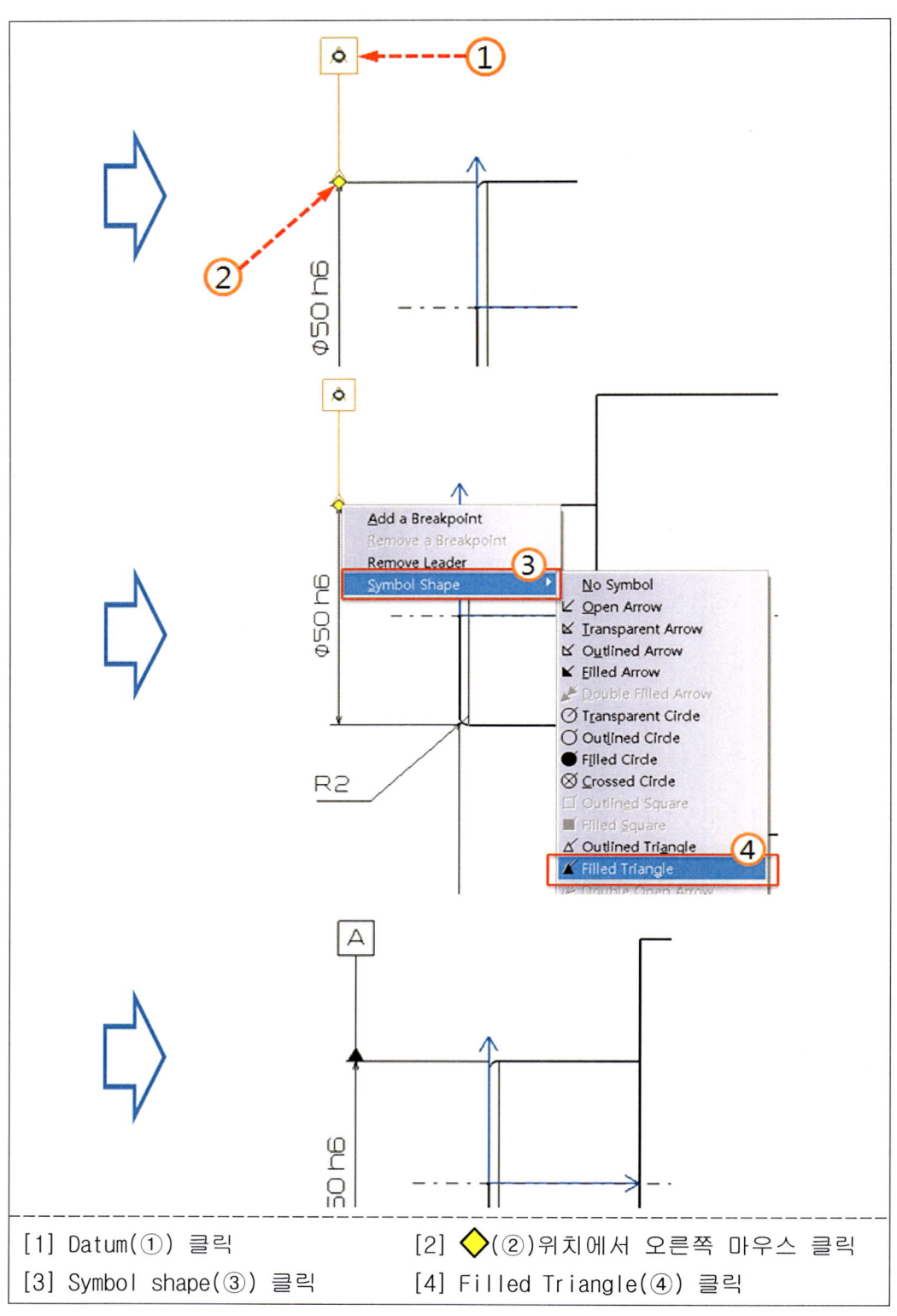

[1] Datum(①) 클릭
[2] ◆(②)위치에서 오른쪽 마우스 클릭
[3] Symbol shape(③) 클릭
[4] Filled Triangle(④) 클릭

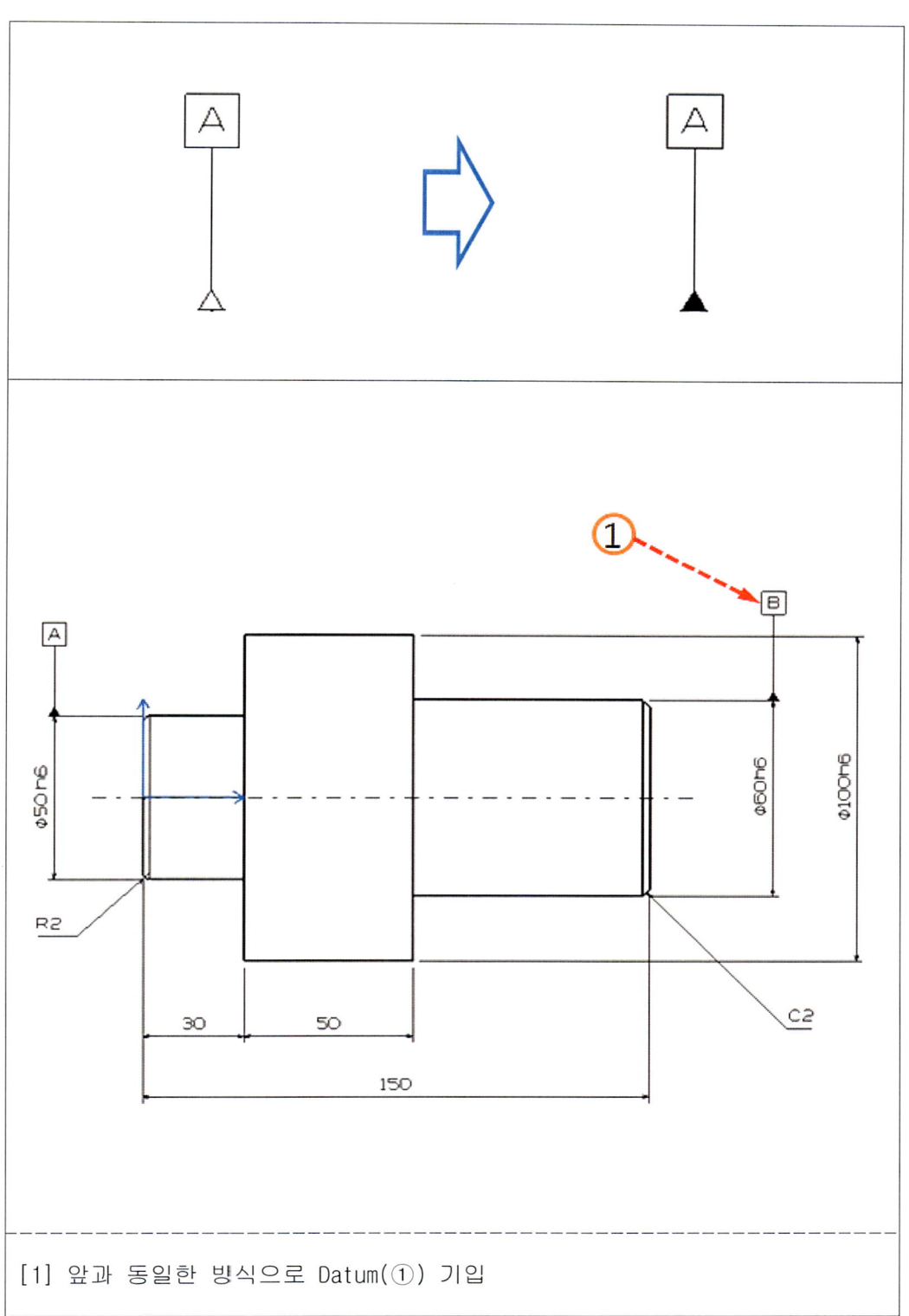

[1] 앞과 동일한 방식으로 Datum(①) 기입

기하공차(Geometrical Tolerance) 기입 : 기하공차 기입

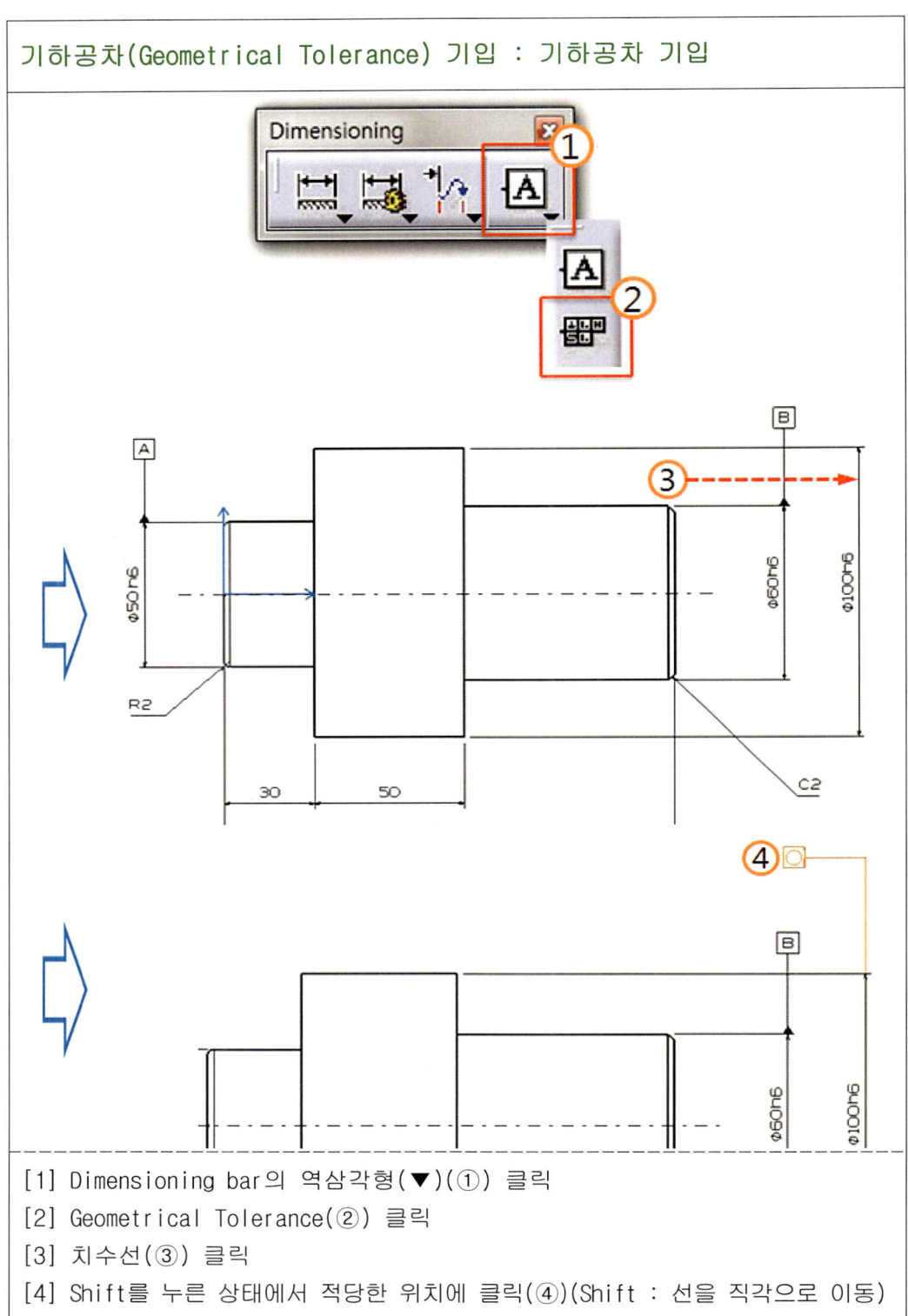

[1] Dimensioning bar의 역삼각형(▼)(①) 클릭
[2] Geometrical Tolerance(②) 클릭
[3] 치수선(③) 클릭
[4] Shift를 누른 상태에서 적당한 위치에 클릭(④)(Shift : 선을 직각으로 이동)

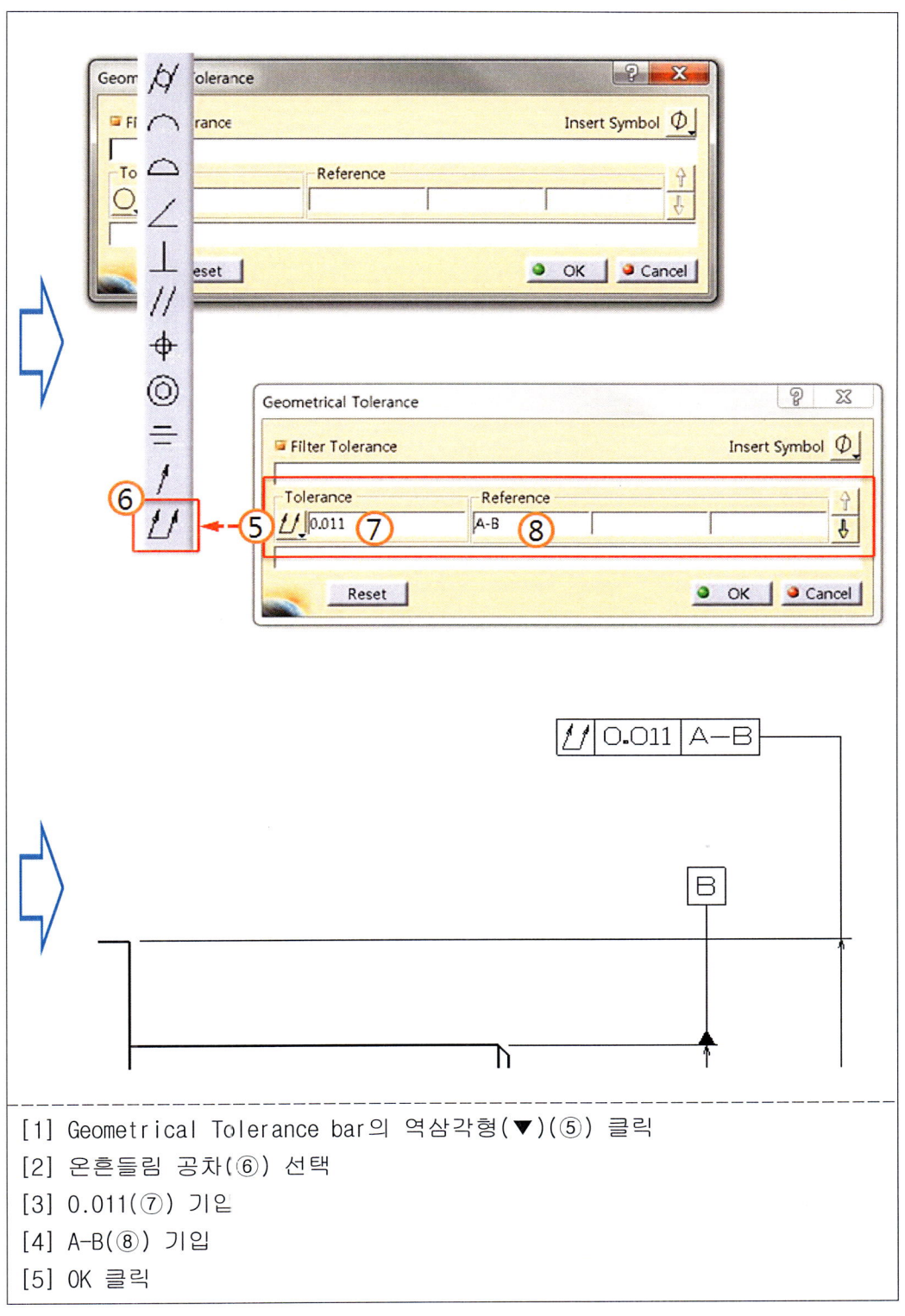

[1] Geometrical Tolerance bar의 역삼각형(▼)(⑤) 클릭
[2] 온흔들림 공차(⑥) 선택
[3] 0.011(⑦) 기입
[4] A-B(⑧) 기입
[5] OK 클릭

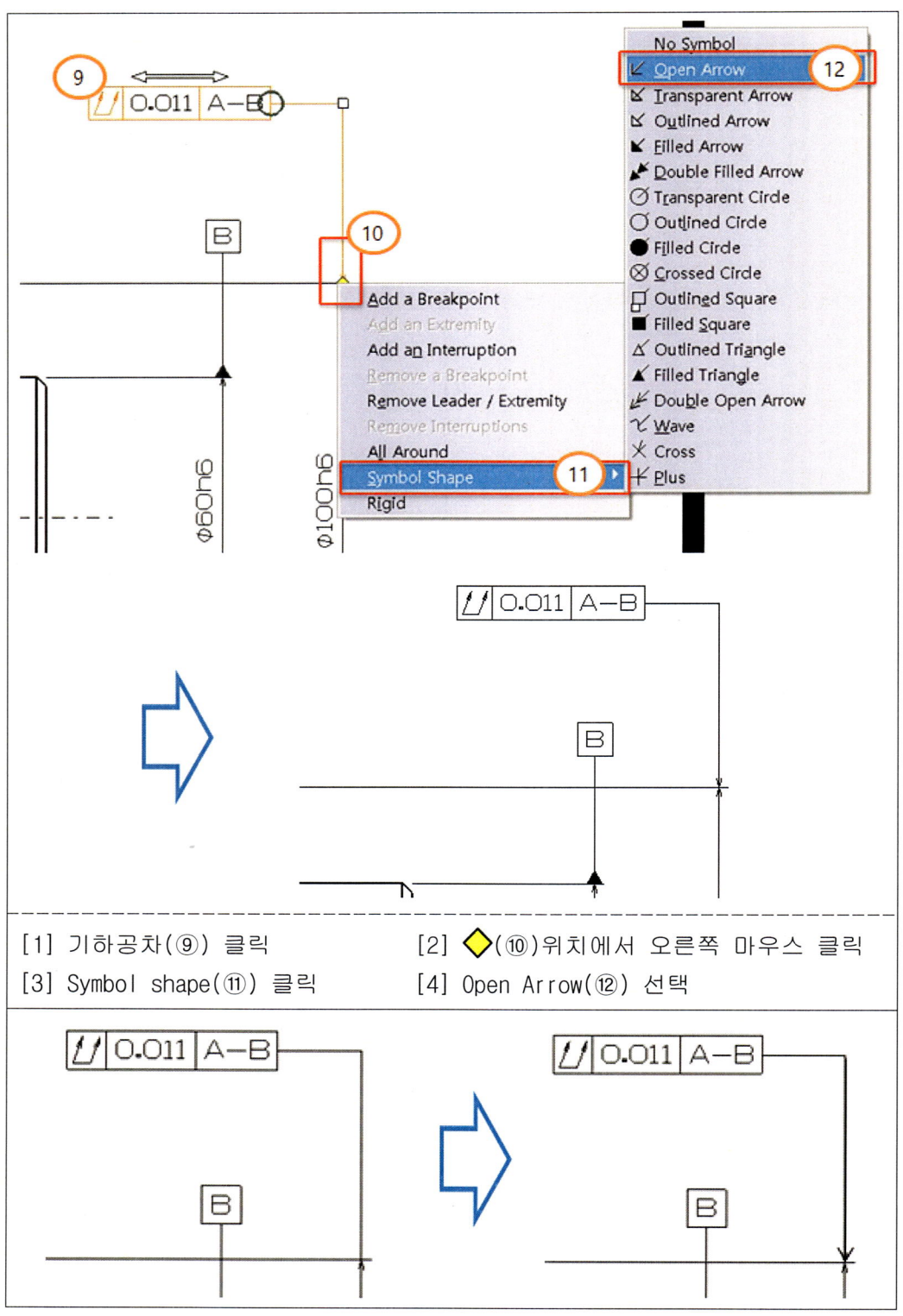

공차(Dimension Tolerance) 기입 : 공차 기입

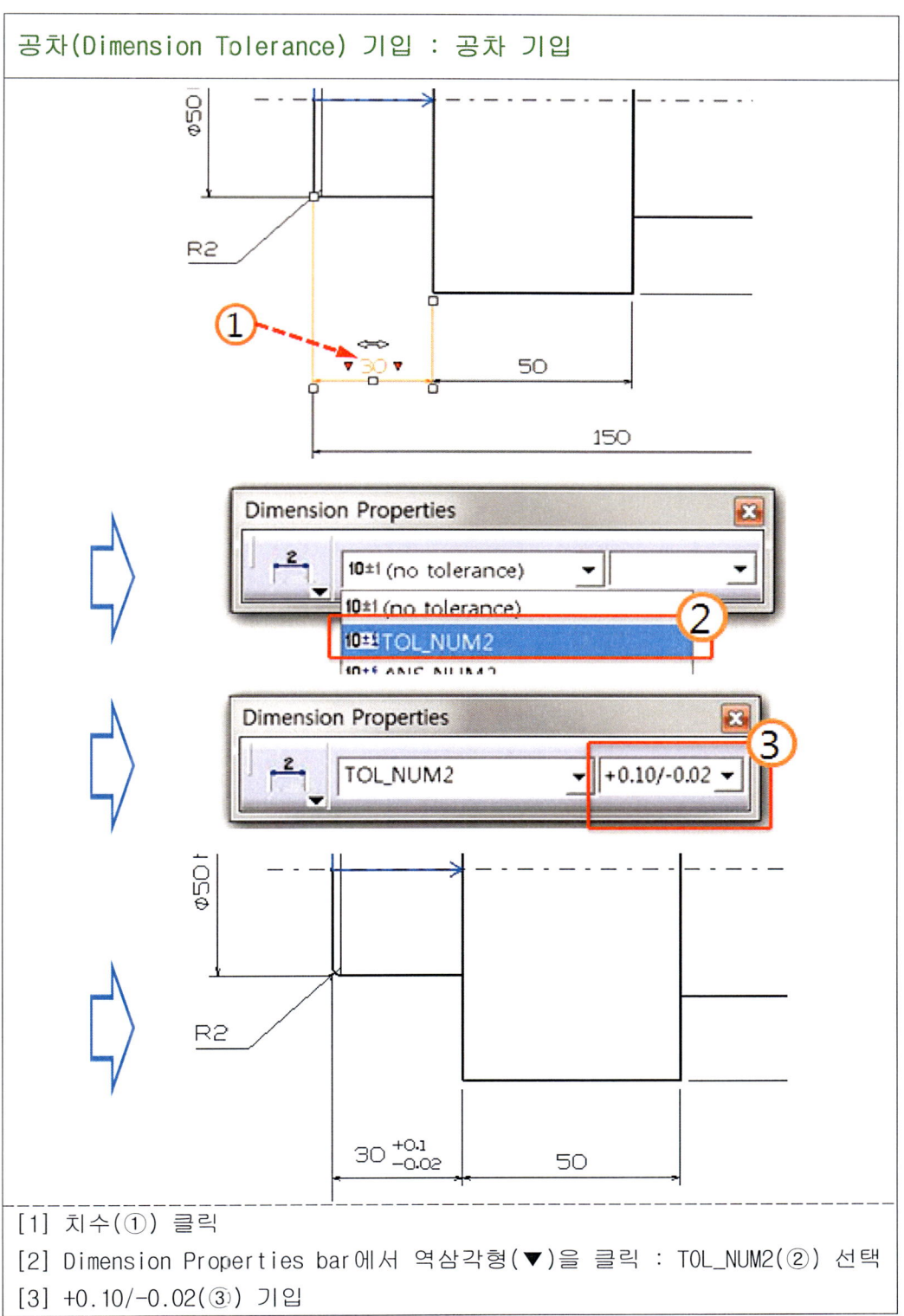

[1] 치수(①) 클릭
[2] Dimension Properties bar에서 역삼각형(▼)을 클릭 : TOL_NUM2(②) 선택
[3] +0.10/-0.02(③) 기입

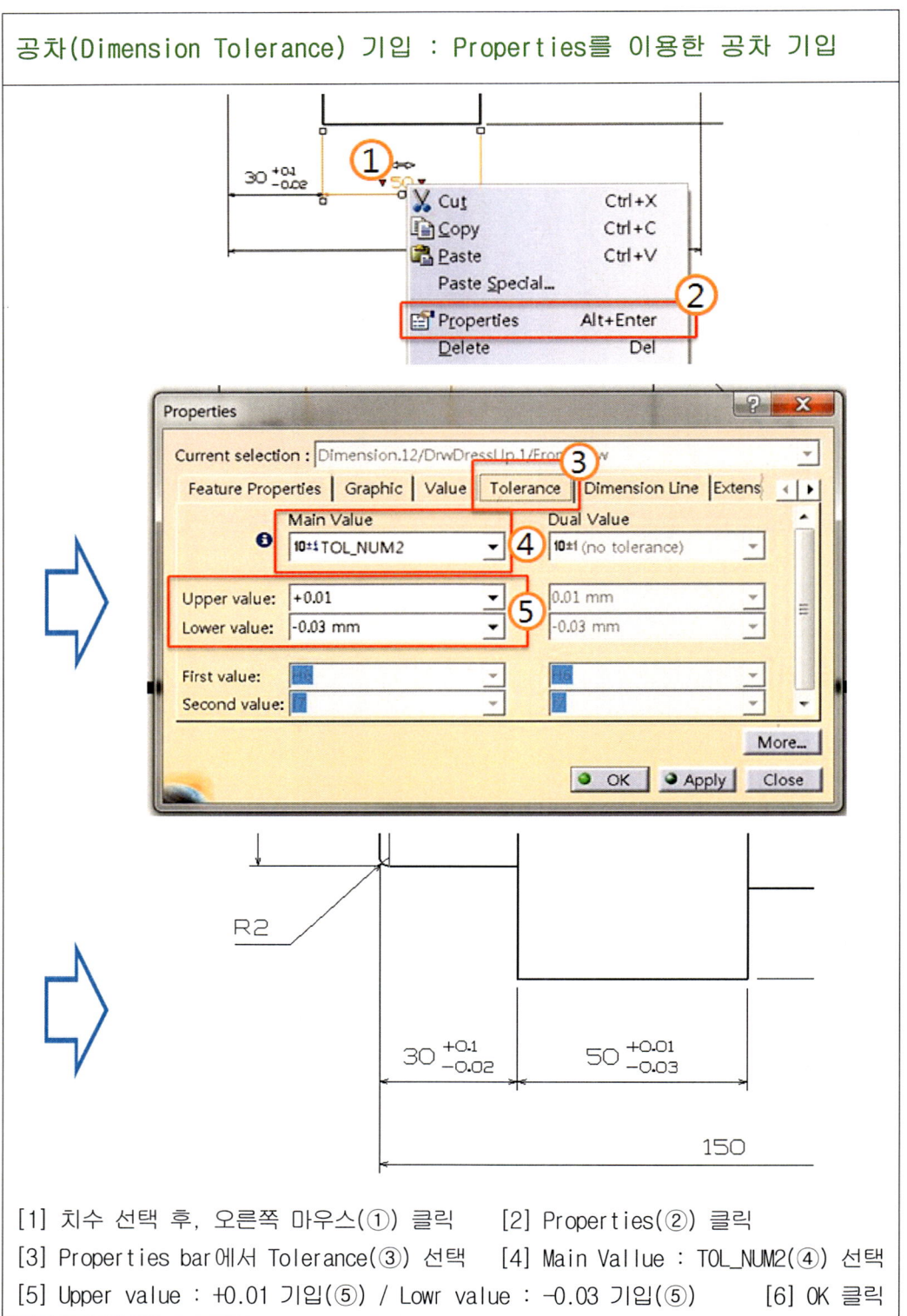

5.3 해칭/클리핑 뷰/나사치수/거칠기

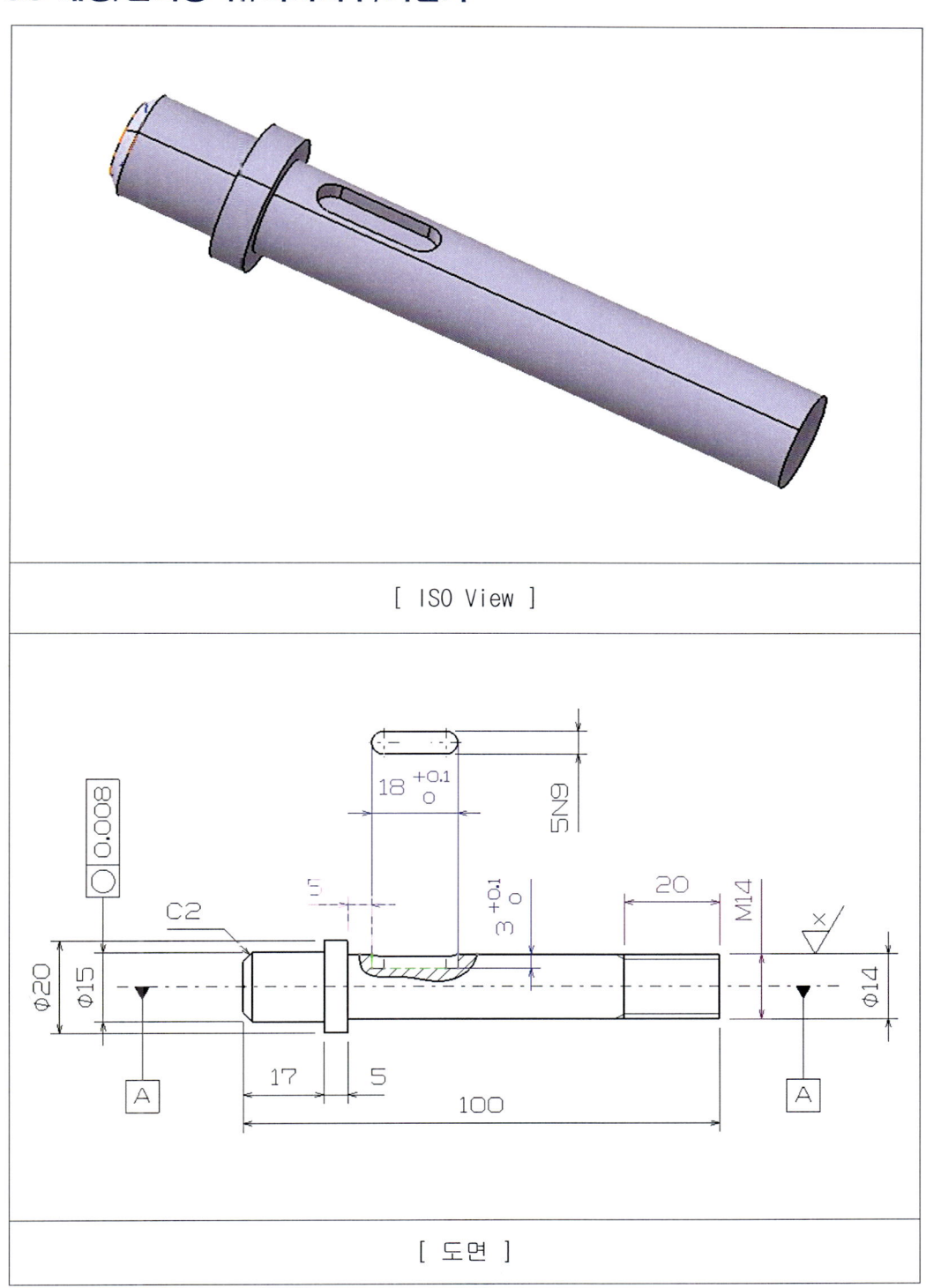

[ISO View]

[도면]

나사(Thread) 표현 : 3차원 모델(2차원 도면 반영)

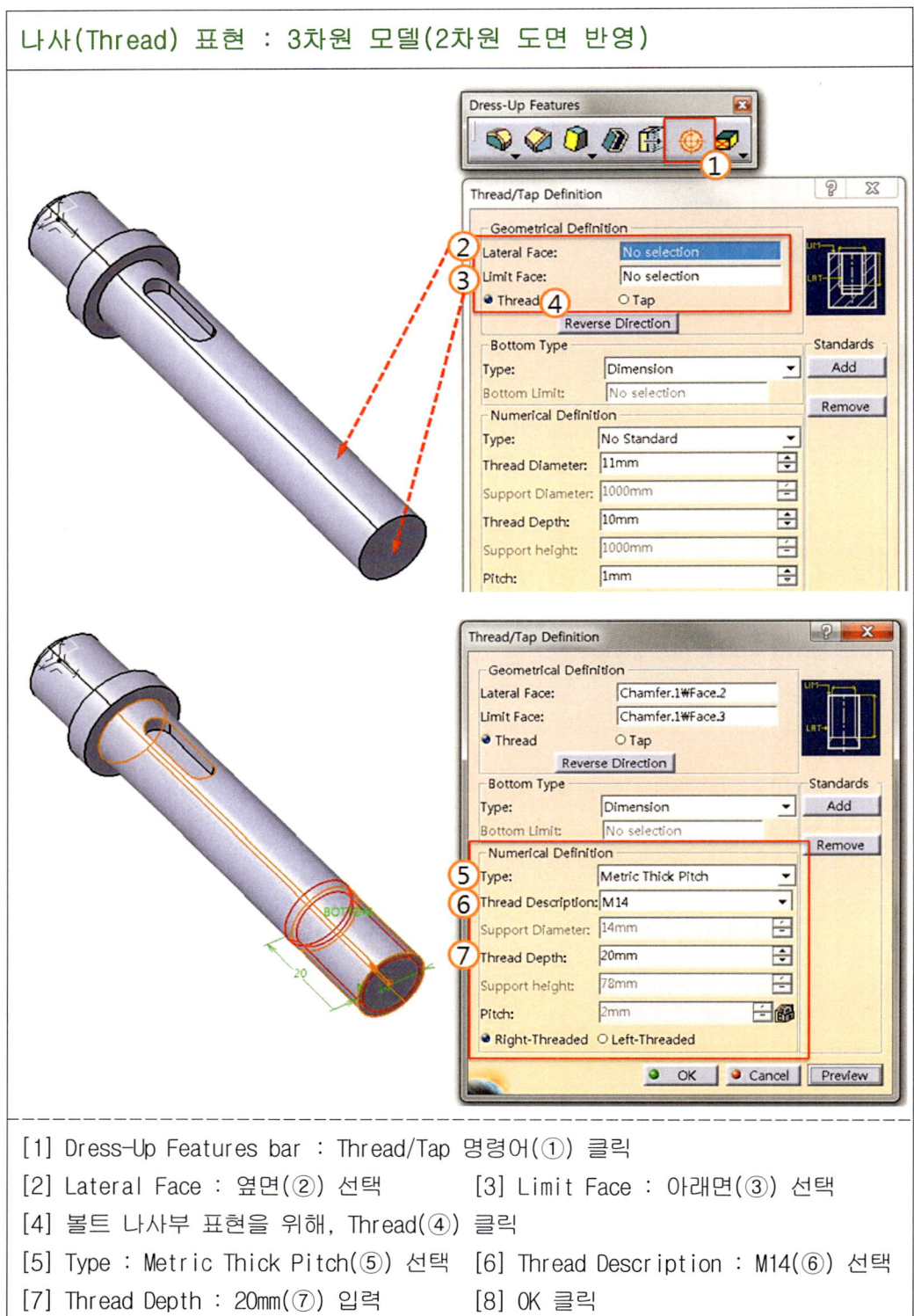

[1] Dress-Up Features bar : Thread/Tap 명령어(①) 클릭
[2] Lateral Face : 옆면(②) 선택   [3] Limit Face : 아래면(③) 선택
[4] 볼트 나사부 표현을 위해, Thread(④) 클릭
[5] Type : Metric Thick Pitch(⑤) 선택   [6] Thread Description : M14(⑥) 선택
[7] Thread Depth : 20mm(⑦) 입력   [8] OK 클릭

Drafting 들어가기

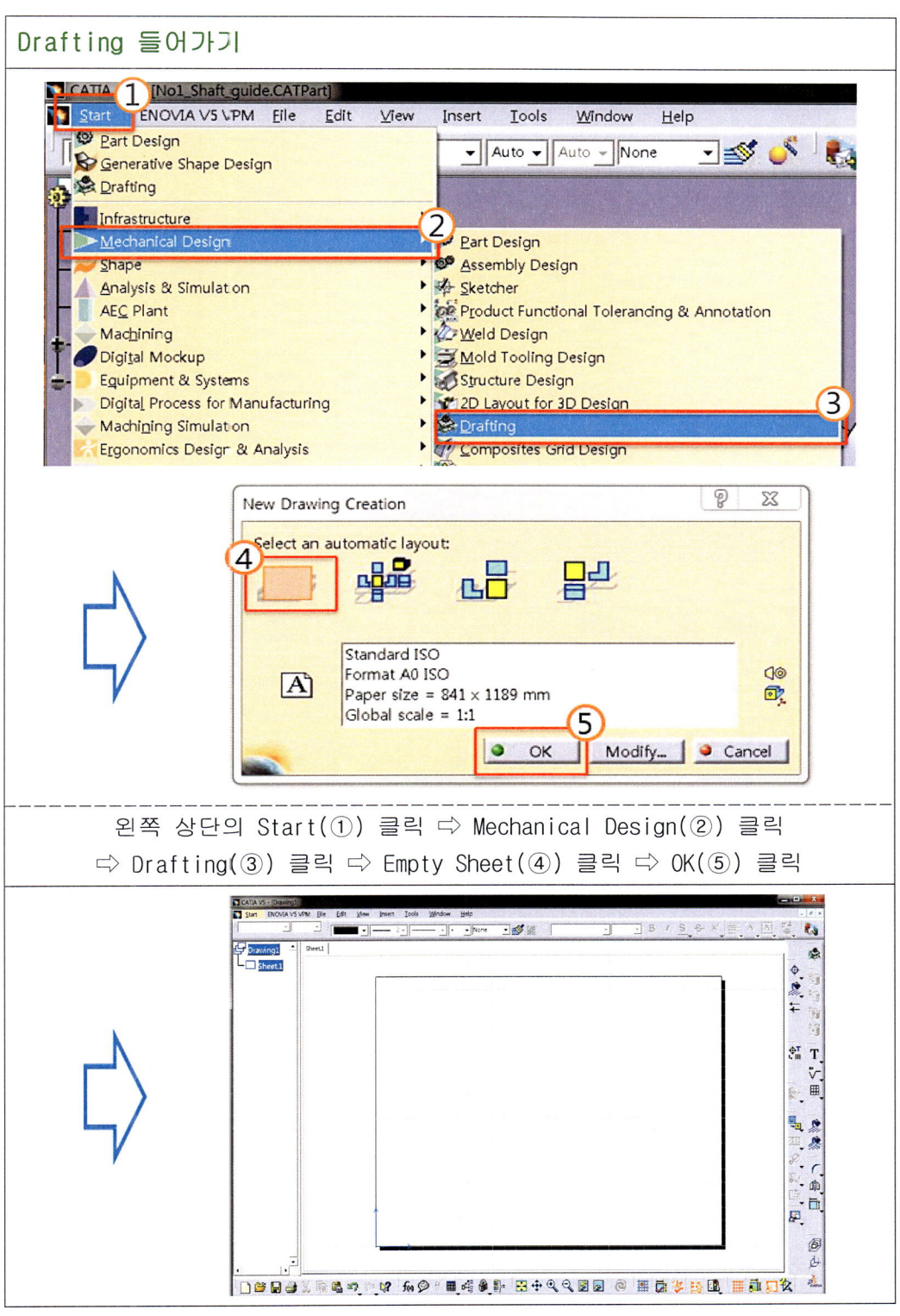

왼쪽 상단의 Start(①) 클릭 ⇨ Mechanical Design(②) 클릭
⇨ Drafting(③) 클릭 ⇨ Empty Sheet(④) 클릭 ⇨ OK(⑤) 클릭

용지크기 지정 / 1각법을 3각법으로 변경

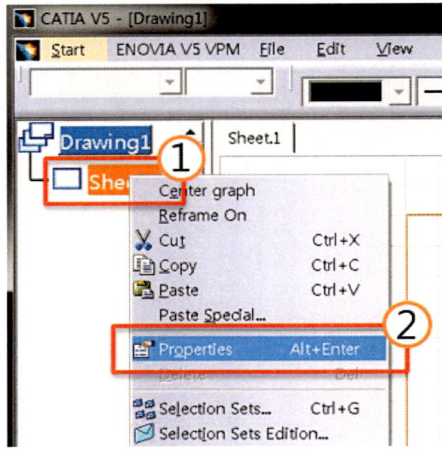

왼쪽 상단의 Sheet1(①) 클릭 후, 오른쪽 마우스 클릭
⇨ Properties(②) 클릭(또는 Alt + Enter)

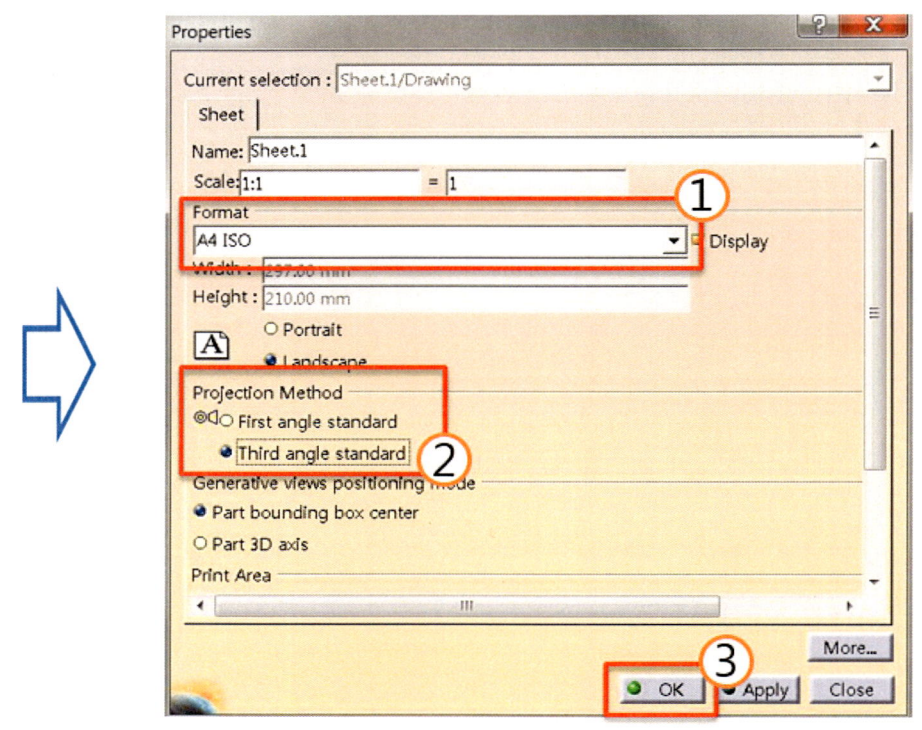

Format에서 A0로 선택(①) ⇨ Projection Method에서,
[Third angle standard] 선택(②) ⇨ OK(③) 클릭

정면도(Front View) 만들기

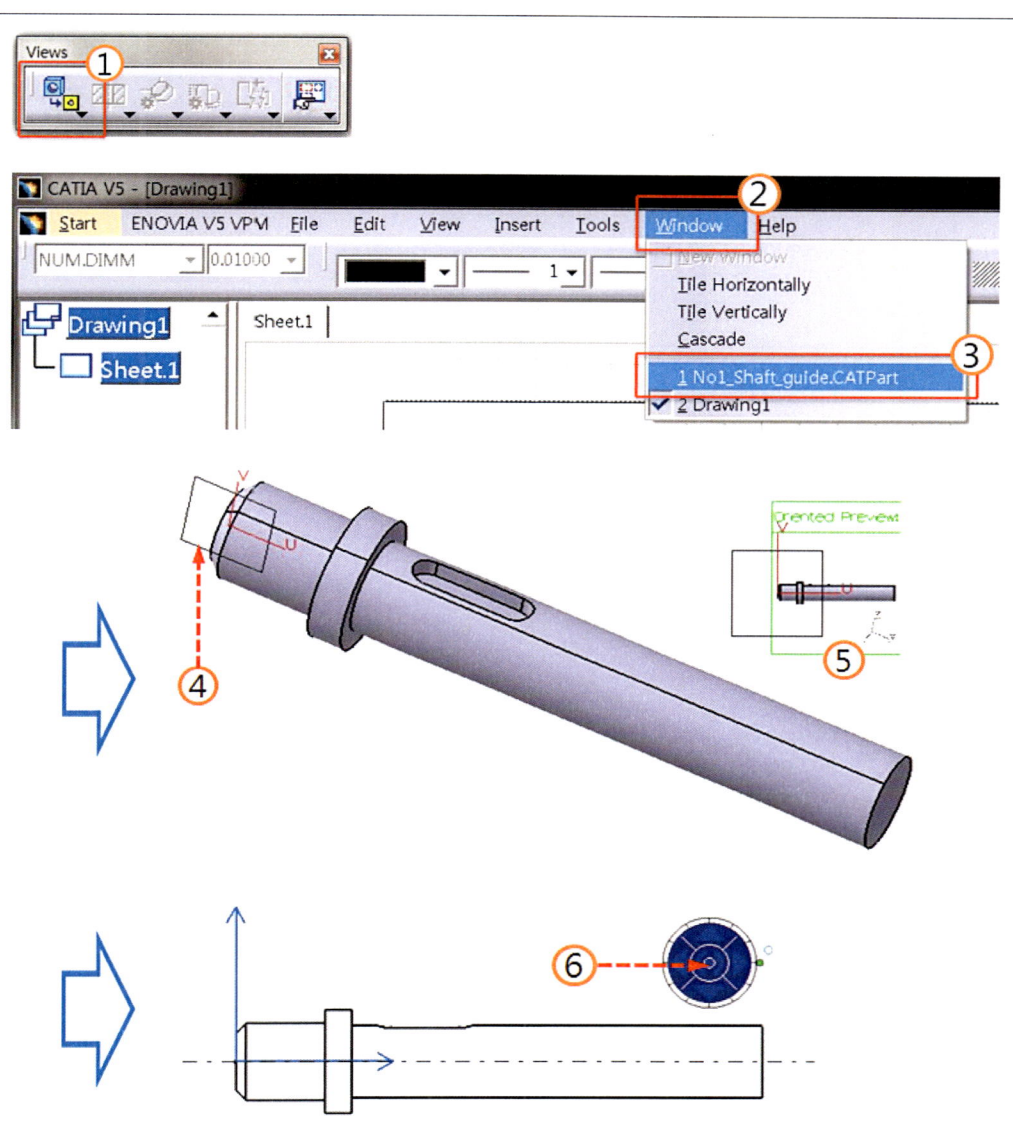

정면도를 만들기 위하여,
[1] Views bar : Front View 명령어(①) 클릭
[2] Menu bar : Wirdow(②) 클릭 ⇨ 모델링 파일(③) 클릭(모델을 불러옴)
[3] 3차원 모델에서 정면으로 하고자 하는 면을 마우스로 이동하면(④),
    오른쪽 하단에 선택한 면이 나타남(⑤) ⇨ 정면도로 지정할 면을 클릭
[4] 중앙점 클릭(또는 Sheet의 빈공간을 아무곳이나 클릭)

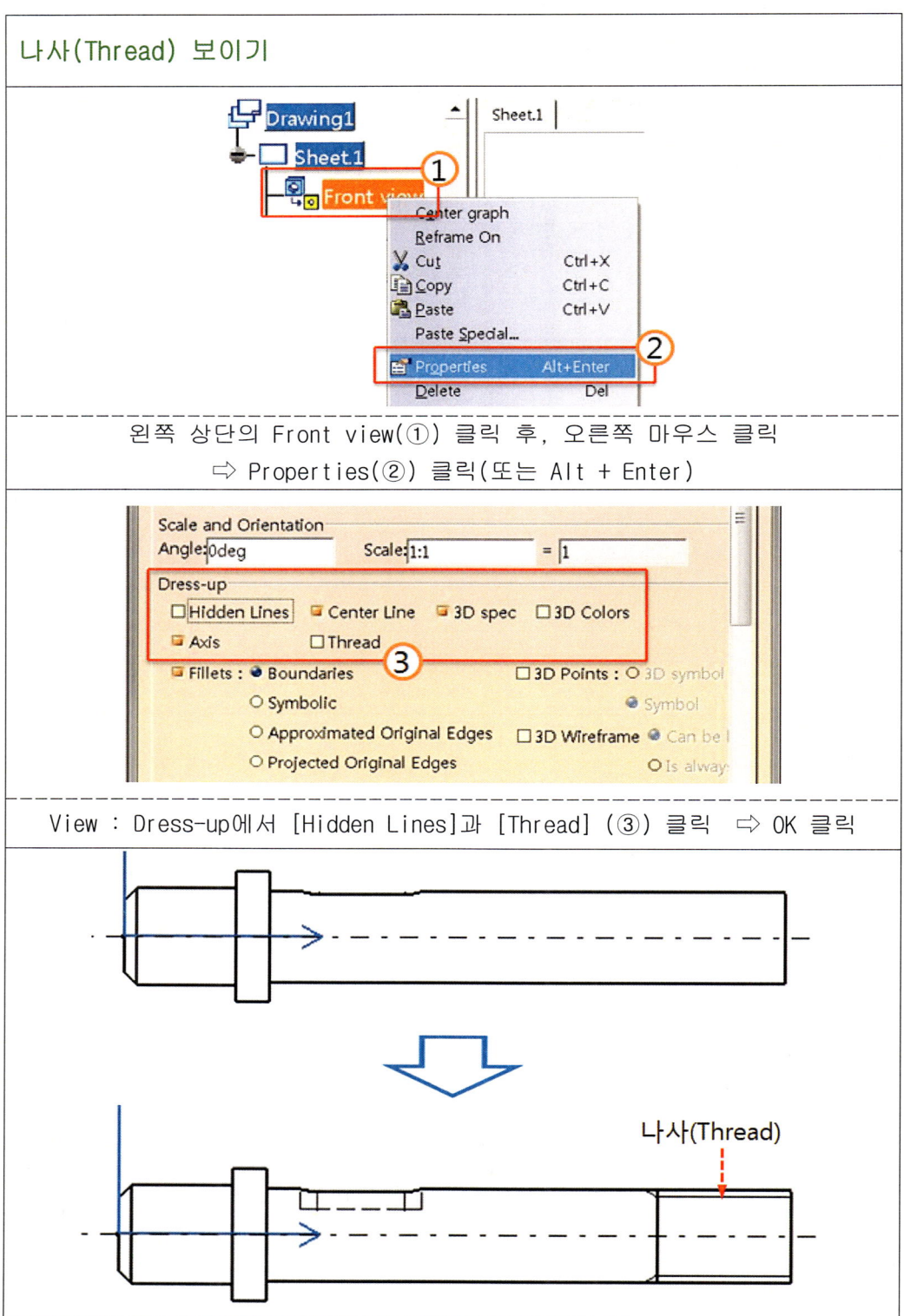

해칭(Hatching) 생성 및 해칭간격 조정

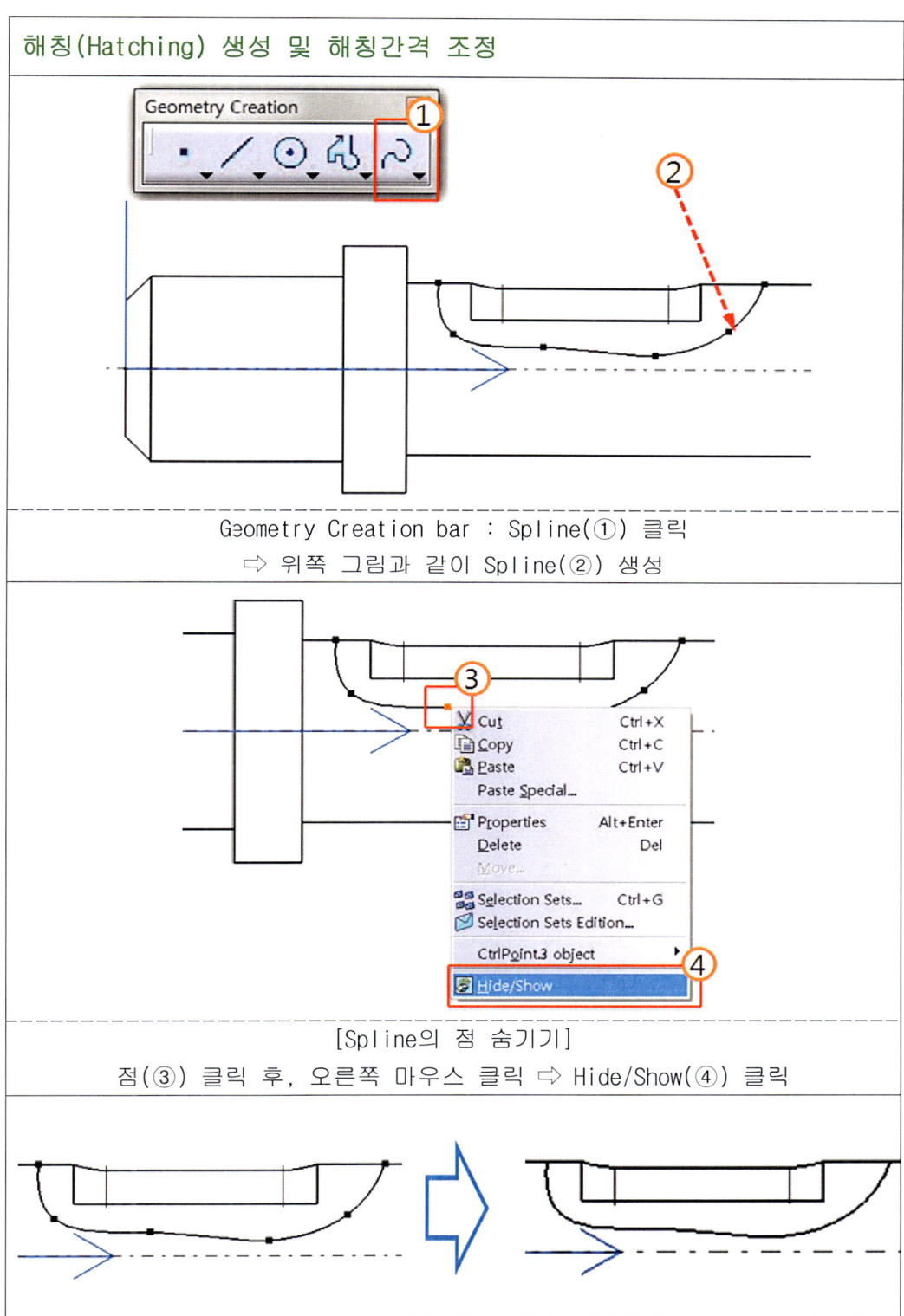

Geometry Creation bar : Spline(①) 클릭
⇨ 위쪽 그림과 같이 Spline(②) 생성

[Spline의 점 숨기기]
점(③) 클릭 후, 오른쪽 마우스 클릭 ⇨ Hide/Show(④) 클릭

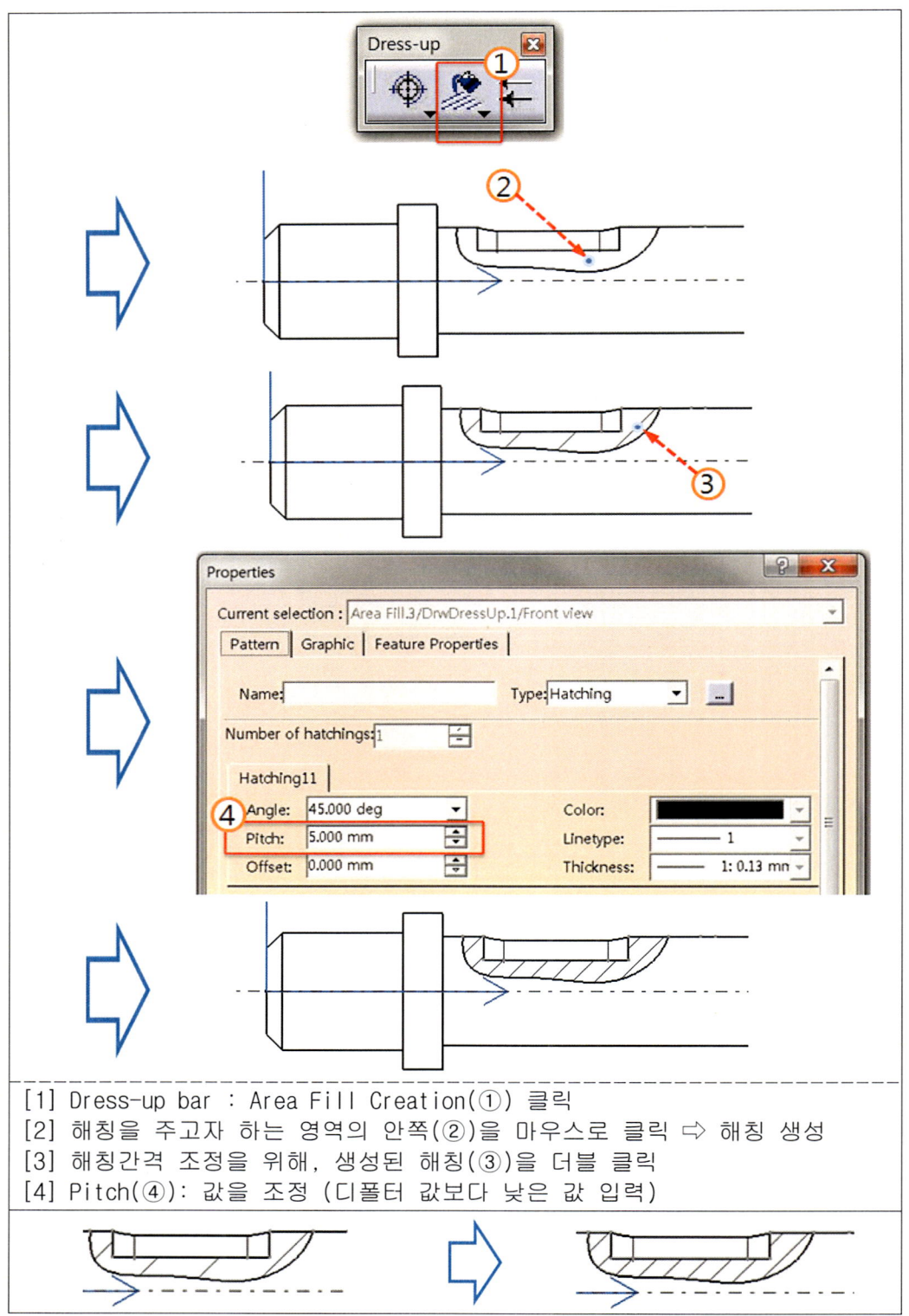

[1] Dress-up bar : Area Fill Creation(①) 클릭
[2] 해칭을 주고자 하는 영역의 안쪽(②)을 마우스로 클릭 ⇨ 해칭 생성
[3] 해칭간격 조정을 위해, 생성된 해칭(③)을 더블 클릭
[4] Pitch(④): 값을 조정 (디폴트 값보다 낮은 값 입력)

평면도 생성 : Clipping View 적용

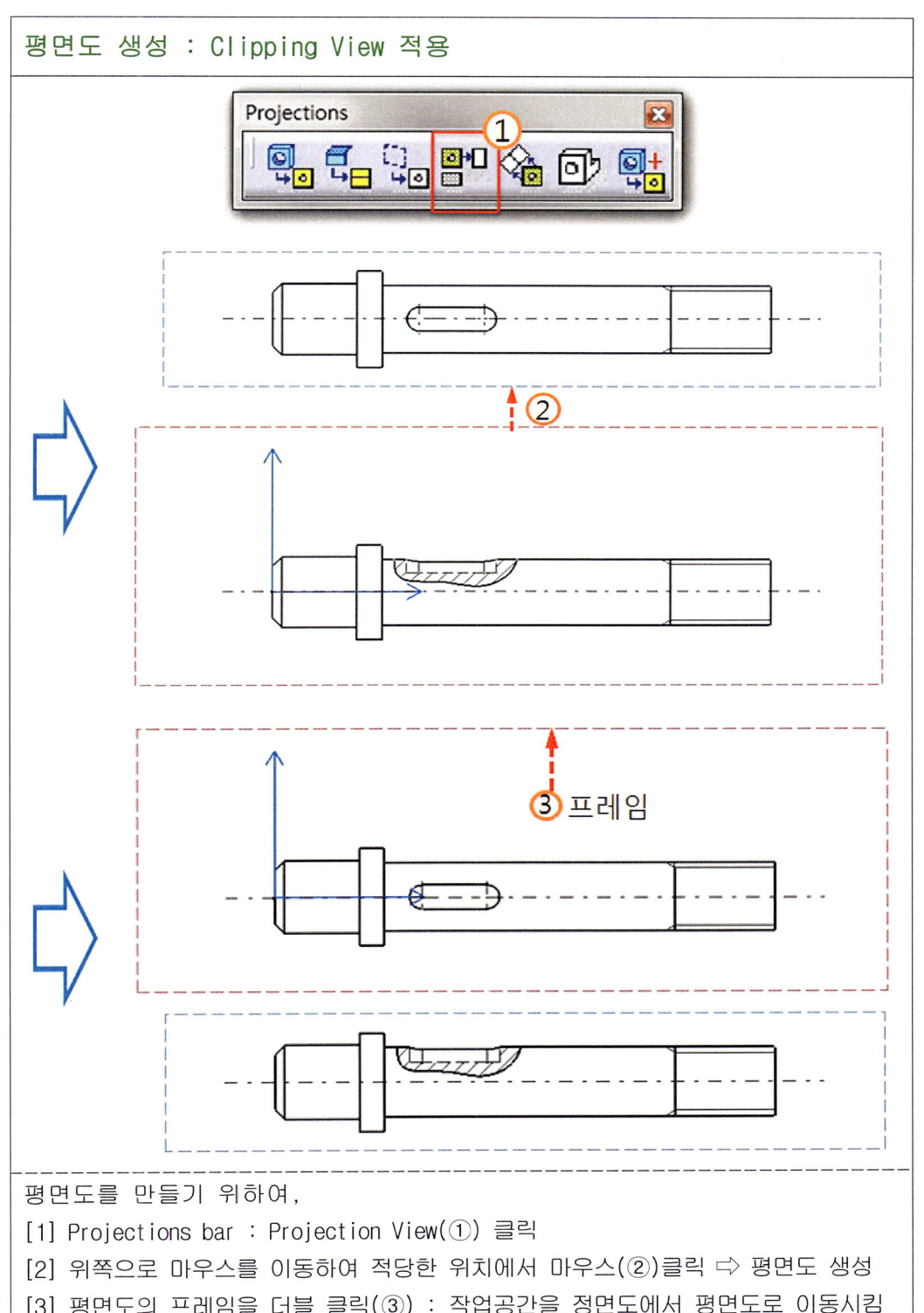

평면도를 만들기 위하여,
[1] Projections bar : Projection View(①) 클릭
[2] 위쪽으로 마우스를 이동하여 적당한 위치에서 마우스(②)클릭 ⇨ 평면도 생성
[3] 평면도의 프레임을 더블 클릭(③) : 작업공간을 정면도에서 평면도로 이동시킴

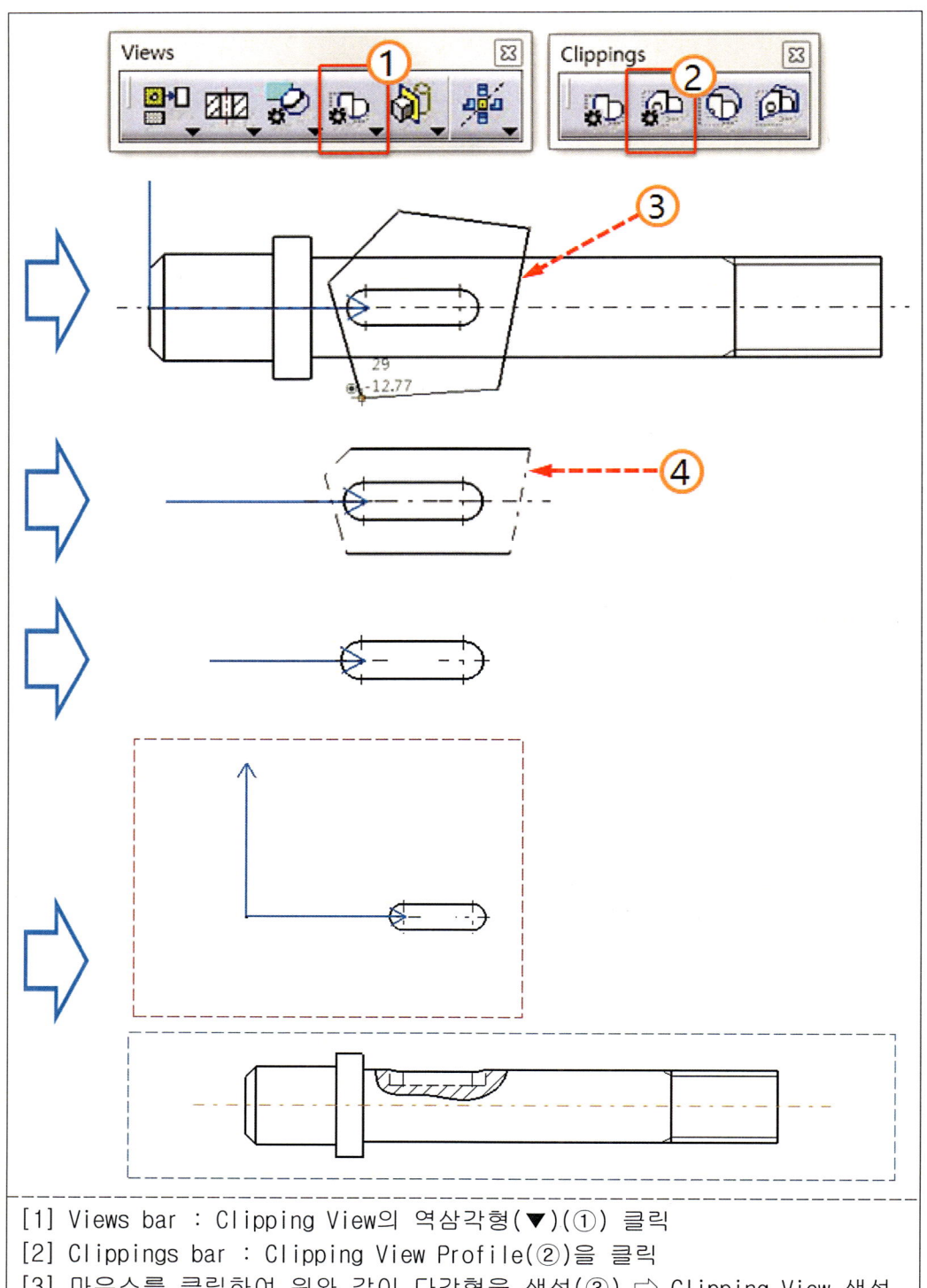

[1] Views bar : Clipping View의 역삼각형(▼)(①) 클릭
[2] Clippings bar : Clipping View Profile(②)을 클릭
[3] 마우스를 클릭하여 위와 같이 다각형을 생성(③) ⇨ Clipping View 생성
[4] 불필요한 선 제거(④)

기본치수(Dimensions) 기입

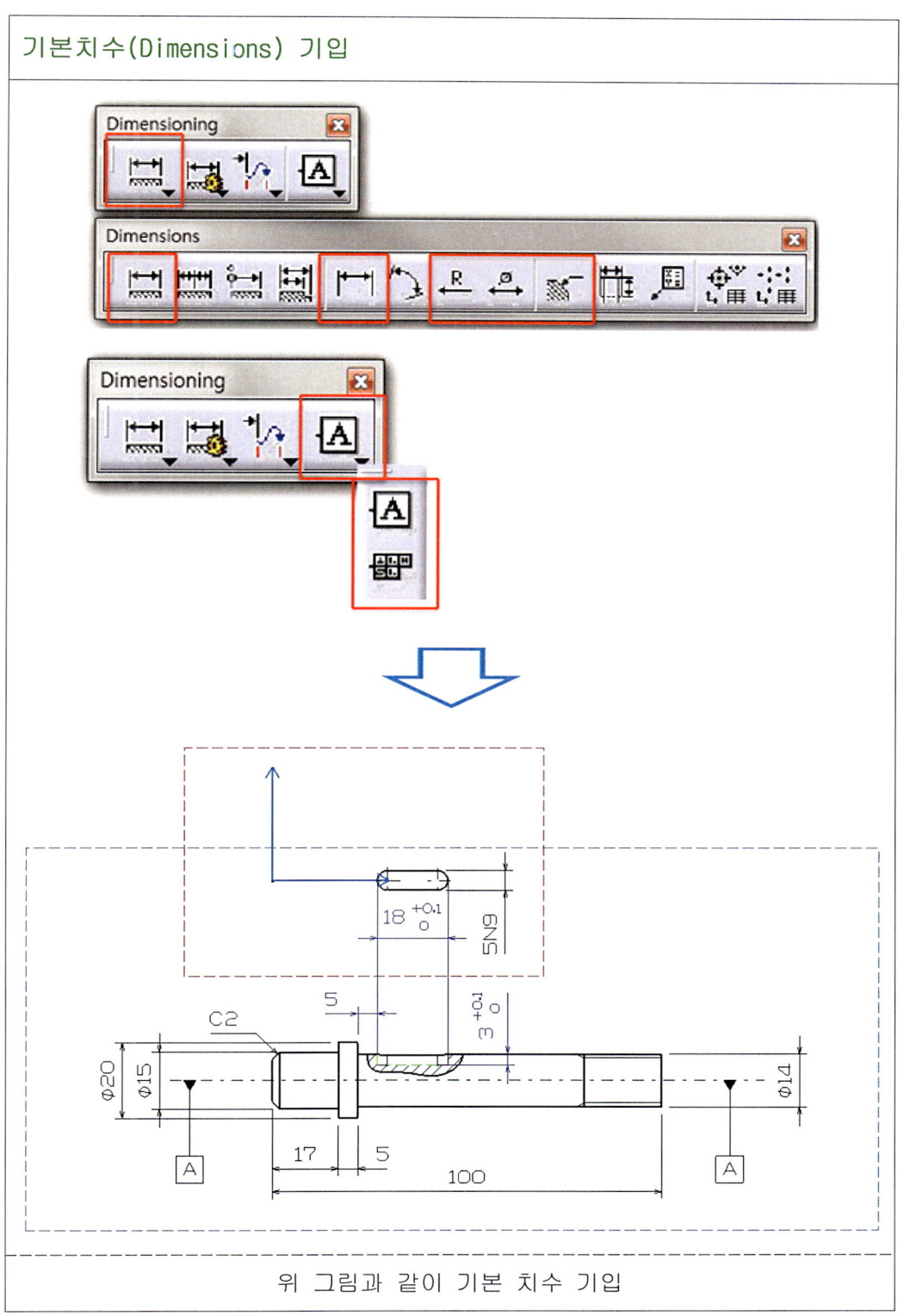

위 그림과 같이 기본 치수 기입

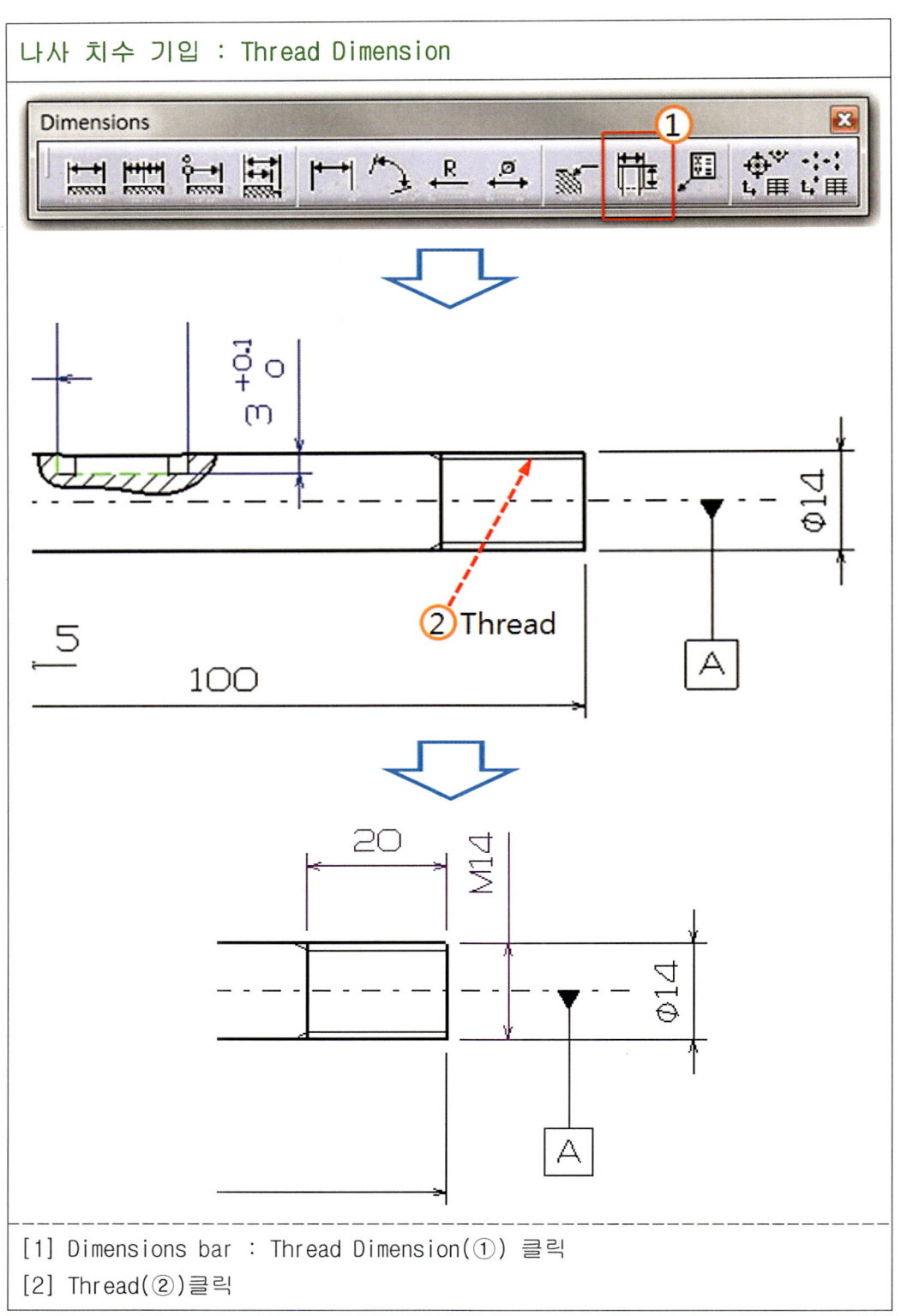

표면 거칠기(Surface Roughness) 기입

[1] Annotations bar의 역삼각형(▼)(①) 클릭
[2] Symbols bar : Roughness Symbol(②)클릭
[3] 치수보조선(③) 클릭
[4] x(④) 입력
[5] /(⑤) 선택
[6] ▽(⑥) 선택
[7] OK 클릭

Chapter 5. Drafting

기하공차(Geometrical Tolerance) 방향 변경

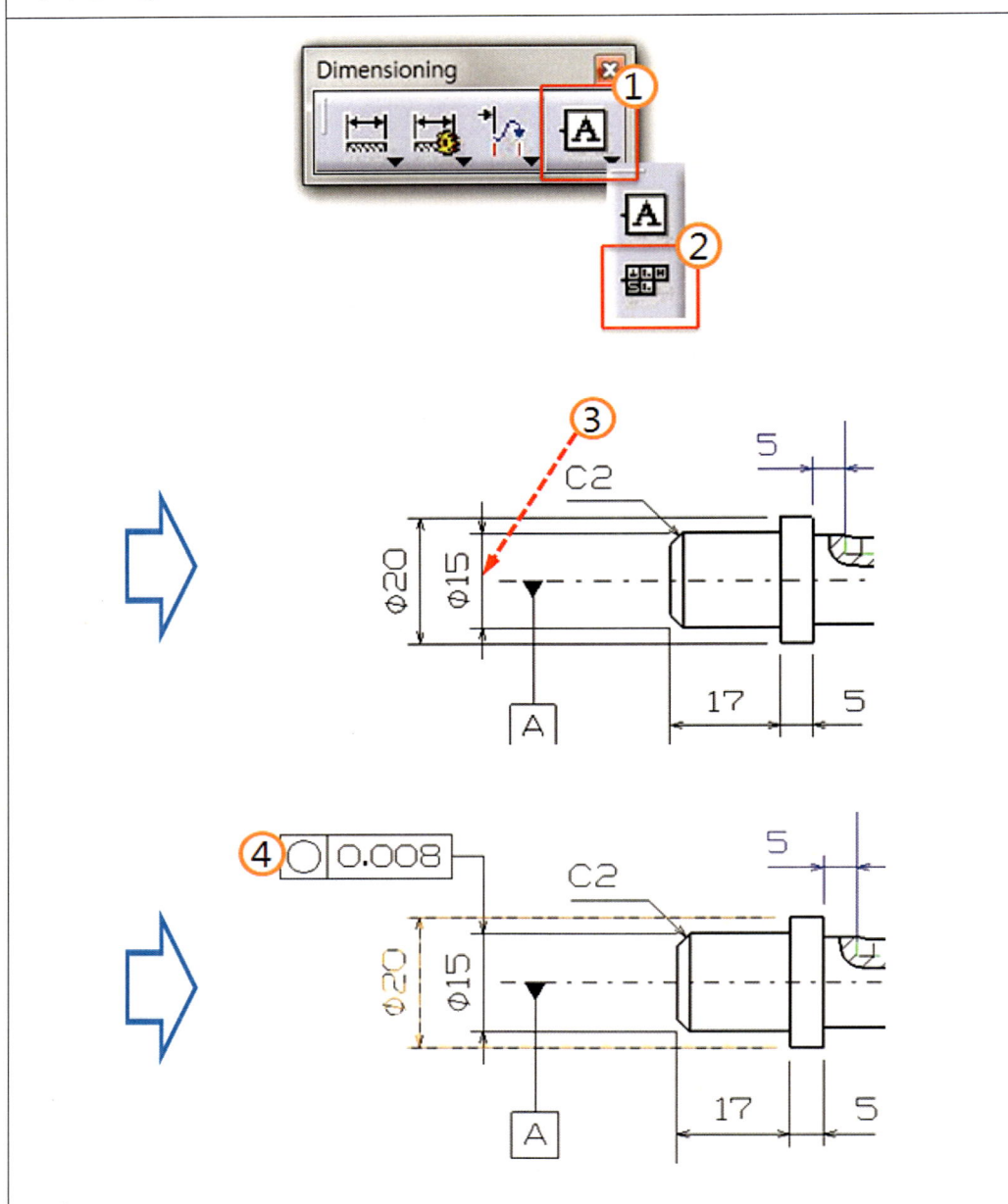

[1] Dimensioning bar의 역삼각형(▼)(①) 클릭
[2] Geometrical Tolerance(②) 클릭
[3] 치수선(③) 클릭
[4] Shift를 누른 상태에서 적당한 위치에 클릭(④)(Shift : 선을 직각으로 이동)

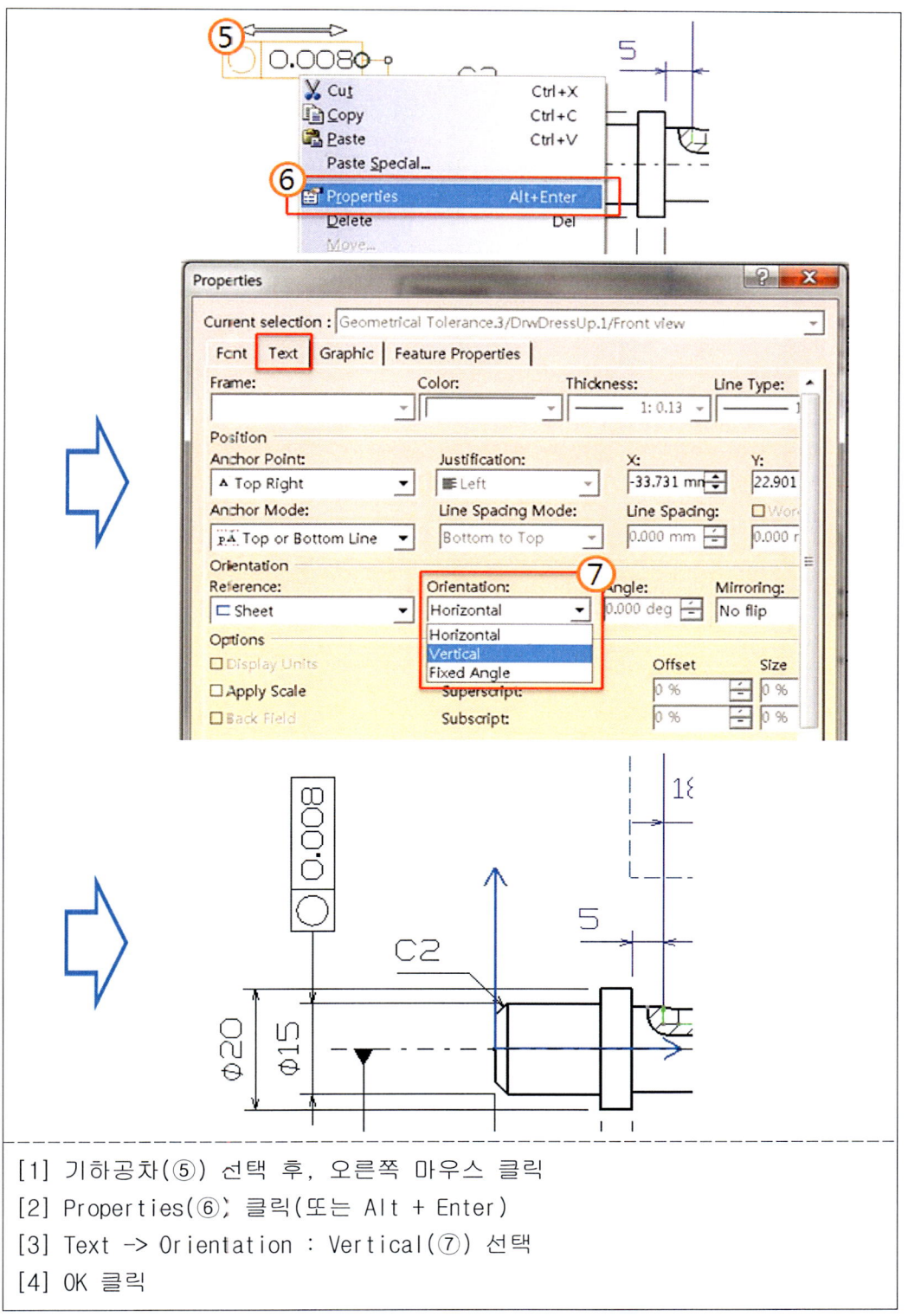

[1] 기하공차(⑤) 선택 후, 오른쪽 마우스 클릭
[2] Properties(⑥) 클릭(또는 Alt + Enter)
[3] Text -> Orientation : Vertical(⑦) 선택
[4] OK 클릭

5.4 단면도/상세도/반투상도

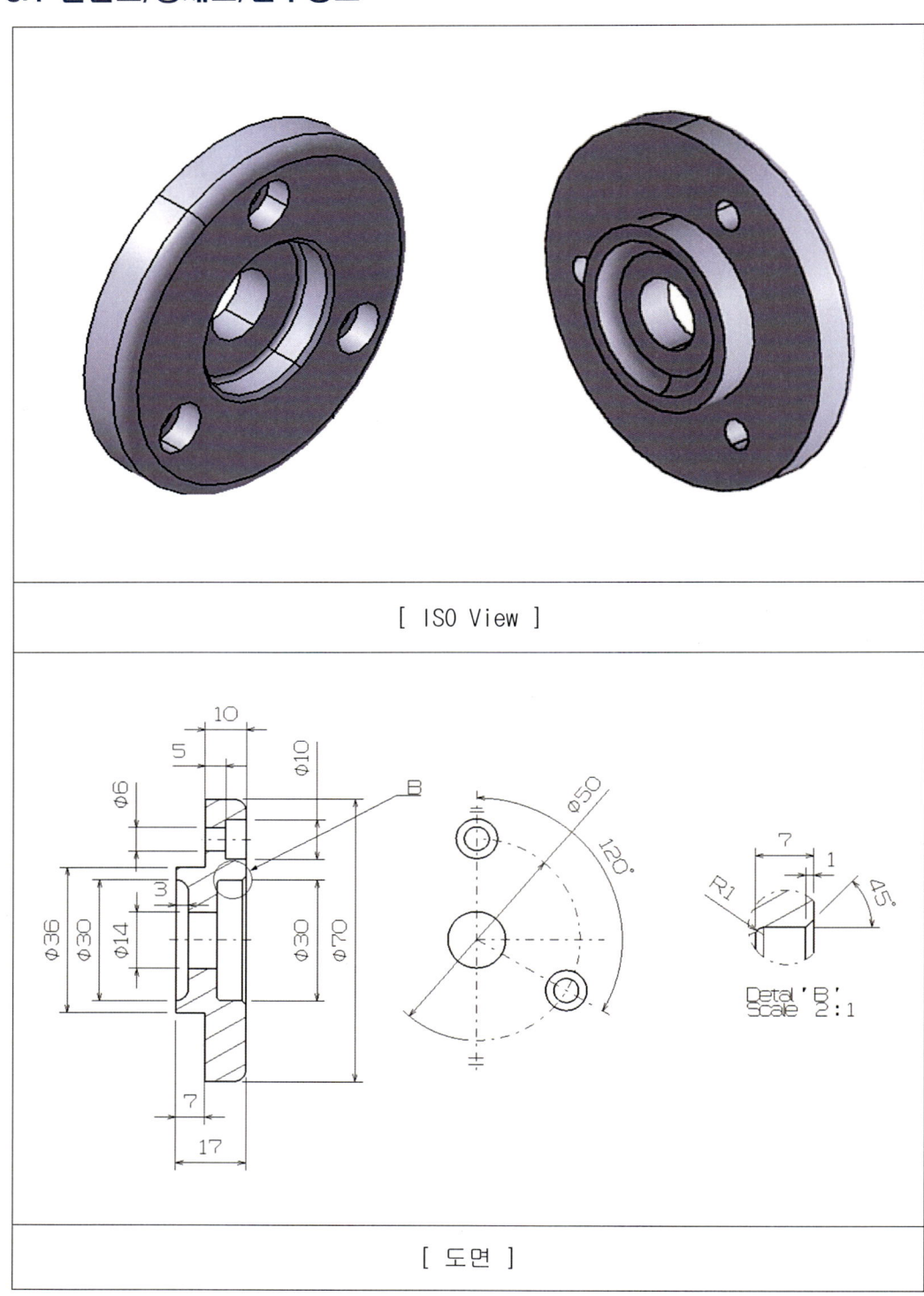

[ISO View]

[도면]

Drafting 들어가기

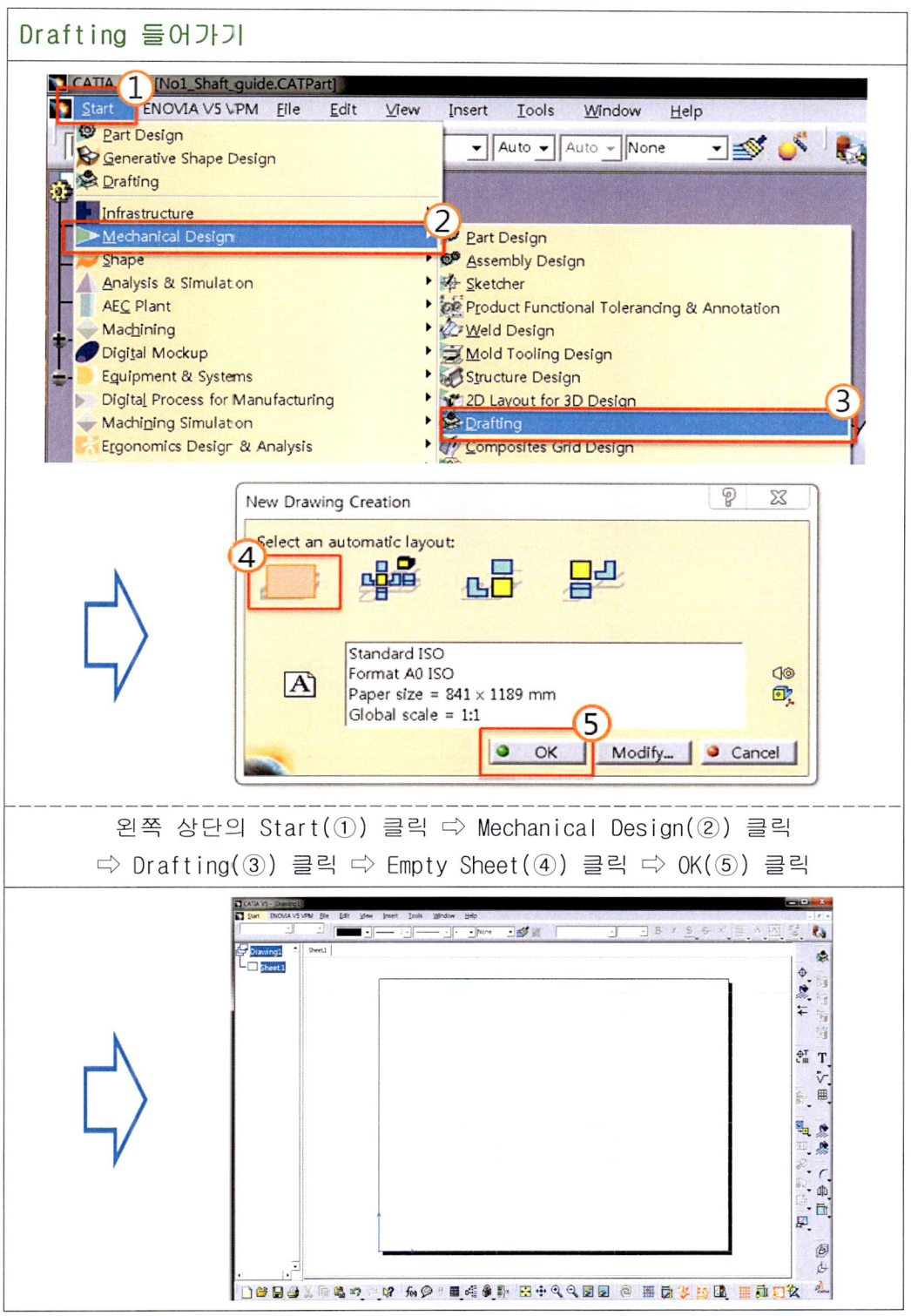

왼쪽 상단의 Start(①) 클릭 ⇨ Mechanical Design(②) 클릭
⇨ Drafting(③) 클릭 ⇨ Empty Sheet(④) 클릭 ⇨ OK(⑤) 클릭

용지크기 지정 / 1각법을 3각법으로 변경

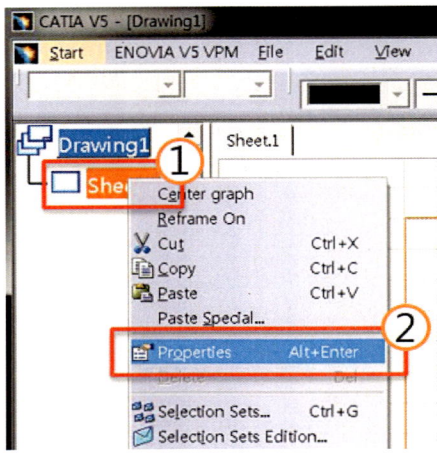

왼쪽 상단의 Sheet1(①) 클릭 후, 오른쪽 마우스 클릭
⇨ Properties(②) 클릭(또는 Alt + Enter)

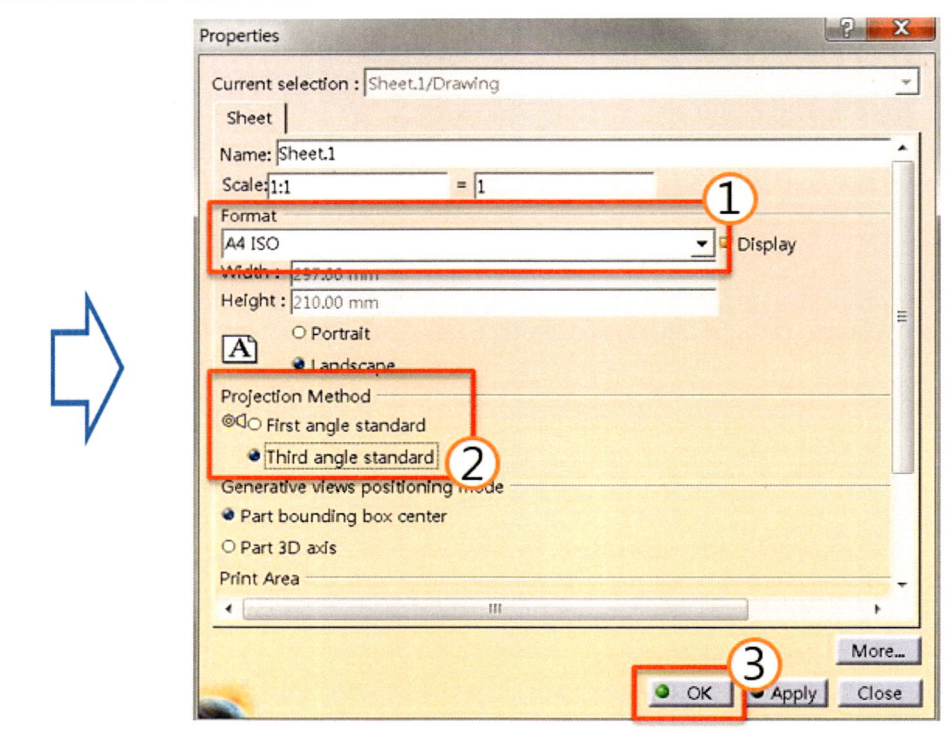

Format에서 A0로 선택(①) ⇨ Projection Method에서,
[Third angle standard] 선택(②) ⇨ OK(③) 클릭

정면도(Front View) 만들기

[1] Views bar : Front View 명령어(①) 클릭
[2] Menu bar : Window(②) 클릭 ⇨ 모델링 파일(③) 클릭(모델을 불러옴)
[3] 3차원 모델에서 정면으로 하고자 하는 면을 마우스로 이동하면(④),
    오른쪽 하단에 선택한 면이 나타남(⑤) ⇨ 정면도로 지정할 면을 클릭
[4] 중앙점 클릭(⑥)(또는 Sheet의 빈공간을 아무곳이나 클릭)

Chapter 5. Drafting

단면도(Section View) 만들기

③ -> ④ -> ⑤
클릭시, ◉ 표시될 때 클릭

[1] Views bar : Offset Section View의 역삼각형(▼)(①) 클릭
[2] Sections : Aligned Section View(②) 클릭
[3] ③ -> ④ -> ⑤ 순서대로 클릭
[4] 마우스를 옆으로 이동하여 클릭(⑥)

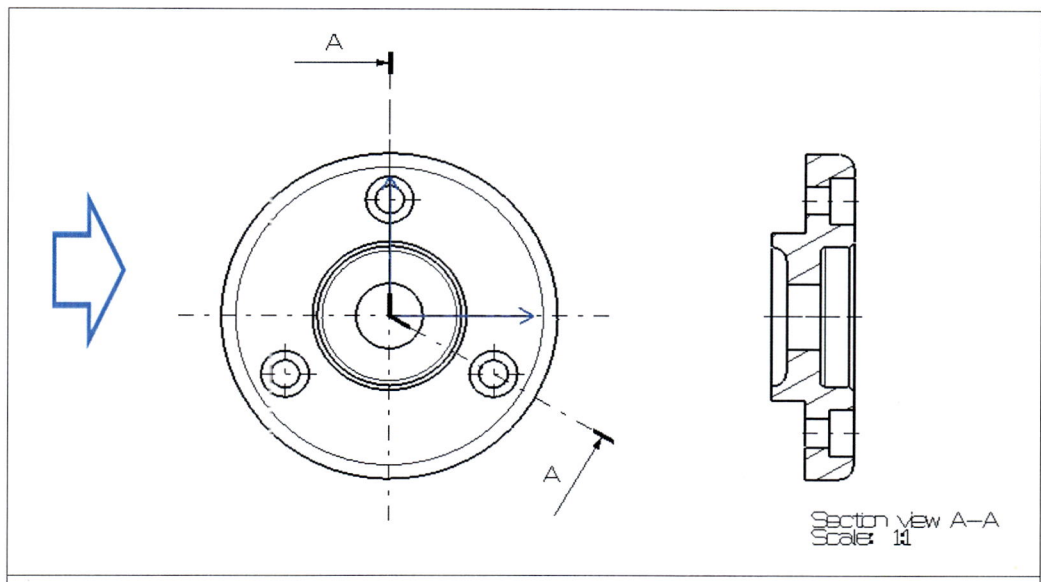

기본치수 기입

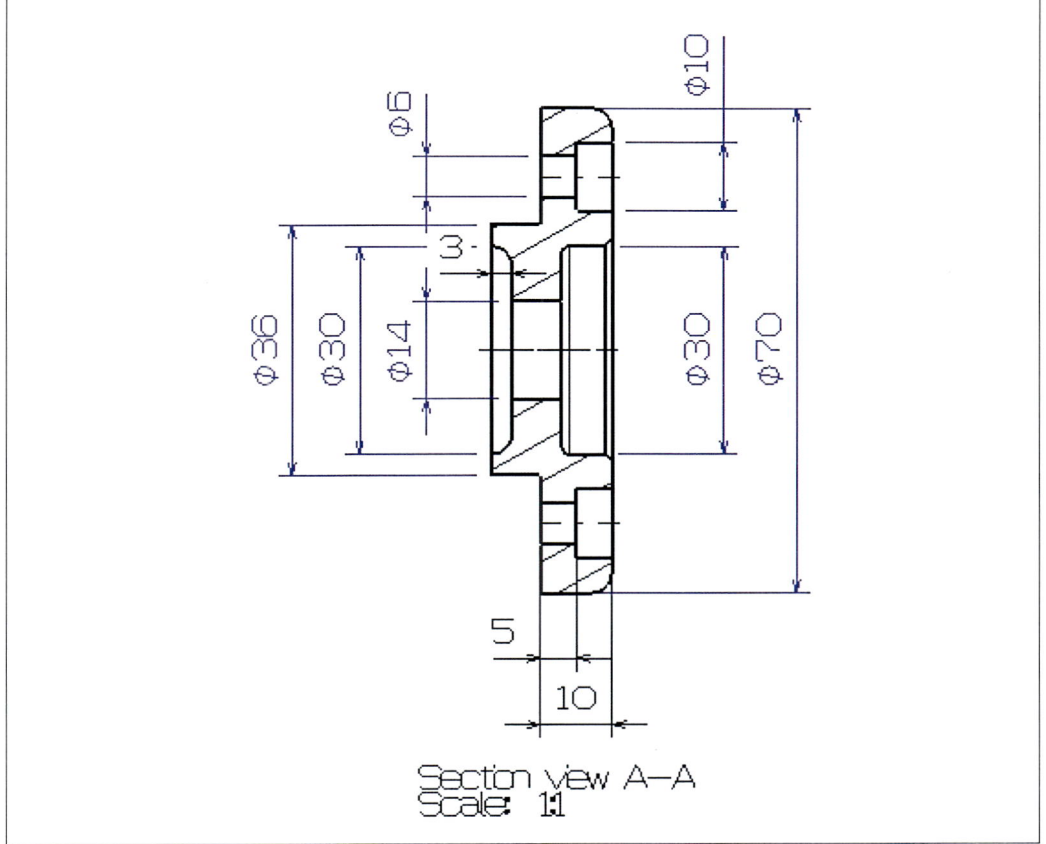

상세도(Detail View) 만들기

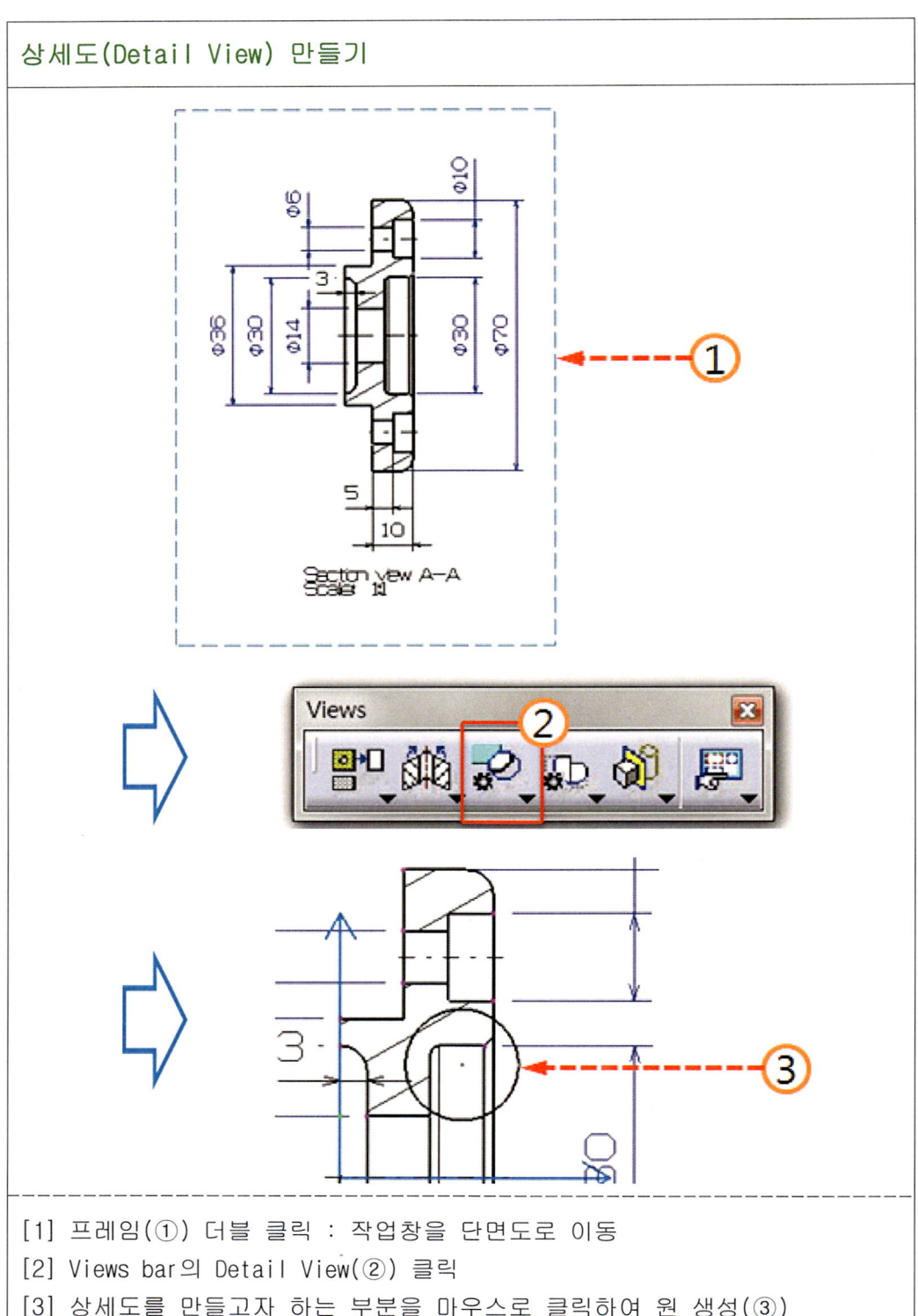

[1] 프레임(①) 더블 클릭 : 작업창을 단면도로 이동
[2] Views bar의 Detail View(②) 클릭
[3] 상세도를 만들고자 하는 부분을 마우스로 클릭하여 원 생성(③)

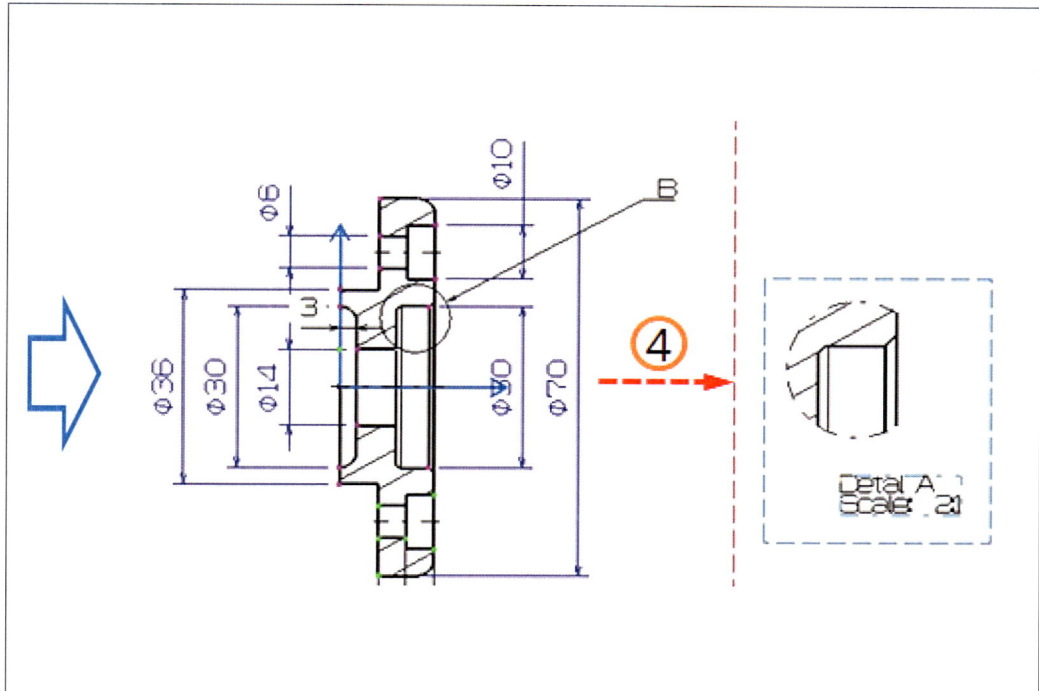

[1] 마우스를 옆으로 이동하여 클릭(⑥)

기본치수 기입

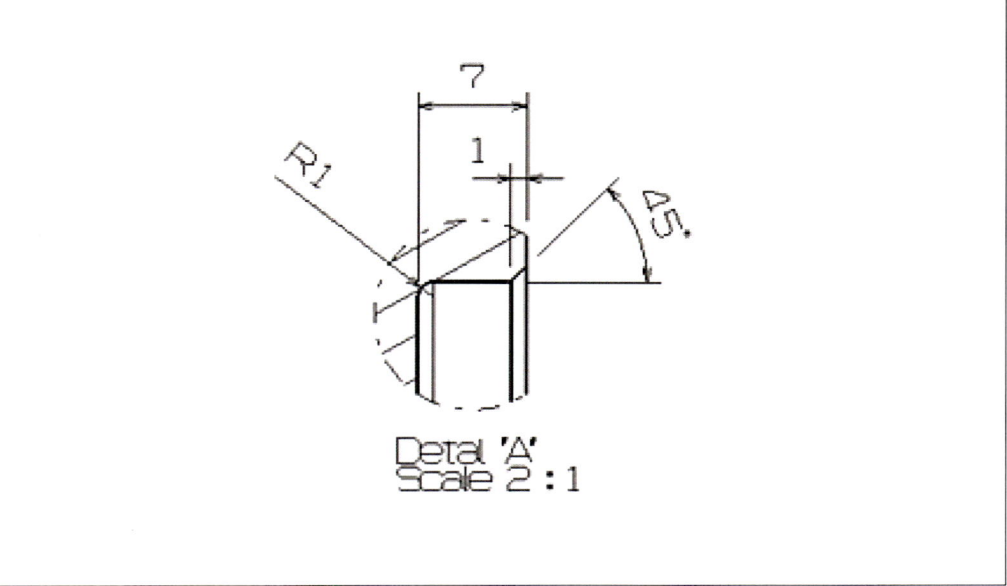

Chapter 5. Drafting

반투상도(Half View) 만들기

[1] Views bar : Front View의 역삼각형(▼)(①) 클릭
[2] Projections : Projection View(②) 클릭
[3] 마우스를 오른쪽으로 이동하여 클릭(③)
[4] 프레임(④) 더블 클릭 : 작업창을 단면도로 이동

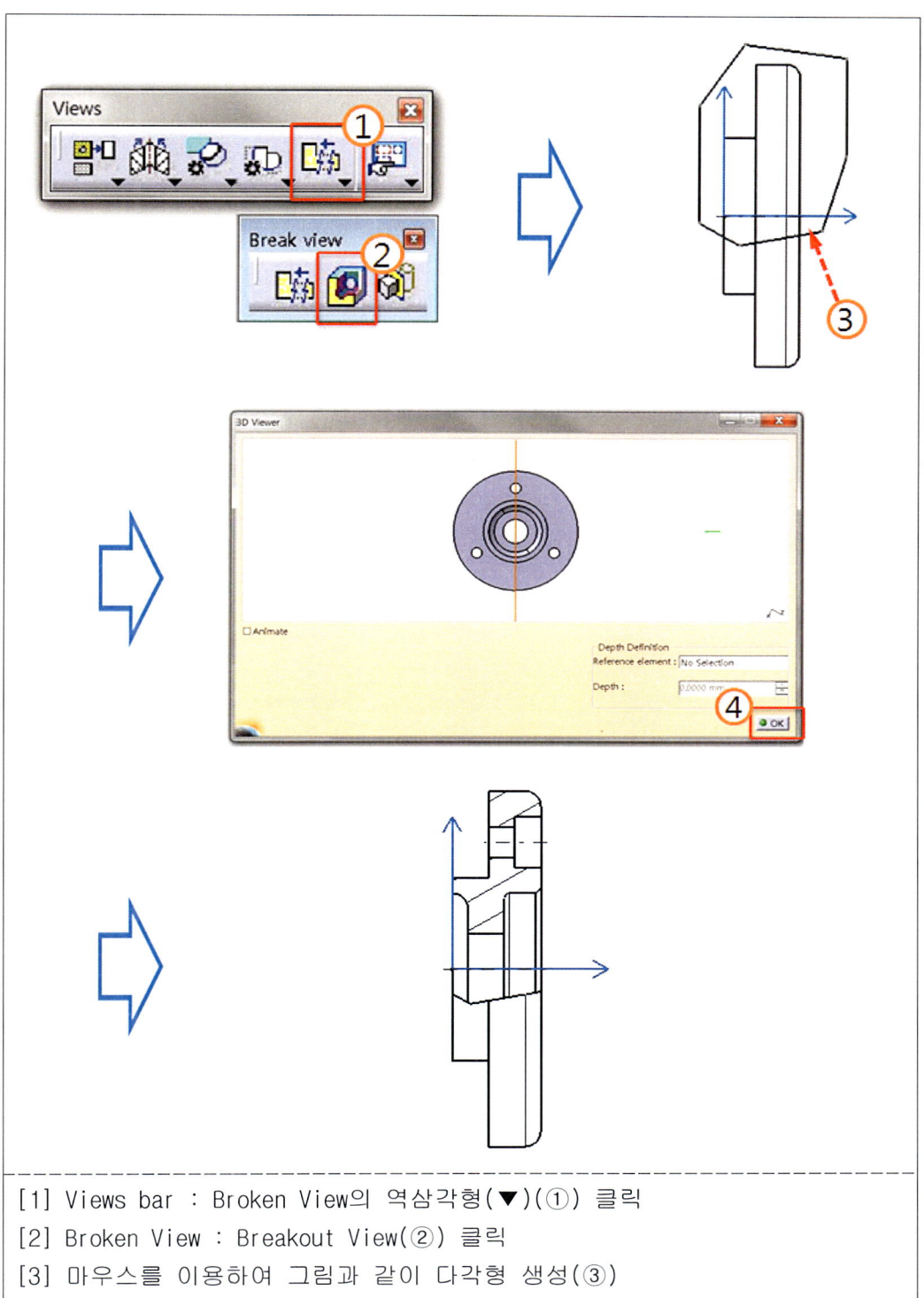

[1] Views bar : Broken View의 역삼각형(▼)(①) 클릭
[2] Broken View : Breakout View(②) 클릭
[3] 마우스를 이용하여 그림과 같이 다각형 생성(③)
[4] 3D Views 창이 나타나면, OK(④) 클릭

5.5 등각투상도

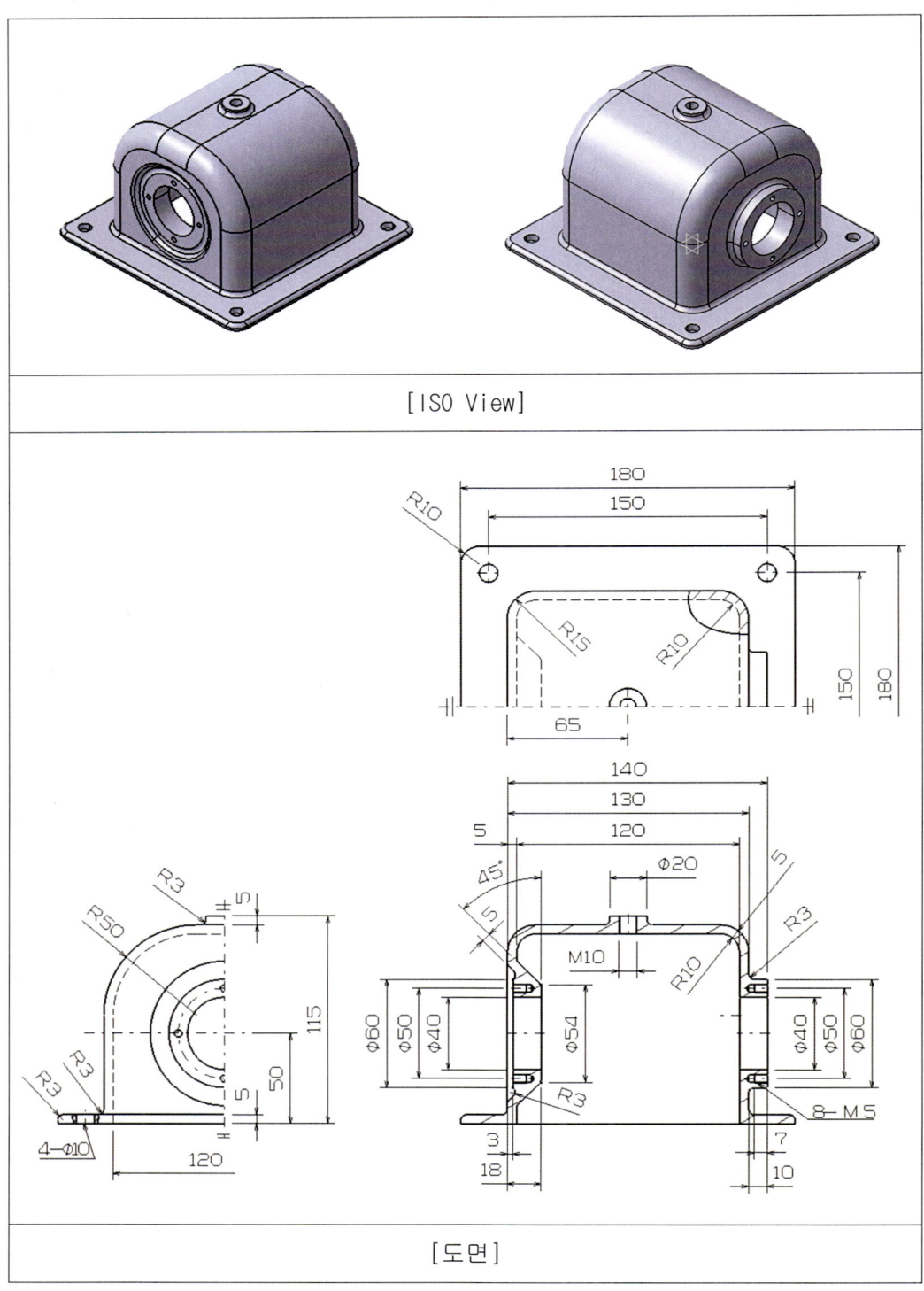

[ISO View]

[도면]

Drafting 들어가기

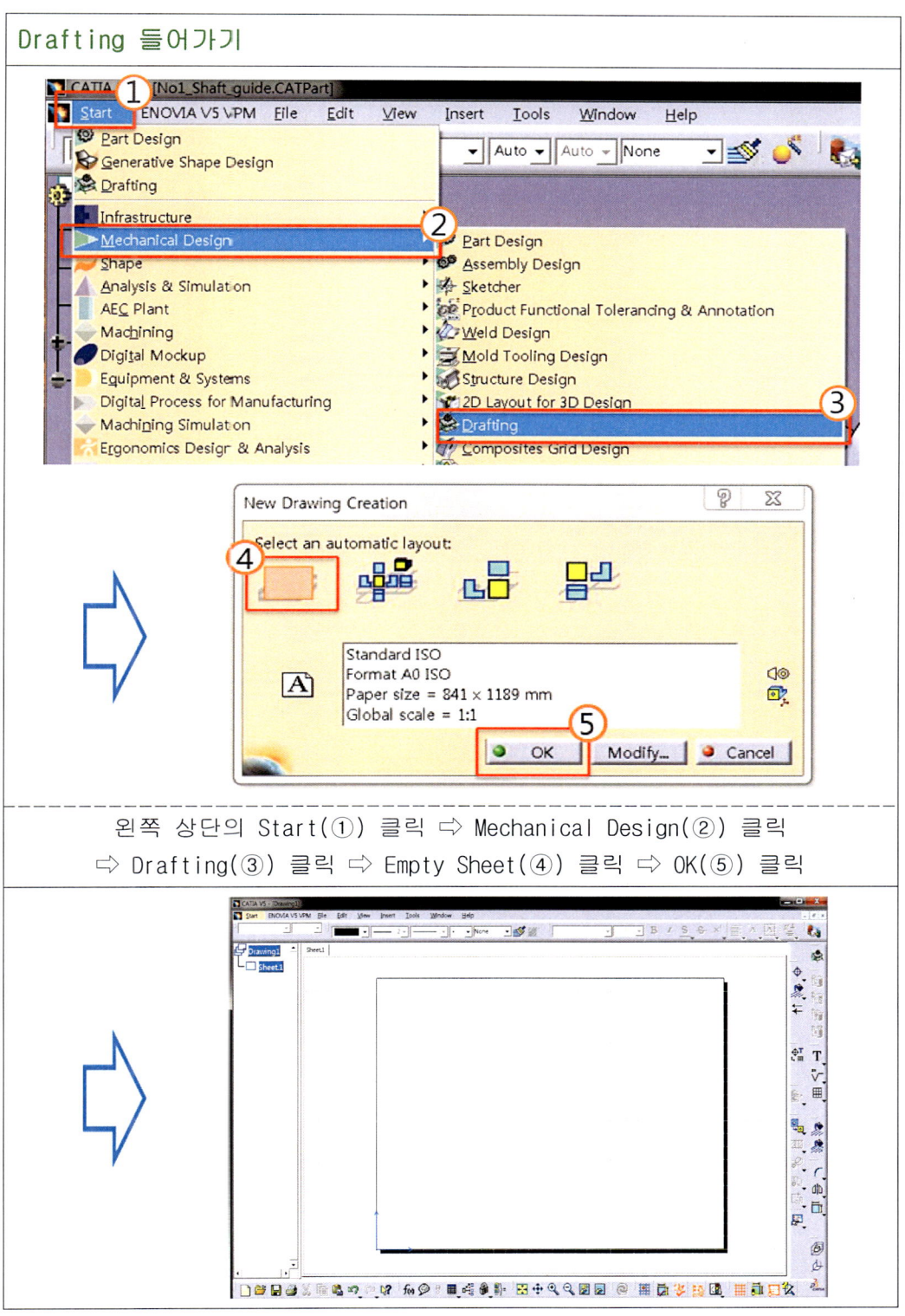

왼쪽 상단의 Start(①) 클릭 ⇨ Mechanical Design(②) 클릭
⇨ Drafting(③) 클릭 ⇨ Empty Sheet(④) 클릭 ⇨ OK(⑤) 클릭

Chapter 5. Drafting

용지크기 지정 / 1각법을 3각법으로 변경

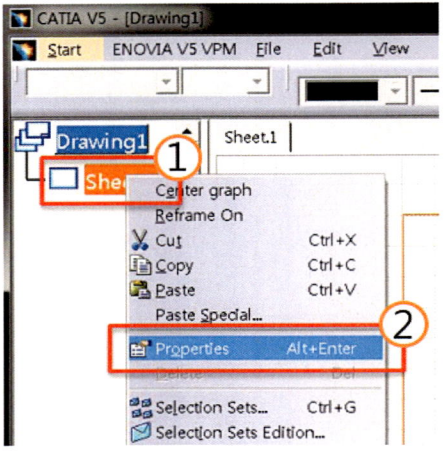

왼쪽 상단의 Sheet1(①) 클릭 후, 오른쪽 마우스 클릭
⇨ Properties(②) 클릭(또는 Alt + Enter)

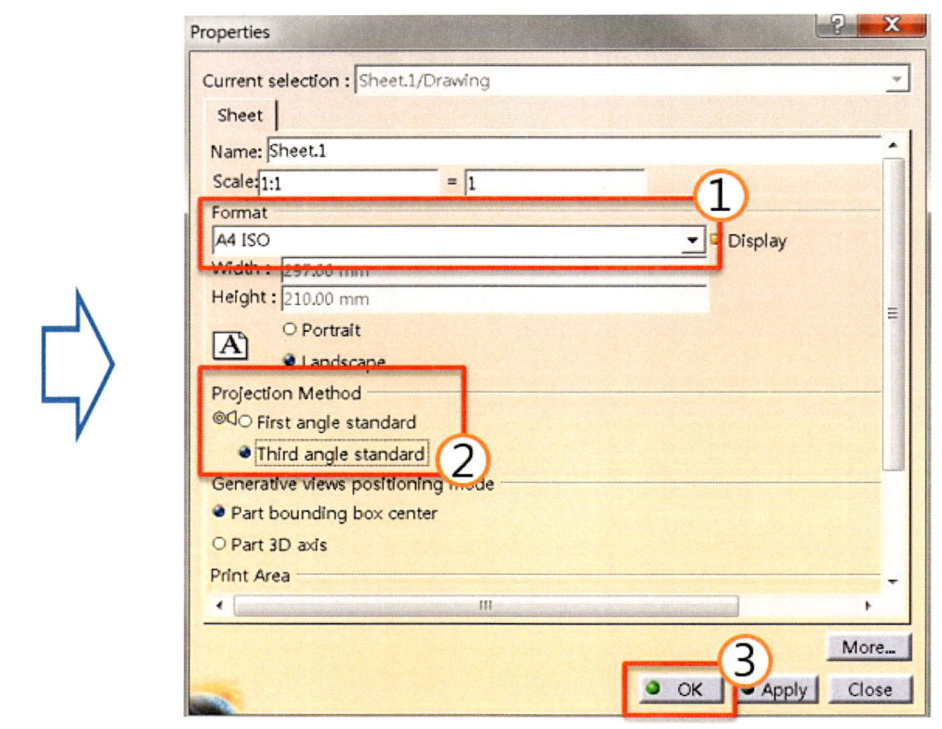

Format에서 A0로 선택(①) ⇨ Projection Method에서,
[Third angle standard] 선택(②) ⇨ OK(③) 클릭

등각투상도 만들기

[1] Views bar : Front View의 역삼각형(▼)(①) 클릭
[2] Projections bar : Isometric View(②) 클릭
[3] Menu bar : Window(③) 클릭 ⇨ 모델링 파일(④) 클릭
[4] View bar : Isometric View(⑤) 클릭
[5] 3차원 모델의 임의의 부분을 마우스로 클릭(⑥)

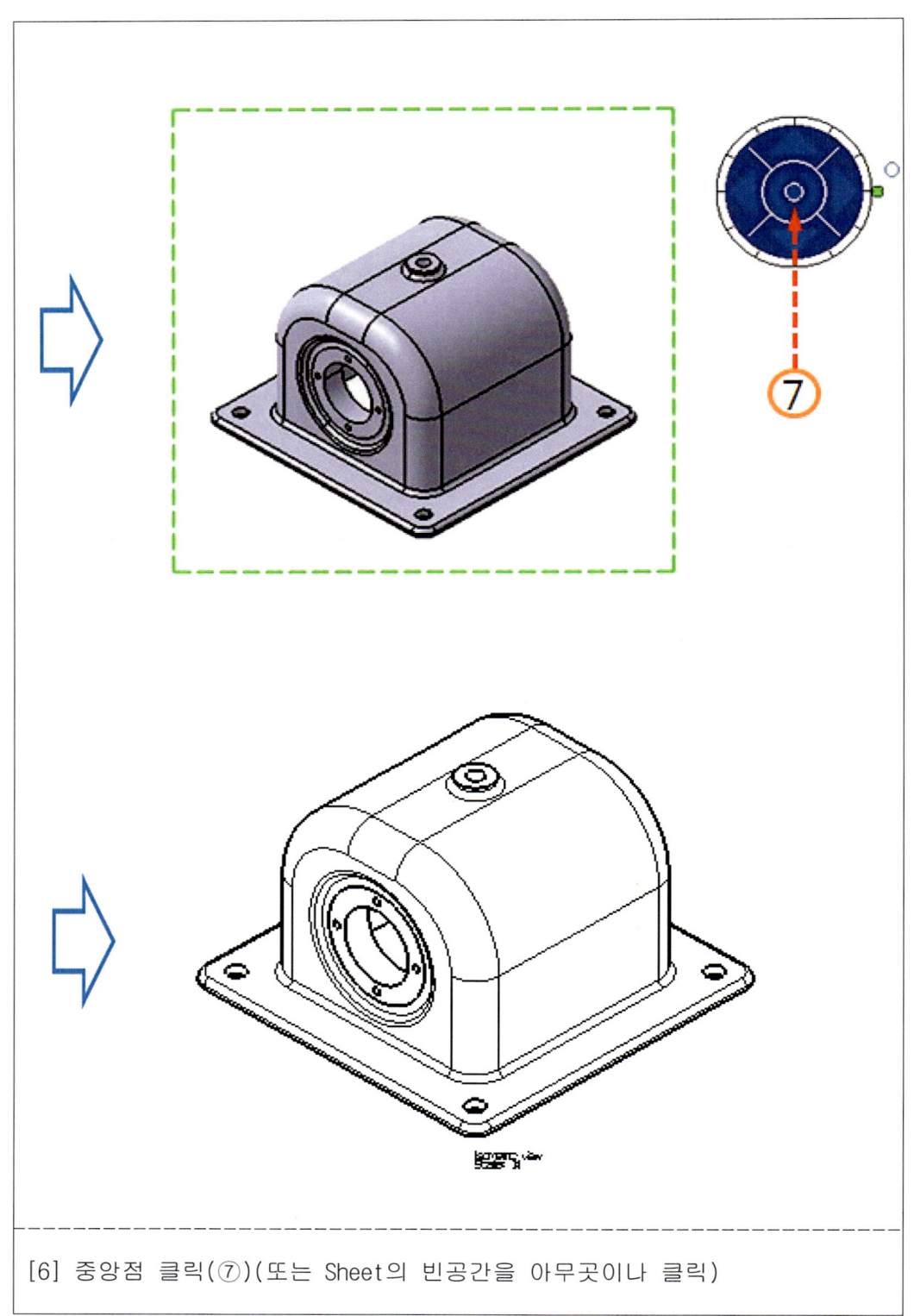

[6] 중앙점 클릭(⑦)(또는 Sheet의 빈공간을 아무곳이나 클릭)

반대편 등각투상도 만들기

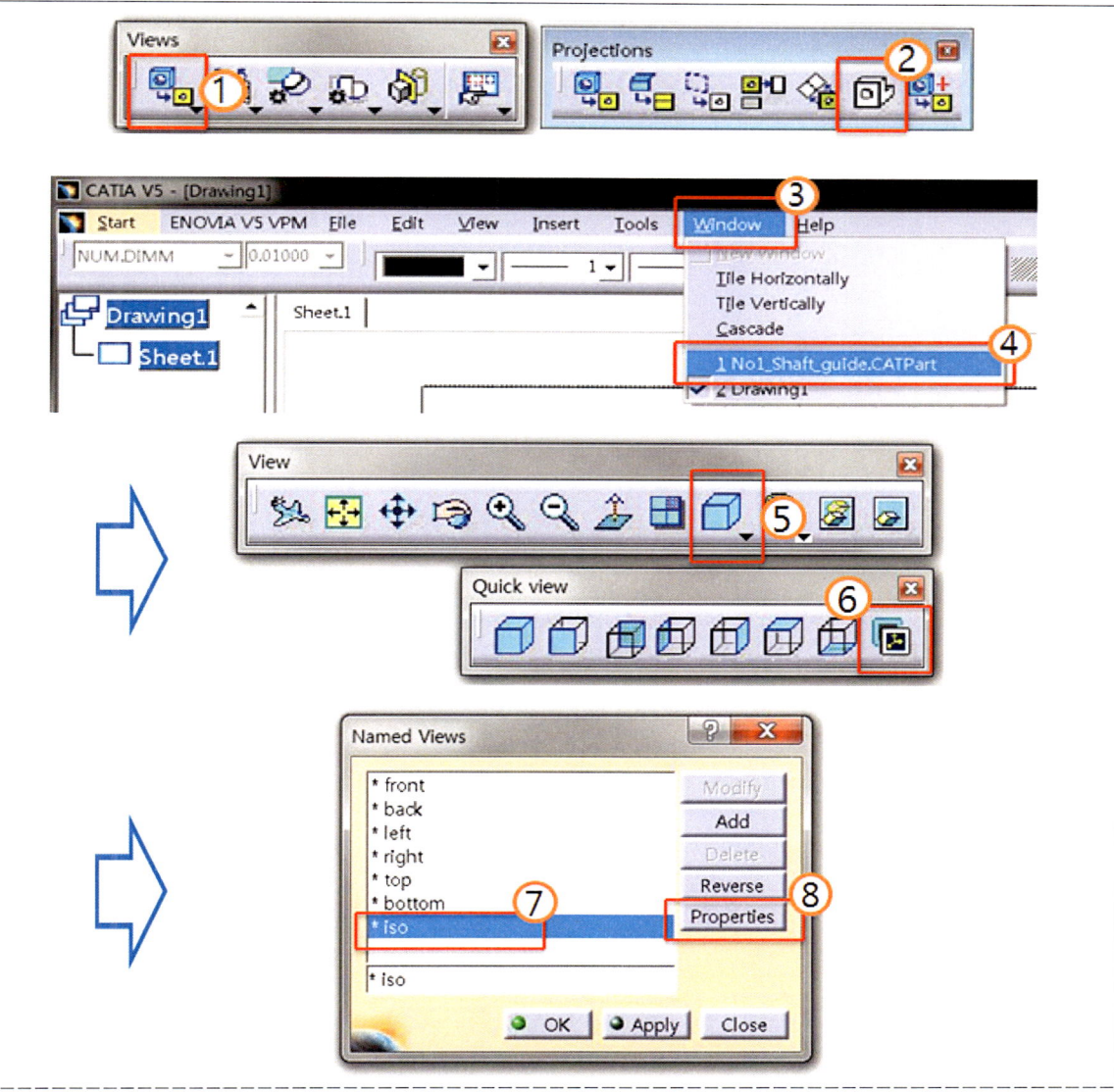

[1] Views bar : Front View의 역삼각형(▼)(①) 클릭
[2] Projections bar : Isometric View(②) 클릭
[3] Menu bar : Window(③) 클릭 ⇨ 모델링 파일(④) 클릭
[4] View bar : Isometric View의 역삼각형(▼)(⑤) 클릭
[5] Named Views(⑥) 클릭
[6] Named Views의 *iso(⑦) 선택
[7] Properties(⑧) 클릭

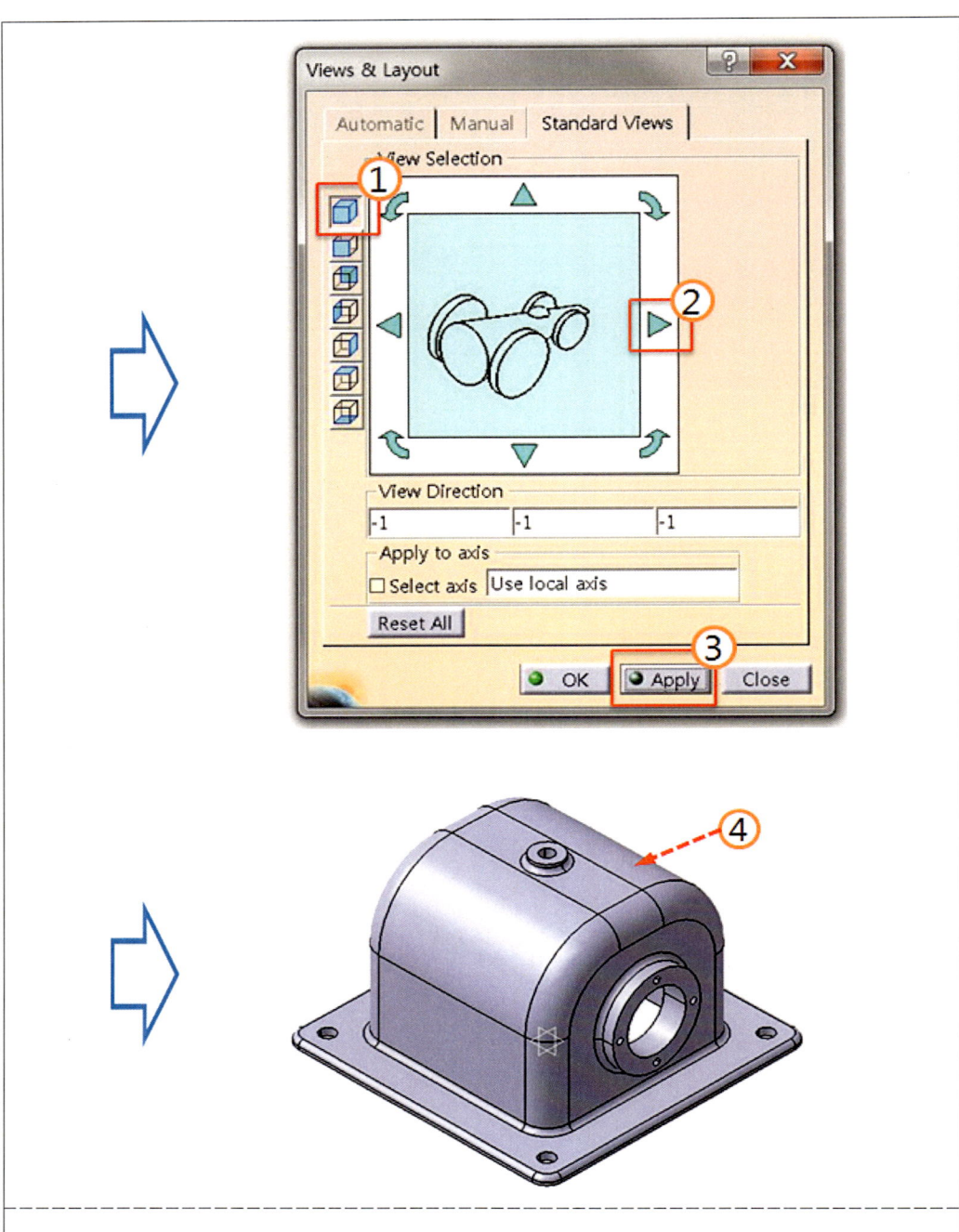

[1] Views & Layout : ISO View(①) 클릭
[2] 화살표(②) 클릭 ⇨ Apply(③) 클릭 : 원하는 등각뷰가 나타날 때까지 반복
[3] 원하는 등각뷰가 나오면, OK 클릭
[4] 3차원 모델의 임의의 부분을 마우스로 클릭(④)

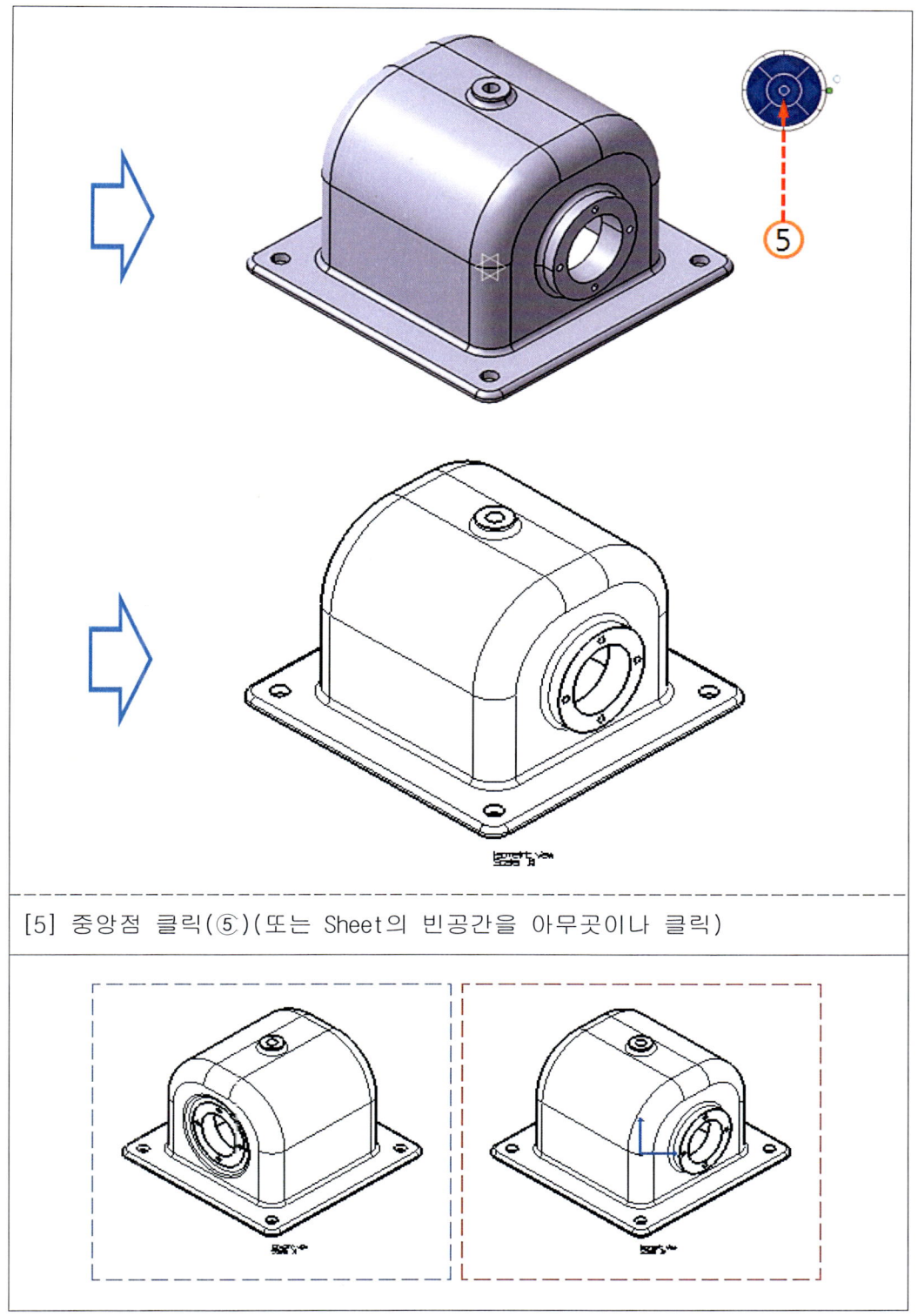

[5] 중앙점 클릭(⑤)(또는 Sheet의 빈공간을 아무곳이나 클릭)

등각투상도 Shading

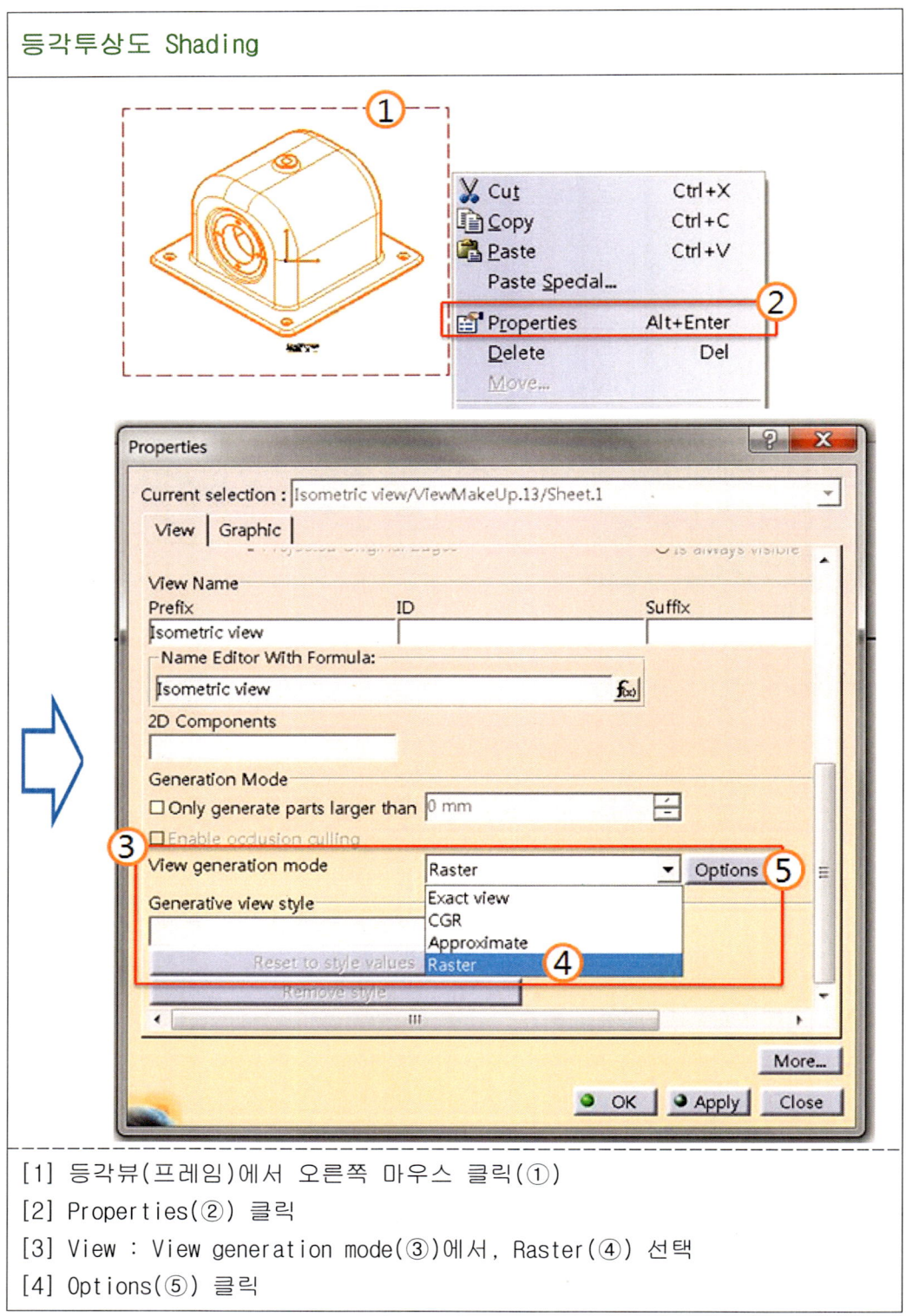

[1] 등각뷰(프레임)에서 오른쪽 마우스 클릭(①)
[2] Properties(②) 클릭
[3] View : View generation mode(③)에서, Raster(④) 선택
[4] Options(⑤) 클릭

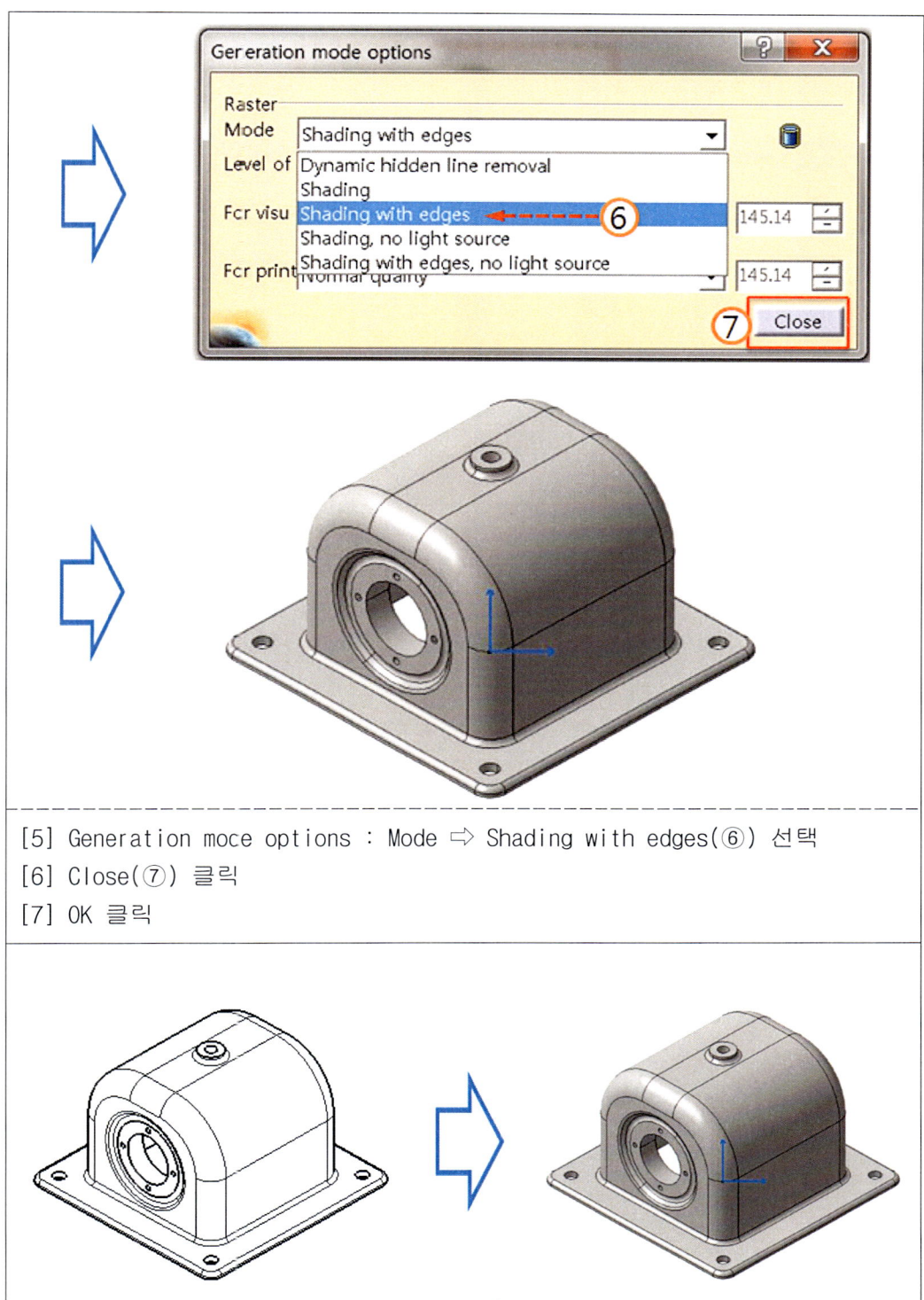

[5] Generation moce options : Mode ⇨ Shading with edges(⑥) 선택
[6] Close(⑦) 클릭
[7] OK 클릭

Chapter 5. Drafting

1/4 등각투상도 만들기

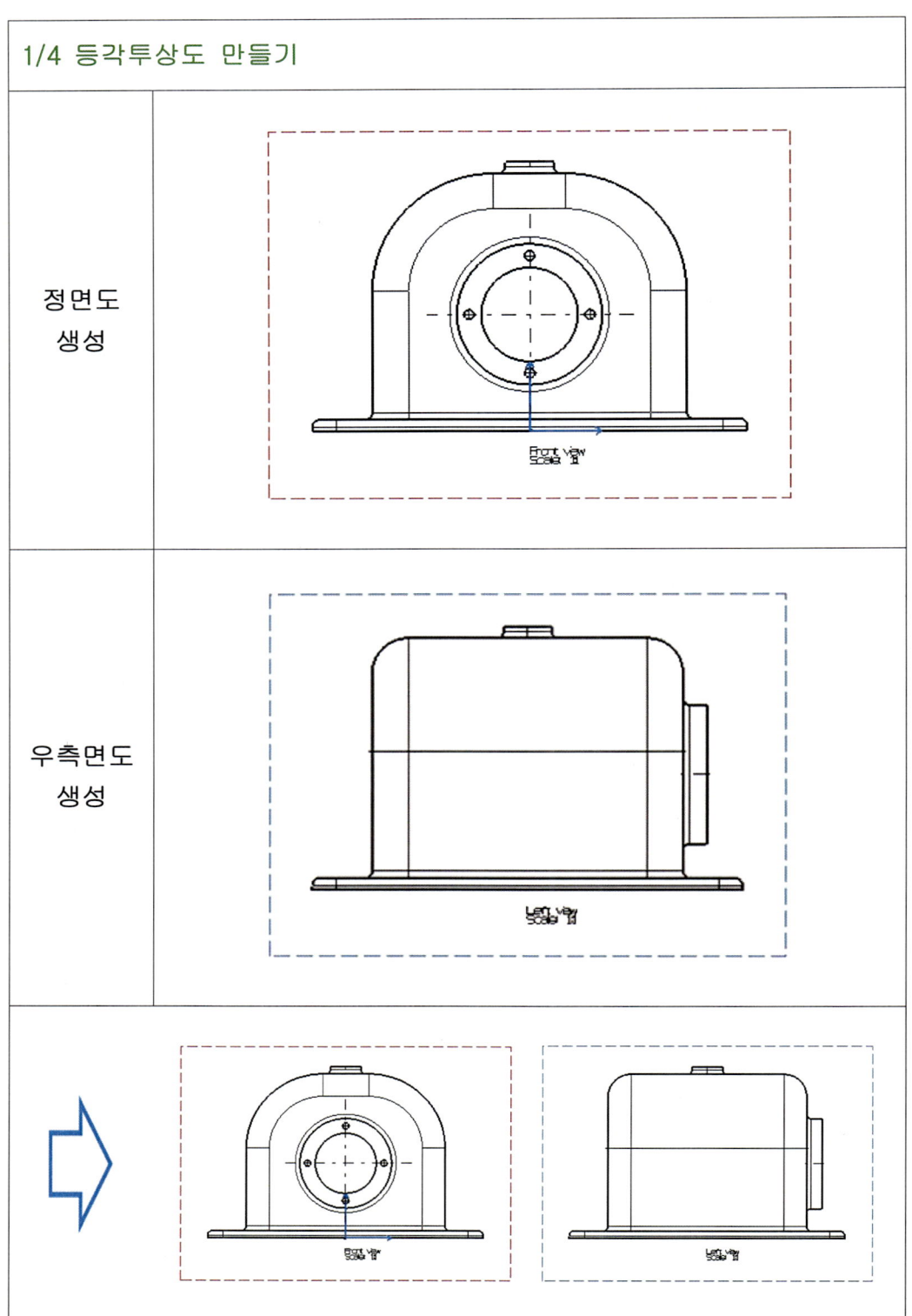

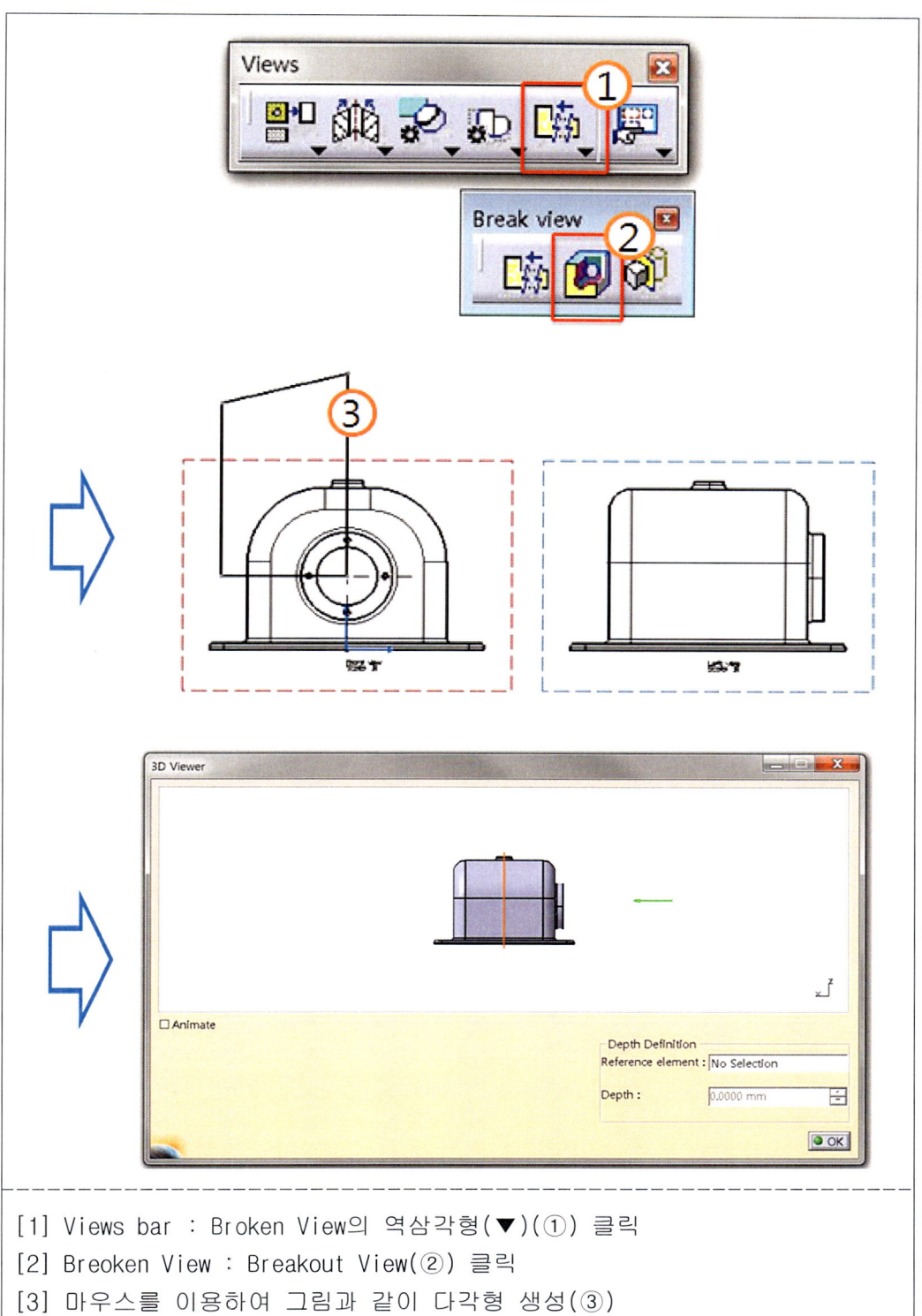

[1] Views bar : Broken View의 역삼각형(▼)(①) 클릭
[2] Breoken View : Breakout View(②) 클릭
[3] 마우스를 이용하여 그림과 같이 다각형 생성(③)

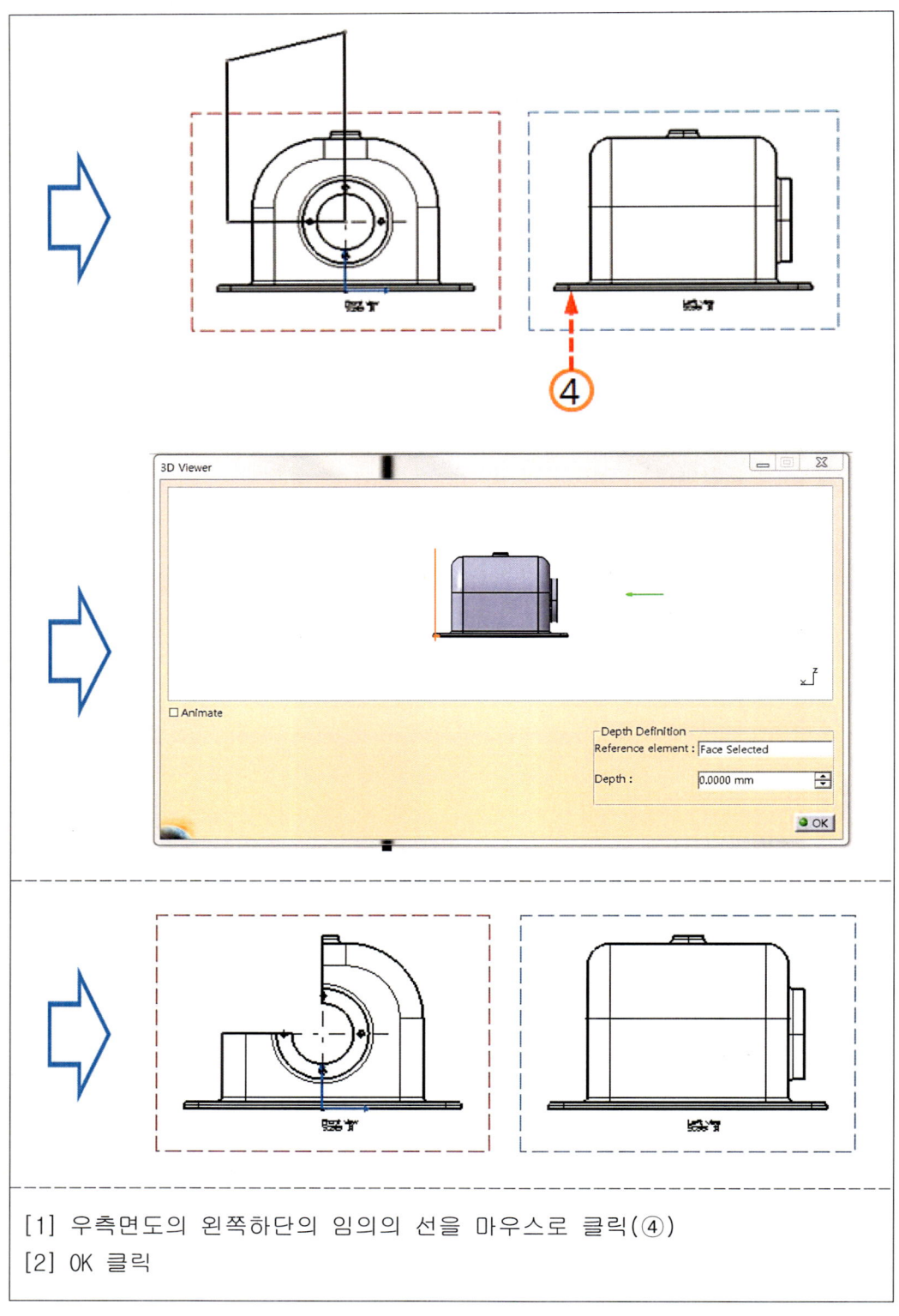

[1] 우측면도의 왼쪽하단의 임의의 선을 마우스로 클릭(④)
[2] OK 클릭

위와 같이 등각투상도 생성

Views bar : Front View의 역삼각형(▼)(①) ⇨ Projections bar : Isometric View(②)

Chapter 5. Drafting

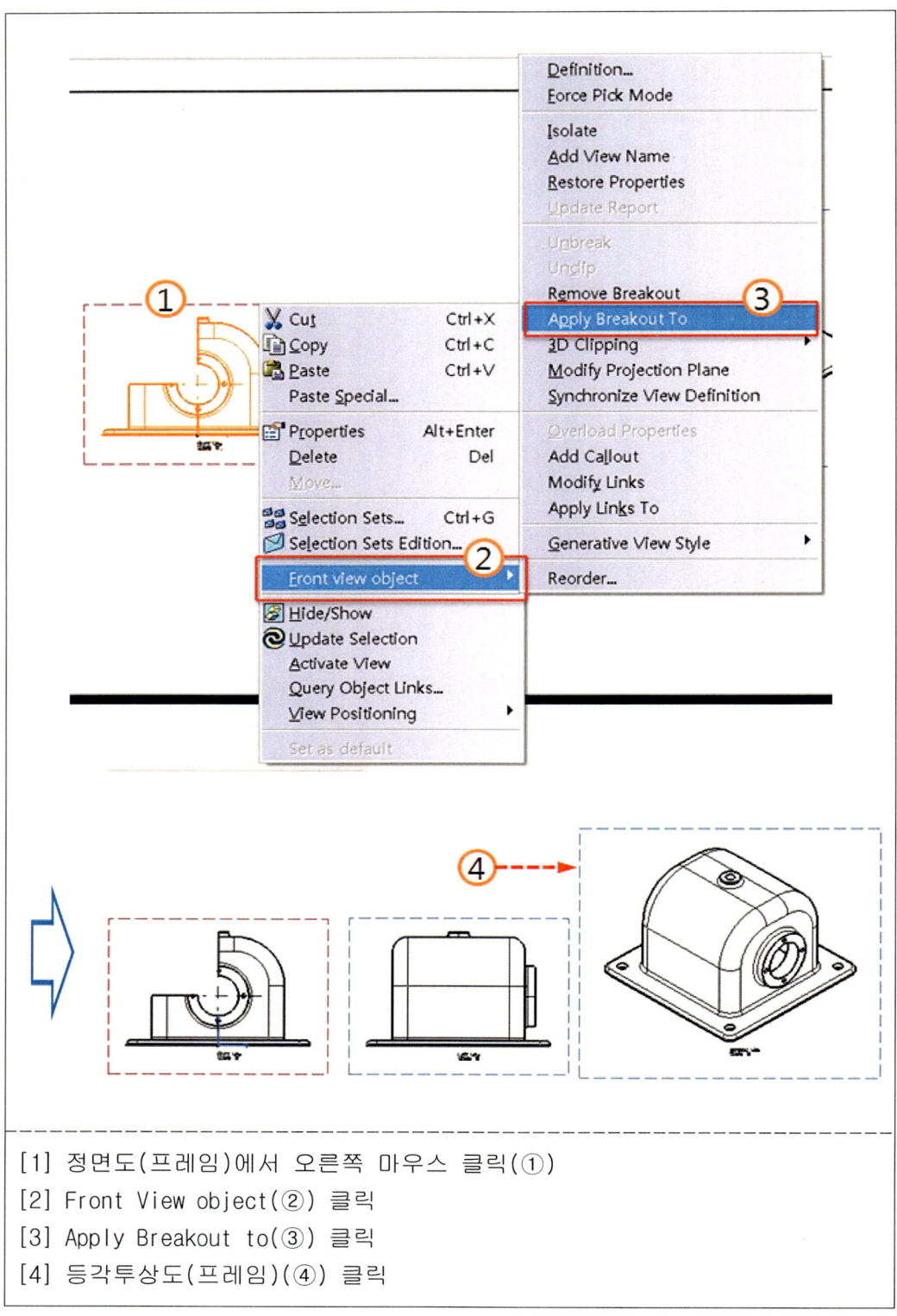

[1] 정면도(프레임)에서 오른쪽 마우스 클릭(①)
[2] Front View object(②) 클릭
[3] Apply Breakout to(③) 클릭
[4] 등각투상도(프레임)(④) 클릭

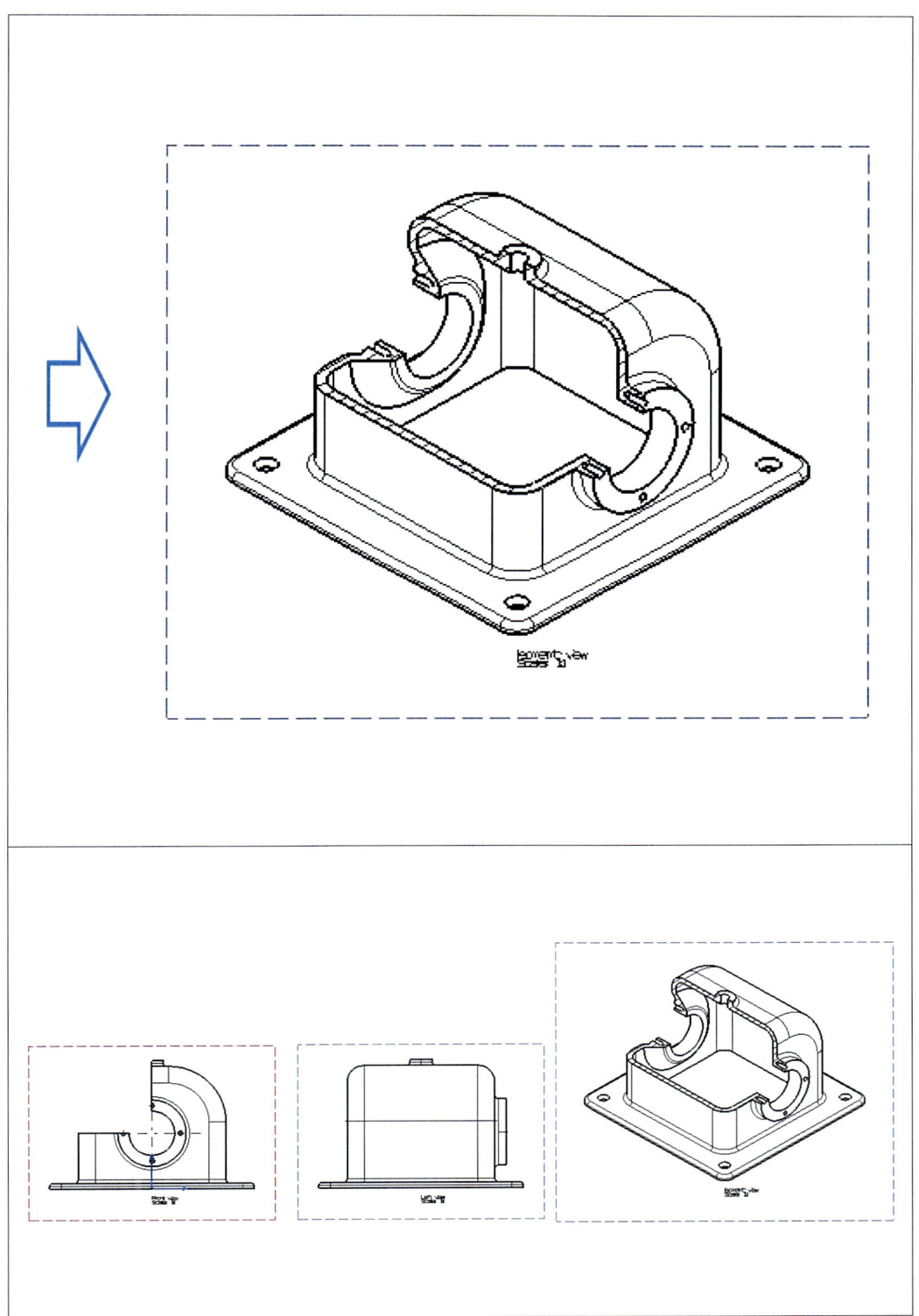

Chapter 5. Drafting **187**

CATIA BASICS

지 은 이 | 이동우
펴 낸 이 | 김형근
펴 낸 곳 | 도서출판 기한재
주   소 | 경기도 파주시 회동길 56
          (파주출판도시)
전   화 | 031)955-0900~2
팩   스 | 031)955-0100
등   록 | 1990년 3월 15일 제2-968호
발   행 | 2021년 9월 10일 1판 1쇄
정   가 | 25,000원

무단 복제 및 무단 전재를 금합니다.
Published by Kihanjae Co.
ISBN 978-89-7018-810-2
http://www.kihanjae.com
E-mail : kihanjae@hanmail.net